话说内蒙古

巴彦淖尔

磴口县

丁炜◎编著

内蒙古人民出版社

图书在版编目（CIP）数据

话说内蒙古·磴口县 / 丁炜编著．-- 呼和浩特：内蒙古人民出版社，2018.5
ISBN 978-7-204-15357-2

Ⅰ．①话… Ⅱ．①丁… Ⅲ．①磴口县—概况 Ⅳ．①K922.6

中国版本图书馆CIP数据核字（2018）第079877号

话说内蒙古·磴口县
HUASHUO NEIMENGGU DENGKOUXIAN

丛书策划 吉日木图 郭 刚
策划编辑 田建群 张 钧 南 丁 王 瑶 贾大明
本册编著 丁 炜
责任编辑 南 丁
责任监印 王丽燕
封面设计 南 丁
版式设计 朝克泰
丛书名题字 马继武
蒙古文题字 哈斯毕力格
出版发行 内蒙古人民出版社
地 址 呼和浩特市新城区中山东路8号波士名人国际B座5楼
网 址 http://www.impph.cn
印 刷 内蒙古恩科赛美好印刷有限公司
开 本 710mm×1000mm 1/16
印 张 17.5
字 数 265千
版 次 2019年7月第1版
印 次 2019年7月第1次印刷
印 数 1—4000册
书 号 ISBN 978-7-204-15357-2
定 价 71.00元

图书营销部联系电话：（0471）3946267 3946269
如发现印装质量问题，请与我社联系。联系电话：（0471）3946120 3946124

总 序

内蒙古自治区是我国第一个省级少数民族自治地区。全区共划分为9个地级市、3个盟、2个计划单列市，下辖52个旗（其中包括鄂伦春、鄂温克、莫力达瓦达斡尔3个少数民族自治旗），17个县，11个盟（市）辖县级市，23个市辖区，共103个旗、县、市辖区，首府呼和浩特市。

内蒙古东西直线距离2400千米，南北跨度1700千米，土地总面积118.3万平方千米。广袤的土地蕴含着丰富的自然资源：从东到西的森林、草原、沙漠等地形地貌，天然地形成了独特的旅游资源；丰富的煤、铅、锌、稀土、风力等矿产资源和清洁能源，为煤化工产业、有色金属产业、清洁能源产业的发展提供了支撑；地跨“三北”（东北、华北、西北），毗邻八个省区，与俄罗斯、蒙古国接壤，国境线长达4200千米，有建成我国向北开放的重要桥头堡和充满活力的沿边经济带的天然区位优势；依托于气候、优质土壤和草场、水源充足等优势，农牧业的发展已融入现代化建设当中。

这是一方自然资源丰富的沃土。它是北方少数民族生息和发展的中心地域，孕育了游牧文明、草原文化，在与农耕文化的不断碰撞中，相互融合，相互促进，共同谱写了中华文明的恢宏乐章。仰韶文化、红山文化是中华史前文化的一部分，战国时期赵武灵王着胡服、学骑射，两汉与匈奴交往、和亲，两晋南北朝时的鲜卑族建立了雄踞北方的北魏王朝，隋唐与突厥建立了宗藩关系，契丹民族建立了辽代政权，蒙古民族创立了疆域广阔的大元王朝，明清与鞑靼、瓦剌等民族建立了藩属关系——历史上，北方少数民族或雄踞一方与中原交好，或入主中原，在不断风起云涌中铸就了内蒙古丰富、厚重的历史文化魂魄。进入近现代以后，内蒙古也走在抗敌御侮的前沿，为新中国的成立做出了巨大贡献。

这份丰厚的历史积淀当中，涌现了诸多杰出人物，他们或是一方霸主，统领一域；或是一代天骄，建万世之基；或是贤良能臣，辅助建国大业；或是时势英雄，救人民于水火；或是在各自领域内创造历史价值的名人雅士。这些人有耶律阿保机、成吉思汗、忽必烈、哲别、术赤、耶律楚材、乌兰夫、李裕智、尹湛纳希、玛拉沁夫、纳·赛音朝克图等等。

物华天宝，人杰地灵。广袤的土地除了养育了一代代的草原人，也成就了它丰富的地域文化：马头琴音乐、呼麦、长调等民族音乐，好来宝、二人台、达斡尔族乌钦等曲艺，安代舞、顶碗舞等民族舞蹈，刺绣、剪纸、民族乐器制作、生活用具制作等传统工艺，蒙医药、正骨术等传统医药医术，婚丧嫁娶等独特的礼仪习俗。内蒙古在音乐舞蹈、民间艺术、文学史诗、传统医药、手工技艺、民俗风情等方面都取得了独有的成就。

悠久历史文化滋养下的内蒙古，在中国共产党的领导下，迈向新的历史征程。内蒙古自治区成立以来，党和国家一直重视内蒙古的发展，也给予各类政策和经济支持。内蒙古也不负众望，各项事业均取得了令人瞩目的成就：经济保持平稳增长，人民的生活水平不断提高；民主法治建设得到有效推进；建立了具有民族特色的教育体系，民族教育水平不断提高；民生改善工作成绩斐然；生态文明建设取得较大成就；四通八达的立体交通网，把内蒙古与世界各地拉近……

纵观几千年历史，内蒙古在历史的长河中扮演了重要的角色，这不仅源于自然条件的得天独厚，也源于草原儿女的自立自强。曾经，这片沃土上的民族大多以口耳相传的方式传承着自己的文化，但是仍有不少历史的碎片撒落在当地的史籍当中，这些史料汇集成册，将成为向世人介绍内蒙古的名片。为此，我们组织全区103个旗县（市辖区）的有关部门和专家学者，借助各地的丰富史料，把散见于各种资料中的人文历史、民俗文化、民间艺术、壮丽风光、当代风采、支柱产业等等汇编在一起，编纂出一套能够代表内蒙古总体面貌、能够反映时代特色和文化大区风范的大型读物——《话说内蒙古》，以展示我区经济发展、文化繁荣、民族团结、边疆安宁、生态文明、各族人民幸福生活的六大风景线。

一本书，一支笔浓缩的仅仅是精华中的精华，不足以穷尽所有旗县（市辖区）的方方面面。若本书为你敞开一扇了解内蒙古之窗，那么，读万卷书不如行万里路，内蒙古将以最大的热情迎接你！

赛拜侬——

欢迎你到草原来！

序

文化承载历史，文明昭示未来。每个地方都有自己的故事，当这些故事汇聚起来，便是一段历史、一部精神传记、一个地方的文化符号，更是推动当地改革创新发展的内生动力和不竭源泉。

磴口县历史悠久，文化底蕴深厚。早在石器时代这里就有人类活动。秦汉时期这里是屯垦戍边的军事要塞，曾一度出现“数世不见烟火之警，人民炽盛，边城晏闭，牛马布野”“将军塞外游，杏花满枝头”的繁华盛世。阴山岩画、鸡鹿塞、汉长城尽显中华文明；纳林湖、沙海戈壁再现大自然的鬼斧神工；红教圣地阿贵庙、百年教堂、清真大寺见证历史沧桑；黄河三桥、田园风光、沙漠绿洲点缀黄河之滨，共同织就了一幅精美的画卷。正是这些积淀丰厚的文化遗产，才使得磴口物华天宝、绿野飞虹；正是一代代磴口人自强不息、敢为人先的奋斗精神，才使得磴口人杰地灵、经济腾飞。

近年来，磴口县依托得天独厚的资源优势，不断创新和完善发展思路，立足“绿色崛起、赛过江南”的奋斗目标，坚持做好“水、绿、沙、文化”四个特色，打造“绿色有机、文化旅游、清洁能源”三张名片，做强“旅游、农畜产品加工、循环化工、电力新能源”四大产业，县域经济、政治、文化等综合实力不断增强。有着“百湖之乡”美称的磴口县已经成为黄河“几”字弯头上的一颗明珠。

磴口县委宣传部编撰的《话说内蒙古·磴口县》一书，以图文并茂的形式记录了磴口的历史沿革、风云人物、传奇故事、古迹名胜、风味特产以及发展成果等内容。全书采用朴素严谨的文风，让人们在回望中真切而自然地欣赏这座新兴城市的魅力风采，感受它翻天覆地的沧桑巨变，希望这些美丽的故事能够示人以真、给人以美、催人奋进。

历史是永不褪色、时刻新鲜的话题，故事是永不干涸、凝心聚力的源泉。在《话说内蒙古·磴口县》即将付梓之际，诚邀社会各界人士聆听磴口的故事，领略磴口的魅力，关注磴口的发展，支持磴口的建设，凝聚起“加快发展、赶超升位”的强大合力，共同谱写磴口县新时代的新篇章。

中共磴口县委员会书记

磴口县人民政府县长

前 言

在我国地势的第二阶梯上，是海拔1000多米的内蒙古高原，在这片土地上奔流东去的是中华民族的母亲河——黄河。鸟瞰黄河，她像一位单枪匹马、勇往直前的拓荒者，奔腾在宁夏、内蒙古、陕西等省区的阔野之上，形成一道标志性的“几”字形大弯。这就是中国乃至世界大江大河中都绝无仅有的河套地形。在河套平原的西端是内蒙古巴彦淖尔市磴口县。它北靠阴山，南依黄河，面积4166.6平方公里，南部与鄂尔多斯市隔河相望，西部与阿拉善盟毗邻，东与杭锦后旗相连，北与乌拉特后旗接壤。

回望黄河，她总是一手展开大自然的画卷，一手翻开尘封的历史。2000多年前，在河套平原这片富饶而美丽的土地上，一个个中国古代北方少数民族轮番登上历史舞台。舞台之上，旗帜林立，金戈铁马，刀兵相向，上演了一出出跌宕起伏、“你方唱罢我登场”的争斗大戏。匈奴、鲜卑、柔然、突厥、回鹘、契丹和蒙古等民族，这些“演员”逐一登场，他们具有逐水草而居的游牧特性，对土地肥沃、气候温暖的中原大地有着无限的向往。于是，开放与扩张、冲突与融合，就成为这段历史的永恒主题。一幕幕惊心动魄的盛大剧情就此拉开帷幕。

掩卷思既往，昂首话未来。从历史到今天，历史的脚步见证了磴口地区在每一个时段的历史变迁，有曲折，也有激流。它厚重，是因为它承载了一个地区几千年文明的光彩；它强健，是因为它牵系着磴口儿女繁衍生息的根节；它生动，是因为它远瞻着磴口县崛起的伟大愿景。它始终向着东方，向着大海，向着太阳，向着光明，生生不息地前行，前进。

目录 Contents

历史惊涛

人物与传奇故事

名人华章赞磴口

历史惊涛

HUASHUONEIMENGGUdengkouxian

历史惊涛

L I S H I J I N G T A O

无论是追溯远古先民的生活印记，还是探寻汉代边塞金戈铁马的战争气息，抑或倾听千年古刹的悠远钟声，这里都将带给你无尽的眷恋与激荡的情怀。

历史沿革

磴口县位于内蒙古巴彦淖尔市西南部，总面积4166.6平方公里。

磴口县于1926年建县，是中国“年轻”的建制县之一，虽得名仅90年，但作为中国大家庭的一员，它的历史却可以追溯到5000多年前，甚至更远。

夏商之际，居于我国北方的游牧部落主要是鬼方、戎狄等，他们与中原王朝之间常有战争。据《绥远通志稿》所载：“今之绥远西部全为鬼方故地也。”也就是说，当时在河套地区生活的是鬼方。

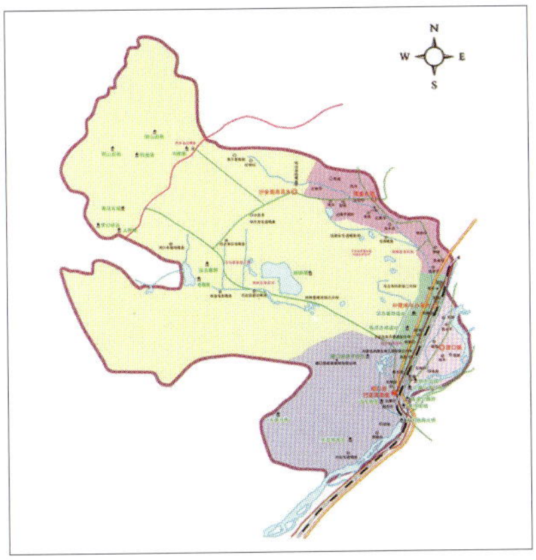

西周至春秋时期，生活在河套内外，包括磴口的游牧部落改称荤粥、猃狁（xiǎn yǔn）等，号曰赤翟、白翟。居于磴口及河套地区的猃狁部落，实力较为雄厚，不断南下，成为西周的边患。据《河套图考》所载：“周室王时，猃狁内侵，命尹吉甫伐之，及命南仲筑朔方城。”由此而知，从西周至春秋末期，磴口及周边地区皆为猃狁的牧地。

战国时期，七国争雄，中原大战愈演愈烈。此时居于北方的游牧部落为楼烦、林胡等。其中，居住在黄河沿岸的河套西部磴口地区（包括今鄂尔多斯地区）的部落主要是林胡。公元前300年，赵国赵武灵王推行“胡服骑射”的强兵战略，北破林胡、楼烦，并且从代地沿阴山山脉修筑长城，一直延伸到今天狼山西端（包括磴口境内），并在狼山的要隘筑高阙塞，屯驻重兵，沿边设置代、雁门、云中、五原等郡，河套地区成为赵国经营之边地。战国末期，赵国全力与秦国交战，无力顾及此地，磴口及河套地区成为北方崛起的匈奴人的牧地。

秦朝，磴口属九原郡辖境。

两汉，磴口属朔方刺史统领，在磴口境内设有三封、窳（yǔ）浑、临戎三县。汉武帝元朔二年，徙民十万人驻守、开垦。汉末郡县并废，遂为匈奴牧地。

晋朝，磴口仍为匈奴牧地，永嘉之后，迭次为前赵、后赵、前秦、后秦、赫连勃勃夏国属地。

南北朝时期，磴口隶属北魏、北齐辖地。

隋朝，磴口属五原郡管辖。

唐朝，磴口属丰州，隶关内道。贞观年间，改道置郡，属五原郡。景龙二年，张仁愿筑三受降城，地属西受降城辖境，隶天德军节度使。先后为燕然都护府和安北都护府统领。

宋、辽、金、夏时磴口为西夏属地。

元朝，磴口属宁夏府路，隶甘肃行省统领。

明朝，磴口初属宁夏府，隶陕西辖领。英宗年间，筑明长城，弃河套大片土地，为蒙古阿拉塔汗所复踞。

清朝，磴口属阿拉善额鲁特管辖，归宁夏将军节制。

民国前期，归阿拉善霍特硕旗王府管辖。1926年，冯玉祥五原誓师后，在磴口设立县治。

1949年10月，磴口县迎来解放，建立区、乡政权，设5个区、17个乡。

此后几经变迁，先后归宁夏省、甘肃省管辖。1956年归属内蒙古自治区巴彦淖尔盟，现归属巴彦淖尔市。县府驻地巴彦高勒镇，辖5个镇、5个国营农场，人口13.2万人，有汉、蒙古、回等16个民族。

远古足迹

历史从远古走来。中央电视台纪录片《河套长烟》开篇《远古密语》中，为我们打开这样一扇窗口："在这片寂静的高原上，分布着方圆上百里的红色砂岩层，就像神话传说中的火焰山，当地的牧羊人早已看惯了这里的景色，他们像往常一样，跟随着自己的羊群在宽阔的戈壁上漫游。就在这天下午，他们在不经意间有了一个巨大的发现……"

20世纪70年代末，在巴彦淖尔市一个叫巴音满都呼的地方发现了

大量的恐龙化石，距今7000多万年。毫无疑问，在目前已经发现的恐龙化石中，这是在亚洲发现的最早的恐龙化石。在中国及亚洲都具有非常重要的代表性，在恐龙研究史上具有极其重要的意义。

7000多万年前，今天的巴彦淖尔地区气候炎热，植物茂盛，地面分布着一些湖泊，形态各异的恐龙生活在这里。有原角龙、绘龙、奔龙、窃蛋龙等等。此外，还有大量龟鳖类、鳄类以及蜥蜴类的爬行动物共同生活在这里。

那时，恐龙仍然统治着陆地，像飞鸟一样的翼龙在天空中滑翔，大量的海生爬行动物遍布浅海地区。最早的蛇类、蛾和蜜蜂以及许多新生小型哺乳动物也在这一时期纷纷登场，它们成群结队地游荡在巴彦淖尔辽阔的草原上。

斗转星移，时间流逝，历史的车轮在飞速前进。据史料记载，在1992年到1997年之间陆续出土的早期人类化石中，“河套人”属于晚期智人，它的很多特征和北京猿人接近。河套人的活动时间在陕西丁村人之后，北京山顶洞人之前，距今大约3.5万年，属于旧石器时代。河套人使用的石器经过简单的锤击法加工而成，体积小，主要以刮削石器、钻具、尖状石器和雕刻石器为主。同时期的动物有野马、普氏羚羊、原始牛等45种，多数现已灭绝。河套人的发现填补了中国旧石器时代考古的空白。

历史总是不断地为我们描绘一幅幅亮丽的风景画。从磴口县城西行，隐藏在狼山深处的阴山岩画，记载了一段鲜为人知的历史，是一幅人与自然关系的演变图。

在巴彦淖尔境内，从磴口县到乌拉特后旗，从乌拉特中旗到乌拉特前旗，都有岩画分布在阴山之中，共同构成了阴山岩画长廊。目前已发现阴山岩画5万余幅，总数居全国之首。人类在漫长的发展过程中，创作了阴山岩画，那些冷峻中暗暗传递着古人类文化气息的岩画，要告诉我们什么呢？这部“无言的字书”是否在记录着属于每个时代的文明印迹。

今天我们走近阴山，其整体的感观是一座光秃秃的石山，人们会认为这是一座森林稀缺、植被稀少的地方，但通过解读可以发现，阴山岩画不仅见证了生活在这里的少数部族的原始崇拜、生活场景，更见证了这一地区的人与自然关系的演变历程。阴山岩画这一历史长卷，记载了远古时期对自然界、动物、太阳神的崇拜，春秋时期对大型动物的崇拜，以及封建社会后期对虎、马等动物的崇拜。它是古代游牧民族生产生活的真实写照，也是河套地区文化源远流长的最好历史见证。

战国时期赵国经营边地

春秋争霸，战国称雄。以赵、魏、韩“三家分晋”为标志，历史进入战国时期。各国诸侯变法图强，合纵连横，追亡逐北，裂土封疆，战争持续数百年。到战国中期，秦、齐、楚、赵、魏、韩、燕七国争雄的格局逐渐形成。

赵国在列国混战中逐步崛起。赵武灵王（约前340年～前295年）雄才大略，奋发图强，在位期间推行“胡服骑射”的强兵战略，赵国因此军力大增。史载“时赵之强，甲于三晋”。前299年，赵武灵王退位，立赵何为君，是为赵惠文王，自号主父。前296年，赵主父向西北出击，翦灭中山国，吞并其地。又北略胡地，自代郡（今山西大同一带）出塞外，过大漠数千里，打败楼烦、林胡，拓地千里，向北扩张，占据五原、九原、云中、雁门和代郡北方五郡，最西推进到五原郡。五原郡是赵国乃至汉朝初期的西北第一郡。赵国在五原郡狼山上修筑长城，将势力范围扩展到阴山脚下（包括今磴口县的广大地区）。面对胡人的不断侵扰，赵武灵王修筑长城，积极设防备战。赵长城东起于代，经云中、九原（今内蒙古包头市境内），向西北折入阴山，至高阙塞（今内蒙古乌拉特后旗境内），长约1300公里。赵长城是我国现存最古老的长城。据《史记·李牧传》载，到赵孝成王时期，赵国封李牧为大将，驻守代（今河北蔚县东北）和雁门（今山西右玉南），阻止匈奴入侵。李牧与战国时期秦将白起、王翦和赵将廉颇并称战国“四大名将”。李牧创造了中国战争史上以步兵大兵团全歼骑兵兵团的典型战例。他根据实际情况，采取有力措施加强军队的战斗力，赢得了士兵的爱戴。

匈奴人经常侵入赵国边境，大肆掳掠，抢来的男人为奴、女人取乐、牲畜放牧。面对这个逐水草而居、飘忽不定、来去自由的强大对手，李牧也没有更好的办法，干脆就用最笨的一招：拖。作为边将，李牧拥有很大的权力，一是可以设置官吏；二是可以收取租税，充作军费；三是加强军队训练，派出探子，刺探情报，烽火报警。在作战上，改变以往敌军来犯即派出军队迎击的战法，而是采用坚壁自守、示弱避战、养精蓄锐、伺机反击的战术。但李牧的措施，被赵王认为是怯战，朝中大臣也众议汹汹，赵王派出特使谴责李牧，并将其召回，另派将军代替。此将军与匈奴一战即败，赵王只能请李牧再次出山。李牧重返雁门郡后故技重施，匈奴单于误以为李牧怯战，嘲笑李牧是胆小鬼，愈发轻敌。经过数年的备战，歼灭匈奴的时机已经成熟。赵悼襄王元年，李牧将士兵进行编组，组建了一支由骑兵和弩兵组成的出击兵团，拥有战车1300辆，骑兵1.3万人，骁勇步兵5万人，弓弩兵10万人，总兵力达20万人。大战在即，李牧设下口袋阵，派出小股部队引诱匈奴兵，赵军佯装失败，匈奴单于得到赵军“溃逃”的消息，亲率10万骑兵冲击。李牧在初期采取守势，以车阵从正面迎敌，以弓弩兵轮番射击；在敌人受挫后，派精锐骑兵两翼出击，发动钳形攻势，围歼敌军。战场上，军旗猎猎，战车阵阵，万箭齐发，喊杀震天，死伤遍野。10万匈奴骑兵灰飞烟灭，被消灭殆尽。单于仅率数十人逃亡，李牧乘胜追击，灭襤国、破东胡、降林胡，声威大震。此后十年，匈奴人不敢南下侵扰赵国边境。战国末期，秦使反间计，李牧受诬陷，被赵王斩杀，一代名将如星陨落。数年后，赵国为秦所灭。

匈奴人南下牧马

战国末年，一个古老而强悍的游牧民族在北方大漠崛起，它就是匈奴。据史料记载，匈奴崛起于公元前3世纪，在北方大漠地区称雄数百年，曾与中原的王朝连年交战，上演了一幕幕历史大剧。前215年被逐出黄河河套地区，东汉时分裂为南、北匈奴两部分，南匈奴进入中原内腹，北匈奴从漠北西迁，中间经历了三百年。匈奴强盛时期，与秦、两汉交锋几百年，深深地影响了当时的中原政局。

匈奴起源

匈奴是我国古代北方游牧民族中第一个以显赫名声载入史册的民族。《史记·匈奴列传》记载："匈奴，其先祖夏后氏之苗裔也，曰淳维。"认为匈奴是夏之后代。商朝时称鬼方，西周时称猃狁，春秋时期称西戎和北狄，战国后期史称匈奴。

战国时期，"冠带战国七，而三国边于匈奴"。匈奴不断南下侵扰燕、赵、秦北方边境，造成巨大威胁，迫使三国修筑长城以御之。前325～前299年，赵武灵王北破楼烦、林胡，筑赵长城，与匈奴隔长城对峙。前265年，赵孝成王派大将李牧守代雁门郡，以防备匈奴。条件成熟后，一举大破匈奴十万余骑，迫使匈奴数十年不敢侵扰赵国边城。秦统一六国后，头曼单于向外扩张，把矛头指向秦朝的河套一带，却被蒙恬率30万大军打败。秦国夺回"河南地"（黄河以南），迫使匈奴向北退却700余里，从此

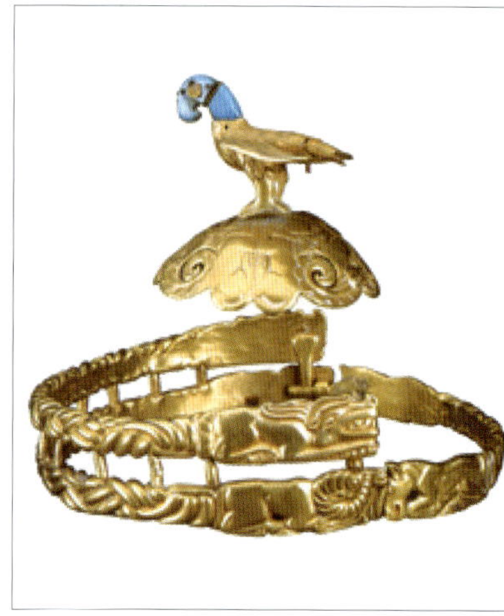

匈奴王金冠饰

"胡人不敢南下而牧马"。秦始皇派蒙恬"筑塞于河上"（在河套一带筑障塞），又移内地3万户至河北（今巴彦淖尔市乌加河北），榆中（今河套东北岸）以守边防。前214年，秦又把燕、赵、秦三国长城连接起来，筑成西起临洮、东至辽东的万里长城，派蒙恬率兵镇守。其后，匈奴利用秦末农民起义、楚汉战争、中原内乱、北方空虚的时机，南越长城，把蒙恬收复的河南地四十四郡又全部夺回，对刚建立的西汉王朝构成极大的威胁。

强盛时期

匈奴诞生的"摇篮"是内蒙古五原郡的"头曼城"（今包头市东），这是匈奴第一个单于头曼的驻牧地及部落的统治中心。

匈奴从崛起到鼎盛，前后历经头曼、冒顿、老上、军臣单于祖孙

四代的统治，历时约150年。

前3世纪，头曼单于统治时，匈奴已发展成为一股强大的政治、军事势力，但由于旧的所有制关系还没有完全消失，而新的生产关系和生产力的发展又很不完善，加上周边地区“东胡强而月氏盛”，中原地区又处于强大的秦王朝统治之下，因此，在相当长的时期内，匈奴势力一直被局限在阴山至河套以北一带。

秦二世元年（前209年），冒顿杀死头曼单于，自立为单于。冒顿作为匈奴一代雄主，四处征战，向东消灭了东胡王，又向西攻打同样强大的月氏国，向南兼并了楼烦、白羊及河南之地，向北征服了浑庾、屈射、丁零、鬲昆、薪犁等国，把我国北方大漠统一起来，建立了东起辽河，西至葱岭，北抵贝加尔湖，南达秦长城的一个以游牧经济为基础的国家——匈奴帝国。

冒顿单于加强完善组织机构，增设等级森严的官职，把匈奴分为左、右、中三大部，中央设单于庭，单于作为最高首领，总揽所有军政大权。下设左右贤王、左右谷蠡王、左右大将、左右大都尉、左右大当户、左右骨都侯等官职，称为“万骑长”，匈奴语为屠耆，其下设千骑长、百骑长、什骑长、裨小王、相封、都尉、当户，且渠等官员。从贤王到当户，所有官员都有自己的封地，平时负责行政管理，战时率领成年男子出征。实行军政合一管理制度，发展了拥有30余万的铁骑军队，其统治区域分为三个部分：一是代郡、云中郡以北的单于庭；二是上古郡以北，东与秽貉、朝鲜接壤的左贤王庭；三是上郡以北，和月氏、羌、氐接壤的右贤王庭。第一次形成了与中原政权长期对峙的格局。

汉匈战争

汉朝从立国到西汉统治结束，历经200多年，与匈奴发生大小规模战争数百次。汉初（前201年），韩王信被迫投降匈奴。次年，汉高祖刘邦亲率32万大军征讨，在白登（今山西大同东北）被匈奴冒顿单于率40余万骑兵围困七昼夜，后来用计才得以逃脱。之后，汉朝采纳刘敬建议，对匈奴实行和亲政策，让汉宗室女嫁与单于，并赠送财物以及开放关市，准许双方进行交易。

汉武帝时，西汉经过70余年的休养生息，国力大大增强，对匈奴从战略防御转为战略进攻，并发动了三次大战：河南之战、河西之战和漠北之战。此时的匈奴为伊稚斜单于执政时期，在汉军的打击下由盛转衰。

中衰时期

伊稚斜单于死后的十几年间，匈奴退居漠北，休养生息。而汉朝因三次大战国力消耗巨大，暂时停止对匈奴的用兵。汉朝开始在东部联合乌桓，西部派张骞出使西域，联络大月氏、大宛国，以和亲、通商方式联合西域诸国，压缩匈奴的生存空间。

汉昭帝时，匈奴为缓和与汉朝的敌对关系，把扣留了九年的汉使苏武释放，以示善意，但匈奴骑兵仍然不断侵扰北部边境。

前71年，汉朝联络西域各国出兵20余万合击匈奴，直捣右谷蠡王庭，大获全胜。匈奴元气大伤，被迫向西依靠西域，西域再次成为双方争夺的重点。

前60年，匈奴日逐王与屠耆堂单于争夺权位。日逐王降汉，匈奴被迫放弃了西域。汉朝完全控制了西域，匈奴实力大减，已无力侵扰汉朝。

五单于争立

匈奴因战争、天灾，领土及人口不断减少，处境日益艰难，内部矛盾进一步激化，自伊稚斜单于后，匈奴单于更迭频繁。前60年，虚闾权渠单于死，其妻颛渠阏氏与其弟多隆奇合谋立右贤王为屠耆单于。屠耆单于当政后，排除异己，杀尽前单于所用旧人，重用自己的子弟，以致发生内讧，兵败自杀。他死后，匈奴各部开始了争夺单于王位的内战。

前58年，匈奴东部姑夕王等人共立闾权渠单于子稽侯栅为呼韩邪单于，击败握衍朐鞮单于，握衍朐鞮兵败自杀。都隆奇等人共立日逐王薄胥堂为屠耆单于，击败呼韩邪。此时胡揭王自立为呼揭单于，右奥鞬王自立为车犁单于，乌籍都尉自立为乌籍单于，是为五单于争立时期。

前54年，闰振单于率军东击郅支单于，兵败被杀。郅支乘胜击破呼韩邪，占据漠北王庭。呼韩邪单于南下投靠汉朝，后郅支单于战败率众退至中亚康居，呼韩邪重新占据漠北王庭。

胡汉和亲

前51年，呼韩邪单于返回匈奴，听从左伊秩訾王的劝告，决定引众向南靠近汉边塞，归附汉朝，汉朝对呼韩邪宠以殊礼，班列诸王之上。汉朝颁发"匈奴单于玺"，承认呼韩邪为匈奴最高首领，单于接受汉天子的册封。汉朝派遣高昌侯董忠、车骑都尉韩昌，带领1.6万骑兵，护送呼韩邪出朔方鸡鹿塞，赐给粮食、衣物、锦帛等。

前33年，呼韩邪再次朝见汉

胡汉和亲

帝，上书愿为汉家女婿。汉元帝赐给宫女王昭君，呼韩邪大喜，封王昭君为宁胡阏氏。呼韩邪归汉，使北方边陲安定60余年，开启了草原经济与农业经济和平交流的各民族相融共处新局面。

南匈奴和北匈奴

前60年左右，匈奴虚闾权渠单于死，引起内部分裂，先后出现五单于争立的情况，刀兵相向，混战不断，最后发展为呼韩邪单于和郅支单于的相互攻伐。前53年，呼韩邪附汉，是为南匈奴，郅支单于部为北匈奴。

东汉初年，匈奴统治区域内发生严重的自然灾害，人无粮，畜无草，疫病流行，死亡大半。48年，匈奴八部族族人共立呼韩邪单于之孙日逐王比为单于，与蒲奴单于分庭抗礼，匈奴继续分裂为两部，后日逐王比率众南下附汉称臣，为南匈奴，安置在河套地区。而留居漠北草原的为北匈奴。

北匈奴西迁

89年，东汉王朝联合南匈奴夹击北匈奴。窦宪、耿秉率军击破北匈奴，北单于败走。91年，东汉军又出击金微山（今阿尔泰山），大败北匈奴军，北单于被迫西迁，率残部西逃乌孙与康居，直至顿河、多瑙河流域。至此，北匈奴与中原政权长期对峙的局面终告结束。

秦筑长城北拒匈奴

战国末年，烽烟四起，秦国以一国之力，横扫中原六国，建立了中国历史上第一个中央集权的封建帝国。

在秦国统一中原，消灭六国的十年战争中，一代名将蒙恬脱颖而出，他不但立下了赫赫战功，也积累了丰富的战争经验，他的突出才华得到了秦始皇的认可。在中原混战的同时，中国的北方一直活跃着一个善于骑射、凶悍无比的游牧民族——匈奴，他们利用中原战乱之机不断骚扰北方各国，趁机越过阴山，跨过黄河，占领了河套以南大片地区，直接威胁着秦都咸阳的安全。

前215年，秦派蒙恬率领30万大军，长驱直入，直抵北疆，一举打败了匈奴军队，收复了河套以南的大片地区，并渡过黄河，推进到阴山一线，夺取了高阙、阳山等地，摧毁了匈奴军队的要塞，以步兵为主的秦军与匈奴骑兵展开了大决战，蒙恬大军战胜了匈奴骑兵，取得决定性的胜利。

蒙恬开始从榆中（今属甘肃）沿黄河至阴山构筑城池要塞，连接秦、赵、燕三国5000多公里的长城，构筑坚固的北方防御体系，巩固了北方边疆。主要措施：第一，沿黄河河套一带设置44个县，统属九原郡。第二，修筑了从秦都咸阳至九原郡的大道，克服了原来交通闭塞的困境，发展和加强了北方各民族人民经济、文化的交流和融合，更重要的是对调动军队，运送粮草等具有重要战略意义。第三，

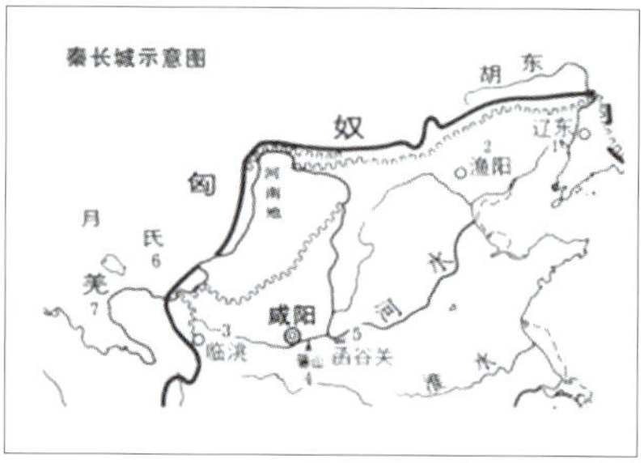

秦长城示意图

修筑举世闻名的万里长城，建立了历史功勋。一代名将蒙恬的名声威震匈奴，终秦之世，匈奴铁骑不敢南下牧马，秦朝北方边疆巩固，获得了一段时期的和平。

西汉收复河朔建立三县

秦汉时期，北方的匈奴一直对中原王朝构成巨大的威胁。

秦朝覆灭后，匈奴趁楚汉之

秦汉长城遗迹

争，无暇北顾之机再度崛起，在其骁勇善战的首领冒顿单于的统率下，四面出击，重新控制了中国西北部及广大地区。西汉王朝建立后，其依然受到匈奴的巨大威胁。据《史记》记载："汉兴以来，胡虏数入边地，小入则小利，大入则大利""攻城屠邑，欧略畜产""杀吏卒，大寇盗"，给西汉北方地区民众带来沉重灾难，严重危害着汉朝北部边境的安全。而汉朝方面，自汉高祖刘邦平城被围事件发生后，国力不足。一方面，只能对匈奴采取和亲政策，出嫁公主，赠送丝绸、粮食等，以缓解匈奴的袭扰。另一方面，"和亲政策"也为汉王朝整顿内政，恢复经济，发展生产，增强实力提供了必要的条件。文景时期，推行"无为而治"的政策，使社会经济得到较快恢复。在军事上，则采取消极防御政策，避免与匈奴决战。汉武帝即位后，凭借雄厚的物质基础，积极进行反击匈奴的战争准备，在军事上健全军制，强化骑兵建设，任用卫青、霍去病等一批年轻将领，修筑军事要塞和军事通道。

三次战略反击

一是河套之战（也称河南之战）。汉武帝元朔二年（前127年），匈奴侵略渔阳、上谷等地，杀千余人，汉武帝令车骑将军卫青"出云中以西，至高阙，遂略河南地，至于陇西"（《史记·卫将军骠骑将军列传》）。经过此战，西汉收复了河套地区。河套地区农耕发达，收复此地对西汉发展有重大意义。汉武帝接受了谋臣主父偃的建议，在河套地区设朔方、五原郡。第二年，在朔方郡设立包括窳浑、临戎、三封在内的10个县，磴口境内设立3个县。汉武帝又派校尉苏建率领万人，兴筑阴山南麓的长城，巩固边境管理，拒匈奴于千里之外。在经济建设上，西汉夺回河南地，迁移内地十万余人，在河套及周边地区开垦耕种，并把这里建设成为进攻匈奴的前进基地。

二是河西之战。前121年春，汉武帝派骠骑将军霍去病率万骑从陇西出发奔河西走廊，西过焉支山千余里，残敌9000人，斩杀匈奴名王数人，俘虏浑邪王子及相国、都尉多人，大胜而归。

夏季，霍去病又率数万骑从北地出发，西经祁连山，深入匈奴腹地两千里，俘虏匈奴名王五人及王子、相国、将军百余人，歼敌三万余人，迫使浑邪王和休屠王率四万步兵投降。汉军打通了河西走廊，为进军西域建立了前哨基地。

三是漠北之战。前119年，汉

武帝派车骑将军卫青、骠骑将军霍去病各率十万大军从定襄和代郡出发，北渡沙漠，深入漠北腹地。卫青率先锋五千骑兵长途奔袭，结兵车为营，与匈奴单于发生遭遇战。时值夕阳西下，狂风席卷，飞沙走石，夜幕下两军混战。汉军两翼包围，单于见来势凶猛，率数百骑向

残雪（磴口） 摄影/王月虎

西北逃遁。卫青即派轻骑趁夜追击，亲率主力跟进。汉军追至寘颜山，俘虏一万九千余人，毁其城池，凯旋而归。另一方向，霍去病率军北上，北进一千余公里，渡过大漠，大败左贤王，俘杀屯头王、韩王以下七万余人。霍去病率军乘胜追杀，直抵狼居胥山，然后班师。漠北之战是一次具有决定性意义的战役，此役迫使匈奴再无力大举南下，形成了“是后远遁，而幕南无王庭”的局面。

西汉时期，在新收复的河南地设置朔方郡，是汉武帝征伐匈奴计划中极具战略的一步。朔方郡依山傍水，既可依赖水源发展农业，又可仰仗天堑据关防守，以朔方郡为依托还可控制高阙塞、鸡鹿塞等重要关塞，对以后的汉匈战局有重大影响。

朔方郡是汉代的北方边郡之一，管辖三封、朔方、修都、临河、呼道、窳浑、渠搜、沃野、广牧、临戎等十县，其中，三封、窳浑、临戎三县在今磴口县境内，朔方郡治三封县城。

朔方郡辖地位于黄河河套的西北部，当时黄河流经临戎县城北，分为南北两支，南河就是现在的河道；北河是当时的主流，今乌加河道。朔方郡正位于分出南北河道及河道东折部位。朔方郡治三封县城，临戎县城及窳浑县城正筑于黄河分支的西边和南边。

朔方郡治三封县城址，在今磴口县哈腾套海苏木的陶升井，城址东北4公里为包尔套勒盖农场总部所在地，城址南面有一座藏传佛教的废墟，庙名麻弥图，因此又称为麻弥图庙古城。这座古城的城垣，已基本上被风沙湮没，在东西长约740米、南北宽约560米的范围内，地表上散布有许多没有被狂风刮走的砖、瓦和陶片，仔细观察后可分辨出这是一座内外两重城相套的城垣。外城呈不规则的长方形，现今只能找到北面和西面残墙痕迹，各长约100米。内城也就是子城，位于外城的西北隅，长宽各约180米，南面有开设城门的豁口。临戎县城址即今磴口县补隆淖乡河拐子古城，黄河主流原是流经临戎县城西，现今改道流经古城东北方。临戎县城以西的广阔地带，原是一片可灌溉种植的沃土，黄河洪水溢出，积成一个大湖，名叫屠申泽，又名窳泽，大湖西面设置有窳浑县，城址即今磴口县沙金套海苏木保尔浩特的古城。

前154年，御史大夫显横向景帝提出守边备塞的建议，认为过去朝廷每年派兵卒轮流守卫边境，但这些兵卒不熟悉敌情，不如选派携带家眷前往垦殖的人员，修筑起高大的城墙和深广的壕堑，在城外和城墙上布置防御工事，再在城内兴筑一座子城，城内长宽各约150米。在重要战略地方和交通要道上建筑城郭，城内的居民不要少于一千户。这项建议后来在汉武帝时得到了充分的应用。现今内蒙古境内所见的汉代城址中，有不少都筑有子城，其规模不一定都像显横所建议的那么大，应是根据实际情况而设计兴筑的。三封城为郡治所在地，建筑子城作郡守的官府，也是政治军事上的需要。

朔方郡内多是黄河冲积地带，是可灌溉垦殖的沃土，在前127年设置朔方郡时，就考虑到在这一地带进行屯垦。所以，元狩元年（前122年），将关东贫民迁徙到河套地区。元鼎年间（前116～111年），又在上郡、朔方、西河及河西四郡（张掖、武威、酒泉、敦煌）设置管理屯垦官员，调发六十万人前往屯田，其中有一部分是充实到朔方郡内的。元封元年（前110年），汉武帝出巡北边，经上郡、西河郡、五原郡，出长城北，至朔方郡，抵达黄河的北河一带。元封四年（前107年），派遣拔胡将军郭昌屯垦朔方，募集十万人口徙居朔方。由守卫边境的士卒屯田和内地移民实边，保证了新置郡县有重兵驻守，可以随时应战，又避免了远途运输粮食的不便，就地解决了军需口粮。因此，朔方郡一带出现了有史以来大规模的农业垦殖。三封、临戎、窳浑等地方，是黄河冲积地带的大草原，汉代的垦殖活动开垦了这片一望无际的处女地。为了保证农业的好收成，还必须有人工的灌溉措施，元狩二年（前121年），在朔方郡开凿灌溉渠道，用工数万人，历时三年。由于流沙的侵袭，黄河河道的多次改变，原有灌溉渠道遗迹现已很难查找到了。如今当地群众仍有利用山泉浇灌农田的。汉代阴山上草木茂密，水土保持较好，估计当时山泉的流量应比现在大得多，引用山泉灌溉较大面积的农田也是可能的。

新莽以后，朔方郡开始进入衰退期。东汉时期，朔方郡治搬迁到了临戎县，撤销了窳浑等县，境内农业人口大减。永和五年（140年），南匈奴左部句龙王吾斯、车纽等叛逃，杀死了朔方长史。随后，南匈奴又引乌梅、羌胡南下，于是朔方郡治又被迫从临戎迁到了五原郡。从此，朔方郡及所属县城全部沦为废墟。朔方郡从设置到废弃，共经历了二百六十余年。由于这一带草原上出现了垦殖，在经历了短暂的繁荣之后，土地沙漠化的速度与日俱增，以至沦为现今的乌兰布和大沙漠。

东汉北击匈奴的重大战役

东汉初期，匈奴分裂为南、北两部。南匈奴归附汉朝，北匈奴占据漠北，屡屡南下侵扰汉朝边境。

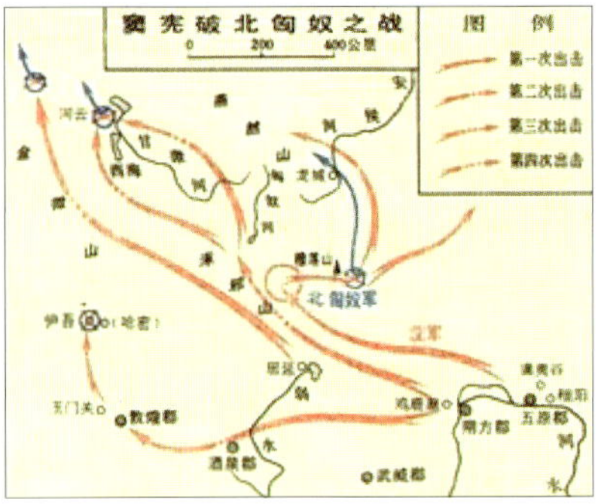

汉朝窦宪北击匈奴之战发生于汉和帝永元元年（89年）元月，止于永元三年（91年）二月，历时三年。汉军统帅窦宪率领东汉军与南匈奴联军，经三个阶段作战，终于打败北匈奴。

窦宪生于（？～92年），字伯度，扶风平陵（今陕西咸阳西北）人，东汉权臣，名将。窦融曾孙，章德皇后兄长。章帝建初二年（77年），以外戚拜为郎，迁侍中，又升为虎贲中郎将。和帝即位，太后临朝，窦宪在内掌握机要，对外宣布诏命，其弟三人均居要职。89年，窦宪遣客刺杀太后幸臣，获罪，被囚于宫内，因害怕被杀，自求击北匈奴以赎死。适逢南匈奴请兵北伐，乃拜窦宪为车骑将军，率南匈奴、乌桓、羌胡兵三万余出征，大破北匈奴于稽落山。窦宪出塞追击三千里，登燕然山，刻石记功，命中护军班固作铭。班师后拜为大将军。越明年，又击北匈奴，大败北匈奴于金微山（今阿尔泰山），北单于逃遁，下落不明。北匈奴从此一蹶不振，后向西败逃。窦宪还朝，和帝恐其功高震主，命其归封地；后迫其自杀。窦宪挥兵数千里，越过沙漠，平定匈奴，为东汉王朝立有大功，但由于恃宠而骄，总揽朝政，滥杀无辜，终至身败名裂，后世莫称。

第一阶段战役

汉军征战北匈奴第一阶段战役，从大军的组建和编成到作战目标，都进行了详尽的策划和准备。汉军决定征调三路大军：一路是出动北军五校尉（步兵、长水、射声、屯骑、越骑）之兵和黎阳营、雍营之军；二路是调拨边境地区十二郡（云中、定襄、雁门、代郡、朔方、五原、上郡、西河、安定、北地、渔阳、上谷郡）的精骑；三路是选拔边境郡县的鲜卑、乌桓骑兵和南匈奴之精锐骑兵。汉军统帅率全部三路大军，分别向北匈奴进军。约期会师于涿邪山（今蒙古戈壁阿尔泰山地区），以期全歼北单于之军。

汉和帝永元元年（89年）六月，汉军统帅车骑将军窦宪率三路大军征战。第一路，窦宪与执金吾耿秉各率精骑四千人，会同南匈奴左谷蠡王的一万骑兵，由朔方郡的鸡鹿塞（今内蒙古磴口县北）向北进发；第二路，南匈奴单于屯屠何，率匈奴一万余骑兵出满夷谷（今内蒙古固阳县境）；第三路，汉度辽将军邓鸿及羌胡兵八千骑，会同南匈奴左贤王安国所率一万骑兵出稒伯塞（今内蒙古包头地区）。三路大军向涿邪山进发。当汉军进至稽落山地区时，与北单于统率的主力展开激战，大败北匈奴军。北匈奴军溃散，北单于遁走。汉军一路穷追猛杀，追至私渠比鞮海，斩杀匈奴名王以下一万三千人，获牛、马、羊等一百余万头。北匈奴日逐王等八十一部率兵归降，约二十万人。窦宪、耿秉等登上燕然山（今蒙古杭爱山），令中护军班固刻石作铭，将功至威，而后班师回朝。窦宪派军司马吴汛、梁讽继续北进招降北单于，单于表示降服，做汉的属国，不再扰民犯境。

第二阶段作战

北匈奴其弟右温禺鞮王入仕后，汉朝以北单于未能亲自入朝，认为北单于不是真心臣服，窦宪遂准备第二次征讨。汉和帝永元二年（90年）七月，窦宪率军出屯凉州，并以侍中邓叠为征西将军。窦宪统辖陇西、汉阳、武都、金城、安定、北地、武威、张掖、敦煌、酒泉等郡兵马。

北单于见汉朝遣送其弟，知道汉王朝责怪他。于是便准备亲自入朝，并派出使者入塞通告。窦固派班固、梁讽前往迎接。这时，南匈奴王又上书请求出兵击灭北匈奴，命左谷蠡王师子等率八千骑兵出鸡鹿塞。南匈奴军队出塞后，顺利进至涿邪山，轻兵疾进奔袭北单于庭。南匈奴军乘夜包围了北单于本部。北单于大惊，率兵千余人迎战。北单于负伤，率10余人逃走。南匈奴缴获北单于玉玺，俘获阏氏及子女5人，斩首8000人，俘获数千人。

第三阶段作战

永元三年（91年），大将军窦宪鉴于北匈奴遭南匈奴打击后，遂决定彻底将北匈奴击灭。是年二月，派右校尉耿夔、司马任尚，率军出居延海，将北单于包围于金微山（即今阿尔泰山），大破北匈奴军，俘获北单于母，斩名王以下5000余人。北单于逃走，不知所踪。耿夔等率军出塞5000多里而还朝，因功封为粟邑侯。

北单于弟右谷蠡王等部，驻于蒲类海（今新疆巴里坤湖）地区，遣使者入朝。大将军窦宪上书，请立于除健为北单于。朝廷于永元四年命耿夔出使北匈奴授玺绶。至此，实现了窦太后既征服北匈奴，又与南匈奴分而治之的战略构想。

东汉王朝征讨北匈奴之战，

从开国历经50年发展经济，休养生息和准备出击，终于用三年时间在汉和帝永元三年，将北匈奴彻底击败，灭亡了北匈奴。从而，在中国北方地区扫除边患，巩固了国家统一，为推动中国历史进程起到了不可磨灭的伟大作用。

三国及南北朝时期重回战乱

魏、蜀、吴三国征战，成三国鼎立之势。司马氏在曹魏统一北方和渡江灭吴一统天下的基础上，没有继续秦汉统一之格局，国家进入全面战乱时期。

由于晋王朝的虚弱腐败和胡汉矛盾，众多游牧民族入侵中原，以匈奴、羯、鲜卑、羌及氐为主，统称五胡。五胡在八王之乱后纷纷举兵，史称五胡乱华。

五胡十六国时期，匈奴、鲜卑、羯、羌、氐等少数民族在北方建立了前凉、后凉、南凉、西凉、北凉，前赵、后赵、前秦、后秦、西秦，前燕、后燕、南燕、北燕、夏国、成汉等十六国。战乱之下，磴口迭次为前赵、后赵、前秦、后秦、赫连勃勃夏国属地。十六国时期，磴口及周边地区在历史演变的进程中，各民族互相抗衡、征战、屠杀，致使流民遍地，居无定所，土地荒芜，北方人口大量内迁。

在北方先后建立的政权，前后混战一百三十五年，直到北魏统一。战争所带来的结果是什么？王之今教授讲到：“在血与火的战争历史的背后，也有文化交往与民族融合，实现共同进步光明的一面。战争是一种人类交往的行为。”这种人类交往就是各民族之间的相互碰撞，通过碰撞，进行交流和融合，促进了各民族之间经济和文化交流与发展。

隋朝归属五原郡管辖

581年，隋文帝杨坚建立隋朝，结束了南北朝分裂局面，统一了中国。隋在今河套地区设置丰州。炀帝大业三年（607年），又将丰州改为五原郡，磴口归属五原郡管辖。隋朝一方面设立州、郡、县，主要为巩固北方政权；另一方面，驻扎军队，防御突厥南下河套。隋朝国力日渐强大，而这时突厥已分裂为东西两部，东突厥为突利可汗统领，其牙帐在幽州（今北京地区），西突厥为达头可汗统领，其牙帐在五原（今五原县北）。

隋文帝时，采取“远交而近攻，离强而合弱”的政策，安抚东

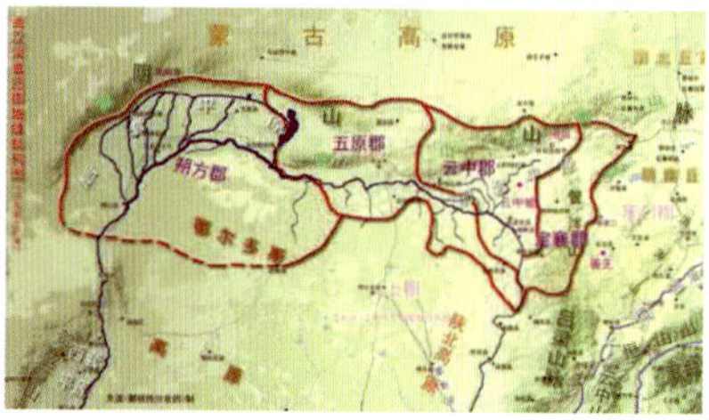

突厥的启民可汗，打击西突厥都篮可汗。

隋朝军队多次出征西突厥部，在阴山、河套内，大青山以北地区，连续三年发动三次大仗，大败西突厥军队，西突厥汗国完全崩溃，所属铁勒、仆骨等10余个部落投奔东突厥启民可汗。隋与突厥的长期战争，自581年突厥侵隋开始，到607年东突厥臣服、611年西突厥臣服，长达30年。隋朝取得了决定性胜利，有力地保护了北方地区经济和中原文化。

唐朝击败突厥归西受降城统管

唐朝建立后，面对南侵的突厥，唐朝军队同东、西突厥汗国进行了一系列战争。主要的战役有五陇阪之战、泾阳之战、定襄之战、阴山之战、庭州之战、唐灭西突厥之战等。其中，640年的阴山之战和657年的击败东突厥之战，导致了突厥汗国的灭亡。唐朝在原东、西突厥汗国领地分别设立都督府和都护府。

突厥兴起

突厥是中国北方的游牧民族，6世纪活动于金山（今阿尔泰山）一带。突厥于552年完成统一，以漠北为中心建立突厥汗国。之后，突厥汗国逐渐发展壮大，版图扩大到东自辽海，西至里海，南自蒙古沙漠，北至贝加尔湖，东西长万里，南北五、六千里。汗庭（首都）设在於都斤山（今鄂尔浑河上游杭爱山之北山）。

北周时期，突厥室点密西征，西突厥开始割据，突厥汗国走向分裂。580年，突厥在西域设立小可汗，统管阿尔泰山以西的地区，这是突厥日后分裂的重要根源。583年突厥内讧，分裂为东、西两个汗国，开始了二十多年的内战。突厥同当时统治中国中原地区的隋朝是邻国，经常发生边境冲突，重大的战役有突厥攻隋之战（581年），隋反击突厥之战（583年），隋击突厥之战（599年），杨素击突厥之战（602年），李渊击突厥之战（616年）和隋王仁恭击突厥之战（616年），突厥攻扰晋阳之战（617年）等。

东突厥沙钵略可汗实力不敌西突厥的达头可汗，东边新兴的契丹民族也开始咄咄逼人，东突厥局势进一步恶化。开皇五年（585年），沙钵略无奈之下归附隋朝。之后，隋朝曾几次联合东突厥对西突厥汗国进行军事行动。

东突厥崛起

自隋朝开皇三年突厥汗国分裂之后，东突厥汗国就南下臣服于隋朝，并且和隋朝一起对抗在中亚地区独霸一方的西突厥汗国。隋末唐初，启民可汗之子始毕可汗即位成为东突厥可汗。当时中原的隋朝大乱，内部混战不休，因此无暇顾及北方的突厥部落。始毕可汗乘机脱离了隋朝，开始迅速崛起，达到“戎狄炽强，古未有也”的极盛程度。始毕可汗历次发兵南下，掠夺边境各州，615年甚至将隋炀帝围困在代州，后来幸亏李世民和王世充分别率部解围才使隋炀帝幸免于难。北方各地的起义军为了稳定后方，纷纷与东突厥结盟，并称臣纳贡。东突厥也愿意支持刘武周、梁师都、窦建德、刘黑闼、高开道、薛举、李轨、郭子和、苑君璋、徐圆朗等割据势力，以图将来在中原增加影响力。

隋末大乱，内战、分裂严重削弱华夏，突厥崛起极端强盛，突厥处罗可汗、颉利可汗听从梁师都派去的陆季览的劝说，想效法北魏道武帝占据中原。

渭水会盟

唐高祖武德七年(624年)，唐军平定四方，统一全国，开始商议反击突厥的战争。同年，东突厥颉利可汗和突利可汗倾其全部人马入侵唐。闰七月，唐朝有人（有说是太子李建成）提议迁都，躲避突厥入侵，李世民反对，李渊决定不迁都，并于二十一日派遣李世民出豳州道抵御突厥。八月十二日，双方在五陇阪（今陕西彬县）交锋，称五陇阪之战。李世民使用反间计，联合突利可汗离间颉利可汗，使突厥退兵。十天后，另一支突厥军队在杜阳谷被唐朝开国名将驸马柴绍击败。

626年，秦王李世民通过玄武门之变杀死其兄长太子李建成和四弟齐王李元吉夺得唐朝的帝位。东突厥颉利可汗趁着李世民尚未将冯立、谢叔方、薛万彻、罗艺等李建成和李元吉的余部招降或铲除干净，命拔野古部和同罗部的骑兵围攻乌城，牵制住程知节、徐世勣、柴绍和屈突通的唐军主力，他自己则协同其弟突利可汗以及铁勒首领契苾何力率20万大军南下，兵锋直指长安城，占领了离长安不远的武功城。颉利可汗派遣帐下大将军执失思力进长安城威胁唐朝君臣，并同时率大军进逼到长安城外的渭河北岸。李世民扣留了执失思力，然后冒险率长孙无忌、高士廉、房玄龄、侯君集、段志玄、独孤彦云等六骑到长安城外的渭水便桥南岸，隔河责问东突厥背信弃义。同时，唐朝大将尉迟敬德率领一支军队于泾阳之战中击败突厥的左翼军，突厥名将阿史那乌默啜几乎被俘。颉利可汗等自知理亏，又因为侧翼遭

唐代河套地区疆域图

袭，大将被扣押，因此与李世民在渭水便桥上斩白马为盟，之后退兵。突厥颉利可汗献马三千匹，羊万只。李世民也放回了执失思力。李世民将此事视为警告，从他即位开始，就着手准备击灭东突厥。

时机到来

渭水会盟后，唐太宗为彻底解除突厥威胁，采取一系列政治、经济措施以增强国力，在军事上积极备战。他一反前朝不许臣下带武器上殿的规定，每天引数百士卒在显德殿习武射箭，很快培养出一支能征善战的精锐部队。同时，唐于贞观元年争取割据恒安镇（今山西大同东北古城）的军阀刘武周的余部苑君璋归附。贞观二年柴绍和薛万均率军击灭割据朔方（今内蒙古乌审旗南白城子）的军阀梁师都，占据了便于反击东突厥的军事要地。而突厥内部由于连年征战和霜冻干旱等天灾，使得民疲畜瘦，很多羊、马被冻死、饿死。薛延陀、回纥、拔也古、同罗诸部亦趁机群起反抗，共推薛延陀首领夷男为真珠可汗，并接受唐王朝册封。东突厥次汗突利可汗因长期受颉利可汗压制排挤，也暗中与唐联络，表示愿意归附。唐反击突厥的条件已经成熟。

六路大军出击突厥

贞观三年十一月，东突厥将军雅尔金和阿史那社尔率军进扰河西。肃州（今甘肃酒泉）守将张士贵，甘州（今甘肃张掖）守将张宝相统兵结成犄角之势，坚壁清野，利用城池阻挡突厥骑兵。最终使突厥人无功而返。这为唐太宗李世民反击突厥埋下了伏笔。

突袭定襄

贞观四年正月，李靖率三千骁骑从马邑（今山西朔县）出发，进占恶阳岭（今山西平鲁西北），乘夜袭占定襄城（今内蒙古和林格尔西北土城子）。颉利可汗未料到唐军突至，认为李靖敢孤军深入，定有主力随后，慌忙将牙帐撤至碛口。李靖又派间谍离间其部众，颉利的心腹大将康苏密挟隋炀帝皇后萧氏及其孙杨政道至定襄降唐。颉利见康苏密降唐，不敢停留，继续率部向阴山撤退，在浑河边与柴绍的金河军交战，之后又在白道（今内蒙古呼和浩特西北）遭到兵出云中（今山西北部）的徐世勣率领的通漠军截击，大败。颉利退屯铁山（今内蒙古白云鄂博一带），收集余众数万。颉利自觉已不是唐军对手，即派执失思力为特使，到长安向唐太宗谢罪请降，表示愿举国内附。实际上企图待草青马肥之时，再转移到漠北，伺机东山再起。

李靖夜袭阴山

唐太宗派鸿胪卿唐俭、将军安修仁等去突厥抚慰，令李靖率兵接应。二月，李靖引兵至白道与徐世勣会合，相与定谋，认为颉利虽败，兵力尚多，若任其逃往漠北，依附于薛延陀等部，则很难追歼；今唐俭在突厥，颉利懈而不备，如选精骑袭之，可不战而擒之。偏将张公瑾怕这么做会使唐俭等人身陷险地，李靖说只要能剿灭突厥，唐俭等人根本不用去考虑。于是李靖令徐世勣统大军继后，亲率精骑万名，各备20天口粮，连夜出发，向铁山疾驰。李靖军冒雪至阴山，遇突厥营帐千余，尽俘之以随军。颉利见唐使前来抚慰，以为安然无事，未加戒备。初八，李靖派都尉苏定方率200骑兵为前锋，在浓雾掩护下衔枚疾进，至颉利牙帐七里才被发现。苏定方长驱直入冲进了突厥颉利可汗的牙帐，颉利及其部下不知浓雾里有多少唐军，阵脚大乱。劼利可汗乘千里马西逃。李靖率大军跟进，突厥军溃散，被歼万余人，被俘男女10万余人。唐俭、安修仁趁乱脱险而归。

颉利被俘

颉利可汗在阴山被击败后，仓皇由云中向西逃窜，意图投奔吐谷浑国王慕容伏允或高昌国王麴文泰。在半路上，部将大多叛逃。其子叠罗施也与他走散。不久，身边只剩下数十骑兵的颉利可汗被擒获。当年三月，东突厥灭亡。李世民没有杀死颉利可汗，而是封他为归义王、右卫大将军，让他在长安度过余生。突利可汗随后归降，被封为北平郡王。突厥的名将或首领包括执失思力、阿史那社尔、阿史那思摩以及契苾何力等悉数归降，都受到唐朝的重用。真珠可汗夷男也上表表示归顺。

唐朝将东突厥领地划入自己的版图，在其上设置了顺州、祐州、化州、长州、定襄、云中等都督府。唐朝的疆域由此扩大至阴山以北300公里，势力范围达到贝加尔湖。

西突厥分裂

在唐同东突厥交锋的时期，西突厥控制着西域地区，并拥有如高昌、焉耆、龟兹、于田、疏勒等附属国。唐消灭东突厥之后，这些西突厥的附属国与唐西部的疆域接壤，开始受到唐朝的影响，开始跟唐进行交往。

西突厥灭亡

西突厥汗国由于内部分裂，不断内讧，逐渐走向衰亡。西突厥末主阿史那贺鲁为室点密可汗五世孙，曳步利设射匮特勤劫越之子。起初，乙毗咄陆可汗任命他为叶护，驻扎在多逻斯川（今额尔齐斯河），统辖处密、处月、姑苏（或作哥舒）、歌罗禄、弩失毕等部。当乙毗咄陆可汗逃往吐火罗（今阿富汗）后，乙毗射匮可汗派兵驱逐阿史那贺鲁，其部落大多离散。

贞观二十二年（648年）四月，阿史那贺鲁率领余部数千帐（户）内归属唐。唐太宗安排他们住在庭州（今新疆维吾尔自治区吉木萨尔北破城子）莫贺城（今吉木萨尔西北三台），授予他左骁卫将军之职。阿史那贺鲁听说唐军将讨伐龟兹，于是率随从数十人至长安朝觐，要求担任大军的向导。唐太宗任命他为昆丘道行军总管，在嘉寿殿设宴款待，给予很多赏赐，并且将自己穿的衣服送给他。投降唐朝的原东突厥大将阿史那社尔平定龟兹以后，648年冬，唐朝晋封阿史那贺鲁为泥伏沙钵罗叶护，赐给他唐朝的鼓纛，派他去招抚尚未服从的其它西突厥部落。第二年春，唐朝在安西部护府下设置瑶池都督府，任命阿史那贺鲁为都督。这年夏唐高宗继位后，阿史那贺鲁又被晋升为左骁卫大将军。

阿史那贺鲁召集离散的西突厥部残余势力逐渐强大。他听说唐太宗已经逝世，即阴谋夺取西州（今新疆维吾尔自治区吐鲁番市东南高昌古城）和庭州。唐高宗闻讯，派遣通事舍人乔宝明抚慰阿史那贺鲁。永徽二年（651年）春，担任唐朝右骁卫中郎将的阿史那贺鲁之子咥运竟劝说其父率部反唐西走，击破乙毗射匮可汗，兼并其部众。阿史那贺鲁设牙帐于双河（今新疆维吾尔自治区博乐、温泉县境内）及千泉，自称沙钵罗可汗。

682年，南迁漠南的突厥贵族骨咄禄，重新建立了突厥政权，史称“后突厥”。

设立西受降城

唐中宗景龙元年（707年），中宗命左屯卫将军张仁愿为朔方道大总管，率兵攻击后突厥，后突厥兵败退走。

张仁愿统率朔方军与突厥部以黄河为界，朔方军驻河南，突厥军驻河北。张仁愿上奏唐中宗，在黄河以北、阴山以南，从西而东建立西、中、东三座受降城。西受降城位于今巴彦淖尔市五原县西北乌加河畔，管辖包括磴口在内的阴山以南地区，并控扼南北交通要冲。因此，西受降城在三座受降城中军事地位至为重要。此后，唐朝在与突厥的军事斗争中取得了主动权，而突厥丧失了河套要地，势力受到极大削弱。史载“自是突厥不得度山放牧，朔方无复寇掠，减镇兵数万人。”

至此，后突厥势力逐渐衰弱，最后被唐朝与回纥联合大军攻灭。

宋朝与西夏拉锯战为西夏地

宋朝是中国历史上承五代十国，下启元朝的时代。960年，后周大将赵匡胤黄袍加身，建立宋朝。北宋初期为了避免唐代末期以来藩镇割据和宦官乱政的局面，采取重文抑武的施政方针，一方面加强了中央集权，另一方面经济文化空前繁荣。然而，权力机构空前庞大，造成冗官冗兵冗费积重难返的局面。

西夏是中国历史上由党项人在中国西部建立的一个政权。1038年，李元昊建国，称“大夏”。因其在西方，宋朝人称之为“西夏”。西夏占据了宁夏、甘肃、陕西北部地区、内蒙古西部地区，建都兴庆府（今银川市）。历宋、西夏、辽、金时期，磴口地区一直是西夏国的属地。

北宋为遏制西夏扩张，实现一统，屡次集兵进击，西夏为立国拓僵频频举兵攻宋，双方展开近百年的战争。宋、西夏发生了三次大规模的战役，既三川口之战、好水口之战和定川寨之战，这三次大战均以北宋失败而告终。百年战争，双方军队激增，宋朝在宋初拥有军队30万人，庆历年间增至120多万人。西夏军队在李元昊建国初即达50

万。由于连年征战，人力、物力、财力损失惨重，致使两国出现严重经济危机。战争既加深了宋朝积贫积弱之势，又加速了北宋的灭亡；同时，西夏战乱不断，经济不振，内部矛盾重重，最后于1227年亡于蒙古。

元明清归属变迁

元朝统一中国后，其统治区域均以行省建制设立，省以下辖路、府、州、县四级政权。当时河套地区属大同路之内州西部地，归中书省直辖。磴口属甘肃行省，归宁夏府路管辖。

自元代起，“河套”一词越来越多出现在各种书籍里，特指贺兰山以东，狼山大青山南，黄河沿岸地区，并以乌拉山为界，东为前套，西为后套。到1949年后，“河套”一词外延逐步缩小，演变为泛指巴彦淖尔市境内的河套地区，西起磴口，东至乌拉特前旗。

明太祖洪武八年（1375年），明军打败河南王扩廓帖木儿，收复河南地及河套地区。明朝在今托克托县境设置东胜卫等，磴口属宁夏卫辖境，隶陕西统领。英宗年间，筑明长城，塞外各地皆弃于外，为蒙古阿拉塔汗所复据。

1636年，清皇太极亲征蒙古察哈尔林丹汗部，林丹汗战败，退却至青海。皇太极继续西征，漠南蒙古傲汗、奈曼、土默特、鄂尔多斯等16部先后归顺。1697年，康熙皇帝在位，磴口地区由清王朝封赠给阿拉善霍硕特旗管辖。阿拉善霍硕特旗王府在磴口和沙金套海设总管公署各一处。

到了清代，磴口地区由游牧区域转变为农耕地区。随着内地汉族农民大量持续涌入，灌溉农业再度出现，并得到了极大的发展，在清朝中后期掀起了一股开挖渠道、广辟良田的热潮。这股热潮一直延续到民国，形成了河套地区及磴口农业发展的发育期，由此奠定了今日河套及磴口地区平畴相望、渠道纵横的格局。

民国时期设立县治

磴口县建制始于1926年。1926年冯玉祥国民革命军在五原誓师后挺进西北，路经王爷地（当时磴口地区归阿拉善王爷管辖）时，看到沿黄河一带农牧业发达、人口稠密，特别是到达当时的水陆码头磴口（今阿拉善左旗巴音木仁苏木）后，看到街井有序、商旅云集，遂决定在磴口设县，管辖上至乌海，下至磴口隆盛合镇一线，并将设县治理意图拟文上报当时的武汉国民政府，委任了临时县长，由此磴口县正式建立县制。

迎来新中国

1949年9月19日，国民党西北军政长官公署副长官、绥远省主席董其武通电宣布起义。1949年10月23日，宁夏宣布和平解放。中国共产党磴口县委在银川组建，以县委书记杨力生、县长李尔直为首的工作组分批赴磴口接管工作。先期到达的同志把磴口实际情况反映到县委，经请示宁夏省委，决定将磴口县设在三盛公（今巴彦高勒旧城区），后经一系列变化，磴口县名一直沿用至今。

磴口，原本是阿拉善旗的一个相当于当时汉族人地区的区级建制，蒙古族人称为“磴口总管公署”，冯玉祥在这里设县，无疑是侵夺了其领地和利益，王爷屡屡抗争无效。1929年8月，国民党中央政府最终批准在今阿左旗巴音木仁苏木政府所在地设立磴口县。

人物与传奇故事

HUASHUONEIMENGGUdengkouxian

人物与传奇故事

RENWUYUCHUANQIGUSHI

如果说磴口是一幅美妙而神秘的天然画卷，那么这里丰富的传奇故事与传奇人物都将带给你无限的遐想。秦筑长城，汉将军卫青、霍去病和窦宪北击匈奴，昭君出塞，杨家将征战北疆，冯玉祥建县磴口等，至今仍传为美谈。

秦长城的故事

秦统一六国后，秦始皇派蒙恬率30万大军过黄河、入河套、驻军阴山、与匈奴开战而这些都源于秦始皇的一个梦。相传，秦始皇深信鬼神，又多疑善变。自江山一统之后，朝中大将深知始皇帝性情，多明哲保身，交还军权，以防不测。秦始皇一心想集上古三皇五帝之文治武功，将秦家王朝传承万代，故此自命为始皇帝。但他又担心天下叛乱。一日，他请来道士问神占卜，卦云：亡秦者，胡也。秦始皇心急如焚，不知如何是好。晚上，秦始皇入睡，梦见自己驾一辆马车去天宫拜见王母娘娘，到了天宫门口，却见大门紧闭，无人值守，叩门良久，不见动静，环顾左右，见天宫门口左、右各有一棵参天大树，枝繁叶茂，气势巍峨。秦始皇一时按耐不住焦急，抱住大树，爬上树去，想着看天宫内有无神仙，放眼天宫之内，只见祥云缭绕，耳听仙乐阵阵，却不见神仙踪影。回头向外望去，却看见大地之上，河流山川，历历在目，中间有一群羊悠闲地吃草，忽见从北方窜出一只恶狼，直扑羊群，羊群见狼，四散奔逃，秦始皇心中正自着急，猛听耳畔一声断喝："什么人胆大包天，竟敢偷窥天庭？"秦始皇吓得心惊肉跳，手一松，"啊呀！"一声，从树上跌了下来，眼一睁，却是南柯一梦，浑身汗流浃背，水洗一般。始皇帝虽知是梦，心中却狐疑不定，不知吉凶如何，连忙唤丞相李斯入宫，商讨梦境。李斯半夜被唤入宫，不知何事，心中惴惴不安。但李斯其人机敏善变，巧舌如簧，投机心重，既有大才，也具小智，多年来以揣测秦始皇心意为主，所以深得始皇帝信任。李斯入宫之后，听完秦始皇的梦境，心中有底，侃侃而谈道：“吾皇不必忧虑，日前占卜，与今夜所梦，正是上天对您的眷顾、警示，可防也。卦云，亡秦者，胡也。胡者，乃北方之匈奴，商周以降，匈奴为患北疆，千年之久，其悍兵铁骑日益强盛，不可小觑，故而上天预示我朝早加防范。今夜，始皇所梦，从天上看地下，见恶狼袭击羊群。羊，央也，中央之国，正是大秦。狼者，匈奴以狼为祖、为神，分明是胡人。不知之患是为大患，猝不及防，危及社稷。已知之患是为癣疥，良药一贴，可保无恙。”秦始皇道：“依你之见，如何防范？”李斯：“匈奴铁骑，所依者平原，所惧者山嶂，如沿山修筑万里长城，派重兵屯守，可保万世之久。”秦始皇听罢，连连点头：“卿所言极是。”

秦始皇听了李斯之言，觉得舍此再无良策，为保大秦千秋万代，万里长城不修，国患难除。于是派蒙恬驱逐匈奴、修筑长城。

蒙恬率30万大军过黄河，入河套，驻军阴山，欲与匈奴开战。大军找水草丰美之处驻扎后，蒙恬领麾下战将查看地形，当看到屠申泽畔有一处沼泽地时，蒙恬笑曰：“此用武之地也。”便利用沼泽排兵布阵。

却说匈奴单于，闻蒙恬驻军阴山，不以为患，派一万骑兵去探虚实。这一万骑兵皆为精锐之师，骏马良将，号称草原神狼，知中原内战良久，帅老兵疲，不堪一击，所以孤军冒进，直逼蒙恬大营。匈奴之俗，能战则战，不能战则散，胜则骄，败不绥，且不以败溃为耻。这一万骑兵行进之间，与蒙恬三千骑兵相遇，蒙恬骑兵见匈奴骑兵人数众多，不敢交战，拔马便逃。匈奴骑兵见状，兴奋异常，知秦兵怯懦，快马加鞭，穷追不舍。正猛追之间，忽听一声梆子敲响，让过蒙恬骑兵，闪出一支伏兵，人人手持强弩，万箭齐发，射向匈奴。匈奴前面的骑兵纷纷中箭落马。匈奴骑兵因猝不及防，死伤不少。但匈奴骑兵不以为意，稍作整顿，排成队形，挥刀就冲向了弩队。秦兵见状，弃弩而逃。冲入屠申泽沼泽地的芦苇丛中，不见踪影。匈奴骑兵不知是计，紧追不舍，纷纷冲入沼泽地里，人马不能动弹。正自乱时，后面杀声四起，骑兵、强弩从后攻击，匈奴人惊马叫，未进入沼泽地的也被赶入沼泽，可怜一万虎狼之师，未曾用武便被射杀沼泽之中。原来蒙恬在沼泽地中早已用屠申泽的芦苇割倒结成草捆，铺出一条步兵逃奔的草路，犹如浮桥一般。骑兵先去诱敌，步兵再给骑兵让出撤退的机会，然后，步兵逃入沼泽，从容撤退，将匈奴骑兵引入沼泽，最后全歼。

匈奴单于闻报，心中大怒，未曾大战，折损一万铁骑，乃匈奴用兵史上从未有过之败例。当下亲率十万铁骑浩浩荡荡杀奔过来，大军进入阴山峡谷之中，只见山势险峻，道路狭窄，人马一时拥挤不堪。大军正行进中，忽报前进道路已被山石封死，单于正自惊疑，忽听山上号角齐鸣，后面道路被从山上扔下的石块滚木堵住，大军进退不得。紧接着，一捆捆被点燃的芦苇从山上扔下，石块飞矢齐下，匈奴十万大军鬼哭狼嚎，山谷之中火光冲天，惨烈异常。不待半日，匈奴大军全军覆灭，匈奴单于战死，侥幸不死者全部被俘。只此两次绝地之战，蒙恬未曾损伤一兵一卒，歼灭匈奴11万精兵。从此之后，匈奴避居漠北30年不敢妄动。闻蒙恬大名，心惊胆颤。蒙恬战胜匈奴后，率领大军安心修筑长城。万里长城在30万大军和百姓的艰苦劳作下，终于修筑而成，并名垂千古。

头曼单于被鸣镝弑父

秦汉时期，冒顿是匈奴第一代单于头曼的长子，长大后被立为匈奴太子，成了匈奴单于的继承人。但因头曼单于偏宠后娶的阏氏爱屋及乌，渐有废冒顿而另立阏氏之子之意。这便加深了父子之间的矛盾，最终引发了鸣镝弑父的历史事件。后经冒顿励精图治，严格治军，多年征战，成为匈奴杰出首领，第一次统一了蒙古草原，建立了强大的国家。

匈奴头曼单于为了达到废冒顿而另立阏氏之子的目的，想到了一个在他看来绝妙的办法：派冒顿作为匈奴使节出使月氏国。出使月氏怎么能达到头曼单于除掉冒顿的目的呢？原来，匈奴和月氏的关系一向不是很好，时有冲突发生，为了能和平相处，双方约定互相派出使节作为人质，使节一般都是各自的太子，从而实现“井水不犯河水”的局面，你若不守规矩，我就杀了你的接班人。

头曼要的就是月氏替自己除掉冒顿，好另立接班人。于是，冒顿前脚刚到月氏国，头曼单于就悍然出兵攻打月氏国。为了另立接班人，连自己的亲生儿子都下得去如此狠手，可见头曼单于下了多大的决心。

得到匈奴攻打月氏的消息，冒顿明白了父亲的意图，痛心到了极点。危急关头，冒顿迅速偷了一匹马连夜逃回了匈奴，捡回了一条命。眼看这个儿子竟然如此命大，这样都死不了，头曼单于的杀心也不是那么重了，相反，还从心里对这个机智过人的儿子颇有几分欣赏。于是，头曼单于封冒顿为万户长，并拨出一万名骑兵供他调遣。

头曼单于万万没有想到，正是这一万名骑兵，最终将会要了自己的老命。头曼单于对冒顿另眼相看，并不代表冒顿也对自己的父亲既往不咎，相反，从他得知父亲想假月氏之手杀掉自己的那一刻起，他对自己的父亲就只剩下仇恨了，而且是不共戴天的仇恨。

得到一万名骑兵的冒顿并没有马上对自己的父亲动手，因为他知道此时时机还不成熟，这支骑兵队伍并不绝对听命于自己，而身为单于的父亲，手上的兵力何止十倍于自己，此时动手无异于自寻死路，为了让这支骑兵队伍完全忠于自己，冒顿决定用自己的方法来调教他们。

为此，冒顿发明了一种响箭，这是一种特殊的箭，名字叫“鸣镝”，也就是射出去之后会发出鸣响的箭。接着，他对手下骑兵们下达了这样的命令：鸣镝所射而不悉射者，斩之。

几天之后，冒顿召集骑兵外出打猎，实际上是对骑兵进行第一次调教。冒顿看准一头野猪，拉弓放箭，射出了鸣镝。有的骑兵把冒顿几天前的命令忘记了，呆呆地坐在马上没有任何反应，冒顿当即下令把这些没有射箭的骑兵统统杀掉。

过了几天，冒顿又把骑兵们召集了起来，进行第二次调教，这次不是打猎，冒顿把鸣镝射向了自己心爱的坐骑。机灵的骑兵眼疾手快，跟着冒顿就拉弓放箭。

更机灵的骑兵想：“射杀了冒顿心爱的马，如果他追究起来，那不就惨了？”就在他们这么想的时候，冒顿的马刀也就架在了他们脖子上了。

又过了几天，骑兵们再一次被集合起来，他们不知道，这是冒顿对他们的一次残酷的调教，是对他们人性的挑战——冒顿把鸣镝对准了自己最宠爱的妻子。

经过前两次的教训，很多人学乖了，紧跟着冒顿把箭射向了这个可怜的的女人。

当然，也还是有一些骑兵知道野猪和马毕竟都是动物，而现在面对的却是一个活生生的人，而且是冒顿最心爱的女人，于是，他们迟疑了，于是，他们为此付出了自己的生命。

经过了这一次最残酷的调教，剩下的骑兵都唯冒顿之命是从了。

但是，以上的目标都不是冒顿的最终目标，他的最终目标是自己的父亲——头曼单于。

为了解决自己的最终目标，实现自己的最终目的，冒顿又一次把鸣镝射向了头曼单于的坐骑。

对骑兵们来说，如果说这只是一匹马，那是不对的。在他们眼里，这是一匹好马，而且是大单于（头曼）的好马！直接首领的东西，直接首领自然可以作出处理决定，但是大单于的东西，直接首领就不一定有权力作出处理决定了。

射，大单于那关过不去；不射，直接首领这关过不去。射？还是不射？这真是个艰难的抉择！

冒顿已经射出了第一箭，经过短暂的思想斗争，同时结合前三次经历，大多数骑兵还是把箭射到了头曼单于的坐骑，少数人还是在迟疑的时候一如既往地做了冒顿的刀下鬼。

经过这四次的调教，冒顿得出了一个正确的结论——剩下的骑兵已经完全听命于自己了。

前209年，趁头曼单于外出打猎的时候，冒顿带着手下骑兵随行，这正是解决最终目标的最佳时机！冒顿又一次，也是最后一次抬起了手中的鸣镝，把目标指向了自己的父亲——头曼单于。

经过那么多次的调教，骑兵们都学得聪明了，全部把手中的箭射向了最高首领，转眼间，头曼单于就被射成了刺猬。

头曼单于万万没有想到，自己竟然死在了自己的儿子手中，而且杀自己的“刀”（1万名骑兵）还是自己亲自送给他的。杀了头曼单于，冒顿当即把差点让自己丢了性命的罪魁祸首——阏氏和阏氏之子也一起杀掉了。

手中的鸣镝已经完成了它的使命，这是一支死亡之箭，冒顿将它折断在地上。

做完这一切之后，冒顿迅速发动政变，夺取了匈奴的最高权力，自立为新一任匈奴单于，是为冒顿单于，从此，他将带领匈奴部落走向强盛、走向辉煌。

冒顿单于与白登之围

白登之围是指前200年，汉高祖刘邦被匈奴围困于白登山的事件。

前202年，刘邦称帝，大封诸侯，其中异姓诸侯王七位，其中韩王信获封国于颍川一带，定都阳。刘邦以防御匈奴为名，将韩王信封地迁至太原郡，以晋阳为都。后韩王信迁都至更北方的马邑（今朔州）。韩王信与匈奴交战，败多胜少。

前201年秋，冒顿单于亲率军队，以10万骑兵围攻马邑，韩王信只得派使者与匈奴求和。后与匈奴约定共同攻汉，向匈奴投降。

前200年冬，汉高祖刘邦亲率32万大军，出征匈奴，同时镇压韩王信叛乱。主要谋士陈平、刘敬，将领樊哙、夏侯婴、周勃等随行出征。

战争开始，汉军进入太原郡，连连取胜，大败韩王信，韩王信逃奔匈奴。韩王信部属将领拥立战国时赵国后代赵利为王，准备再次与匈奴合谋攻汉。

由于汉军节节胜利，产生了麻痹轻敌思想。刘邦不听谋士刘敬的劝告，要大军进兵，击破匈奴军。刘邦率骑兵到达平城（今山西省大同市），此时汉军步兵还未完全赶到，冒顿单于见汉兵蜂拥而来，在白登山设下埋伏。刘邦带领兵马一进入包围圈，冒顿单于指挥40万匈奴大军，将汉军围困在白登山，汉军内无粮草，外无援兵，不能相救。刘邦这才发现上当，组织突围，经过激烈战斗，也没有突围出击。双方大战，损失惨重。此时，正值隆冬，汉军冻伤十之二三。

汉军被围七天七夜，饥寒交迫，危在旦夕。谋士陈平看到冒顿对新得到阏氏十分宠爱，朝夕不离。于是陈平向刘邦献计，游说冒顿阏氏，送去大量金银珠宝，阏氏遂进言冒顿，要匈奴撤军。冒顿单于原来与韩王信残部及赵利约定会师合围汉军的日期，赵利军失约未到。冒顿怀疑他们同汉军有勾结，就采纳了阏氏的建议，打开包围圈一角，让汉军撤出。当天正值大雾，汉军从包围圈逃出，白登之围得以化解。刘邦吸取教训，为了休养生息，采纳刘敬的建议，以汉宗室女为公主嫁给冒顿单于，采取和亲策略，并派刘敬出使匈奴，送出大批棉絮、丝绸、粮食、酒等。自此，汉与匈奴约为兄弟，以长城为界，各自罢兵，边境地区得到暂时缓和。

呼韩邪与昭君出塞

在阴山与北黄河一带，有很多重要的军事要塞：如鸡鹿塞、高阙塞、光禄塞、固阳塞等，这些要塞，都在两汉与匈奴的发展历史中，发挥了极为重要的作用，但是为什么鸡鹿塞却是最著名呢？它有怎样的特别之处呢？这是因为，鸡鹿塞不仅是个著名军事要塞，战略关口，是“旌旗猎猎天鼓鸣，铁马金戈秋风高 ”的汉、匈大军出入的地方，而且更重要的还是汉、匈两大民族的和亲使者——王昭君多次驻足的地方。“ 一曲琵琶思乡远，留于诗人话短长。”因而使这个秋风长烟，古道热肠的历史见证者——鸡鹿塞，承载了汉、匈两个民族刚烈柔美、深沉厚重的历史故事而闻名于天下。

自从汉高祖刘邦的“白登之围”到开“汉匈和亲”之先河，在两汉的历史上，汉、匈的往来关系一直是沿着文武交替的轨道前进，但其中“和亲之路”，无疑是最具色彩的交往方式，也是最能取得长期稳定，和谐共存的最佳途径。孔子曾说：“远人不服，修文德而来之。”两汉和平交往的逐步成功，就是汉朝皇帝们深刻领悟、实践了孔子这句伟大外交名言的结果。而汉朝的其他和亲使者们，又用她们的行动、精神、灵魂去长期实践、融合，创建了惠及数百万民众岁无兵戈，和睦相处的安定社会环境，为民族的团结发展做出了巨大的贡献，展现了大汉王朝巾帼女杰们特有的风姿。这其中的王昭君就是最典型的一个，她和汉代其他十几个和亲公主一样，担负着一样的人生使命。

“昭君自有千秋在”，王昭君名传千古，家喻户晓，为世人传颂。同时，呼韩邪这一历史人物也同样值得尊崇，因为是他作为一位匈奴单于，站在了王昭君的身旁。呼韩邪单于，名稽侯珊，1世纪匈奴杰出人物，政治家。他娶王昭君为妻，号宁胡阏氏，汉匈40年无战事，成就了王昭君千里出塞、远嫁匈奴的千古佳话。

西汉建昭年间，随着汉朝的不断强大，匈奴民族逐步削弱瓦解，最后形成了呼韩邪单于与郅支单于两大势力。由于呼韩邪单于力量较弱，屡战屡败，无奈归附了汉朝。汉朝打败了郅支单于，支持呼韩邪单于统一了漠北草原，呼韩邪单于十分欣慰，于是在西汉宣帝甘露三年（前51年）,首次入长安朝见汉宣帝。汉宣帝十分高兴，下令让沿途七郡列骑两千军兵欢迎，并以特殊的礼遇接待呼韩邪单于。当呼韩邪单于返回匈奴时，汉宣帝不但下令“转边谷米糒前后三万四千斛（相当于现在的200万斤），给赡其食”，还派长乐卫尉高昌侯董忠、车骑都尉韩昌，率骑兵1.6万人，又发边郡士马以千数，送单于出朔方鸡鹿塞。从此，呼韩邪单于不但对大汉王朝充满了无限敬仰，还对鸡鹿塞产生了特殊的感情。

呼韩邪单于返回故地后，在大汉王朝的支撑下，经过18年的精心治理，社会渐渐繁荣起来。到了西汉竟宁元年（前33年），呼韩邪单于为了再次朝觐谢恩，备厚礼、过鸡鹿塞、赴长安，拜谒汉元帝。汉元帝也十分高兴，不但隆重接待了单于，厚赠礼物也比他的父亲汉宣帝时多了一倍，而且还答应了单于"愿为天朝之婿"的请求，将王嫱等5名宫庭美女赐给呼韩邪单于。从此，王昭君的命运，就不仅仅属于她个人的，而是与国家" 保塞传之无穷，长边陲之无兵革 ""促民族之和谐"永远联系在一起了。

据《后汉书·匈奴传》载：由于当初的汉元帝并不知王昭君长得很美，所以当他召集5位宫女让呼韩邪单于赏目时，王昭君的"丰容靓饰，光明汉宫，顾景徘徊，竦动左右"，令"元帝大惊，意欲留之，而难于失信，遂与匈奴"。呼韩邪单于见到王昭君时也惊若木鸡，迷恋失态，疼爱倍加。呼韩邪单于带着王昭君，告别长安，向着鸡鹿塞缓缓驶来。此时的汉元帝为了两国之好，赐给呼韩邪单于锦帛2.8万匹，絮1.6万斤，美玉金银无数，还亲自为呼韩邪单于、王昭君饯行，送出长安10余里。

再说久住宫中的王昭君，从未见过辽阔的草原、奔腾的黄河、如星的羊群、广袤的沙漠。所以，当她一路风尘仆仆来到鸡鹿塞时，立即被这里特殊的山水风光所吸引：美丽的屠申泽清波荡漾，鸟鸣嘤嘤；险峻的阴山锷刺青天，白云悠悠；广袤的高原绿色无限，轻风习习，草低现牛羊；雄朴的鸡鹿塞高卧峡口，炊烟袅袅，宽阔的峡谷直通朔漠，无限神秘。于是她留恋盘桓，不忍离去。此时，走出鸡鹿塞，也就是走出国门，走出娘家的大门，走向异国他乡。此时的她思念故乡，思念家人，思念长安，思念宫中的女友们，也无限怀恋着那个曾经让她等待、期望、生气、同情、思念的汉元帝。此时，她看着鸡鹿塞，看着阴山，看着申屠泽，看着高天悠悠的白云，其景、其情、其神，是无法用语言来表达的。

根据民间传说，情思无奈的王昭君，情不自禁地拿起琵琶，望着天边南飞的大雁，弹起了一首绝唱千年的《出塞曲》。无限的思念、爱恋、憧憬，巫山的风光，秭归的乡情，长安的夜月，和亲的使命，陌生的环境，生命的代价，情感的长河，加之西北边陲的雄苍、辽阔、壮美的风景，一时难以名状的感情涌上心头，流入指尖，飘荡在鸡鹿塞的上空，并随着风和云，飘向了巫峡，飘向了长安，飘向了漠北草原。此时，南飞大雁，望着惊艳的美女，听着幽婉的琴声，纷纷落在了沙滩上，欣赏那秭归的清粼，长安的典雅，塞北的辽阔苍茫。于是一个落雁之容的绝代美女，一个"平沙落雁"绝世琴曲的传说，一直流传到今天。

而此时40余岁的呼韩邪单于，也是六过鸡鹿塞，情思无限多。他静坐在王昭君的身旁，倾听着，回忆着。18年前，他曾经从这里赴长安拜见汉宣帝，又随着汉宣帝派来的护卫队伍，带着汉朝赐赠礼物、粮食等来到这里……

18年后的今天，他又带着汉宣帝的儿子汉元帝所赐的更多礼物，以及汉宫美女王昭君等来到这里，驻足逗留，赏览风光。此时，“无限心思无限语，无限风雨无限情”。他为了不让王昭君过度思念家乡，就在鸡鹿塞多住了几天，让王昭君骑马围猎，走马射箭，感受匈奴民族的豪迈勇武，歌酒雄风。在一个天高云淡，风和日丽的日子里，他带着王昭君，走出了鸡鹿塞，走进了哈隆格乃峡谷，走向了漠北高原的龙庭。

昭君出塞，既是一个真实的历史故事，又是一个美丽的佳话传说。但是大多数人只知道王安石所写的“仪态由来画不成，当时枉杀毛延寿”的宫中美人王昭君，但却很少有人知道她又作为呼韩邪单于的宁胡阏氏皇后，在匈奴生活了几十年。她的后半生，不但为呼韩邪单于父子两代生儿育女，传播文化，协助朝政，惠泽民众，受到匈奴人民的尊敬爱戴，而且她的人生经历，既让人惊叹、感慨而难以理解，又让人同情、心酸而惋惜不已。只有知道了这些，才能深入地理解、明白，为什么在大河套的黄河沿线，在茫茫的草原上，还有她那么多的垒垒青冢，那么多的故事传说，而那些“青冢”上深深的青色又蕴涵了怎样的文化意义。

王昭君很幸运，恰逢生在大汉雄威高涨的年代，更何况，她本非平庸，自有奇志。自请和亲，以身报国，谋福天下，的确见识甚高。还应记上一笔匈奴贵旗青年复株累单于。昭君北嫁呼韩邪三年，呼韩邪单于就去世了。昭君上书汉庭请求南归，不准，敕从胡俗，昭君遵从胡俗，嫁与新君复株累单于，据说他们相守十一年，生了两个女儿，与呼韩邪所生的同母的哥哥一起成为稳定汉匈关系的紧密纽带。

目光再一次放远，在千百年前，青冢的周边也许应是“风吹草低见牛羊”的景象吧！那时节，在这片阴山以南黄河以北的茫茫草原上，没有汉家的农耕，没有战火的纷飞，触目可及的只有碧水蓝天，无边的草地，奔跑的马儿，成群的牛羊，牧人的毡房，以及伴随着马蹄声声的纵情长歌。

冬去春归，九九雁来。南国女儿王昭君深深地眷恋着这片草原，因为她将自己永远留在了眼前的这片草原。纯朴的磴口人，为她建立了一座全身塑像。还是当年她踏上草原的身影和形象，深情地注视和眷恋着这片土地，远处传来："风从草原走过，留下多少传说……"能在天地间留下名字已属幸事，更不用说长久地留在人们心中，为后人敬仰并成为永恒，这是历史命运的造就，她注定要谱写精彩的历史。

卫青与霍去病北出鸡鹿塞

话说雄韬伟略的汉武帝（刘彻）16岁登基，年少气盛，求贤若渴，网罗精英之才，唯才实用，摒弃门第之见，当时名士名将皆被揽入麾下，委以重用。汉武帝的胸怀和用人之道，为他强国强军，汉朝强盛大业奠定了人才基础。

且说卫青（前106年）是个穷苦平民，沉默寡言，牧羊、杂活无所不做。待到长成十五、六岁，已学了一身的骑射功夫，在平阳侯府做骑奴，骑马跟随公主进出。

卫青平素有志向抱负。平日有机会就研讨文字、学知识，似饥若渴，进而熟读经书兵法。卫青人极聪慧，对书籍一览就通，加之勤奋好学，很快饱学经史。其间，利用所处位置与主人的显赫地位，开始拜师，交朋友扩大人际关系。当转于建章宫当差时不小心忤逆了窦太后，前139年春，卫青姐姐卫子夫（卫青的同母姐，汉武帝最宠爱之人）入宫且生子，陈皇后妒之嫁祸于卫青，被抓险些砍下头颅，被朋友公孙敖相救。公孙敖为当时重臣，上报于汉武帝。是时，窦太后与汉武帝有矛盾。汉武帝召见了卫青，当面提升为建章宫监侍一职。此后一路顺风，升为中大夫及车骑将军。

时匈奴与汉失和，常常在汉北边界骚扰滋事。汉武帝派卫青率三万骑兵，出雁门迎敌，卫青与匈奴交战，四路领军直捣茏城（胡祭祀之地），斩首胡虏数千人，展示了自己卓越的军事才干。随之，又连续取得多次战捷，名望与日俱增。

元朔二年（前129年）春天，匈奴再次发兵侵边，汉武帝派遣卫青、李息二将统兵征讨。在陇西屡屡挫败胡兵，击退白羊、楼烦二部侵军。阵地斩敌首数千，截获牛羊百余万头。保护了河南地（此"河南"不是今河南省。而是当今内蒙古河套前、后套地区。秦汉时黄河在阴山——秦称阴山脚下径流，形成分两支，南支东流，北支北流80余里，北河残留部分即今日的乌加河。阴山及黄河以南广阔地界汉称河南地）。此战大获全胜，汉武帝满心欢喜，封卫青为长平侯，校卫苏建封平陵侯。卫青属下部将均受到特别奖赏。

有谋士献策，“河南地土地肥沃富饶，外有大河阻隔，秦朝大将军蒙恬就在此地兴建军事设施以防控匈奴进犯。今天，修复旧兵塞，特设郡县，对内转运粮草物资。对外可开拓边陲，实在是消灭胡敌的根本良策。”朝廷命众大臣聚议，多数持有异议。汉武帝斟酌利弊还是决定加强边疆建设。于是，河套地域在秦朝蒙恬大将军固边之后，又一次大规模兴建。汉武帝特派平陵侯苏建，调集数十万民工，筑建军事工事、兵营要塞。以阴山黄河为天然屏障，特别设置朔方郡（今巴彦淖尔市磴口县境内，以乌兰布和为中心即古屠申泽范围内）。改九原郡为五原郡（今巴彦淖尔市五原县）；迁民十万之众，开荒屯田，农耕放牧。此次大规模兴筑，费用投入不可计数。由此可见汉武帝何等重视河套区域的战略意义。

卫青屡获战功，拜为大将军，倍受宠信，荣耀、声誉如日中天。在卫子夫卫皇后的撮合下，卫青与他以前的主人——孀居的平阳公主成婚。平阳公主乃汉武帝的姐姐。于此，卫青与汉武帝亲上加亲，越加受宠信任。满朝公卿奉迎不绝。卫青平素性情宽厚和善，不事张扬，又谦逊自省，对趋炎附势毫不

霍去病雕塑

介意。就连刚愎自用的汉武帝对他也敬重三分。

匈奴扰边猖獗，元朔六年，汉武帝再次派大将军卫青、骠骑校尉霍去病（卫青的外甥）参战伐胡。在塞外，与匈奴兵对阵，斩敌首数千，休整月余后，直入匈奴境（今乌拉特中旗包头北一线）百余里，攻破匈奴数十营垒，斩获不可计数。

汉武帝将降汉众民及被俘虏的边民遣置到陇西上郡、朔方、云中，行耕田放牧农事。此地域已无胡人踪迹，寇患绝少。守边戍卒减去一半。居民得到安稳生活，垦牧者生产得到发展。所产粮草、牲畜众多，朝廷征用增加，财源滚滚。卫青的战功在此地得到展现。时有河套人名唤卜式，从事耕牧，由于

鸡鹿塞

天下安定，垦田千倾，牧羊千只，获利颇丰。独自慷慨上书，愿捐出家产一半，献给朝廷边事备用。并为郡县捐二十万钱。汉武帝特下召封其为中郎左庶长。他当面对汉武帝说："我不受官，还回去放羊。"汉武帝又封他为候县县长，但他仍不受官，返回河套当牧民去了。这故事可以证明：当年，河套一带物阜年丰，居民富足朴实无华，民风淳朴。正所谓"得河套则安天下，控阴山乃定国"。

元狩四年（前119年）春，为了永远解除匈奴对西汉王朝的威胁，汉武帝决定组织一次大规模的跨越大戈壁滩的北伐战争，也称漠北战役。此次战役动用十万骑兵，外加四万匹私人马匹，数十万步兵协助粮草水的运输。汉武帝把十万骑兵及数十万步兵平分给霍去病与卫青，霍去病优先选择敢于力战深入的人组成军队，李广儿子李敢也报名加入。按原定作战方案：骠骑将军霍去病率军由定襄出塞，北上与匈奴单于作战。大将军卫青率军由代郡出塞。

汉军发兵前，抓获俘虏得知匈奴单于率军队向东走。汉武帝急忙调整作战部署，改卫青由定襄出塞。霍去病由代郡出塞，迎战匈奴单于。

汉武帝原计划霍去病主攻，卫青副攻，"与骠骑等咸击匈奴单于"。但是因为情报错误最终卫青遇上单于，单于向西遁走，而霍去病遇上左、右两王（主力应是左贤王），一路东进。两路相隔千里以上。

一路，卫青所率大军由定襄出塞，刚发兵，得知匈奴单于率精兵在漠北，正处在卫青军队前进路线上张网等待。卫青紧急下令停止军队前进，重新调整作战部署。命令李广与右将军赵食其合并两军，由东道迂回北上，至漠北攻击匈奴单于侧翼，配合卫青军队正面攻击。李广以迂回路远为由，再三拒绝走东道，要求参与正面攻击。卫青坚持李广与赵食其率军由东道迂回军令不变。李广不从，愤怒地走出大将军军帐，率领军队离开大营。

大将军卫青率军行程一千余里，经历数日大戈壁滩行军。疲惫不堪的汉军眼看要走出戈壁滩，却被以逸待劳的匈奴军队列阵拦住。卫青命令用武刚车连环为营，防范匈奴骑兵冲击。命令五千骑兵冲击匈奴军阵，匈奴也发兵近万骑兵应战。双方刚陷入胶着状态，突然沙尘暴大作，飞沙走石，眼前一片昏暗，面对面也看不清人。卫青当机立断，发令主力从左右围上攻击匈奴军阵两翼。匈奴军阵顿时大乱，单于看汉军兵多，害怕被包围，亲自驾六匹骡拉的车，带上数百名亲兵向西北突围逃走。两军胶着厮杀至晚上，汉军还不知单于已经跑了。左校尉抓获一名匈奴兵追问单于在何处，才得知黄昏前已经突围跑了。卫青即刻组织一支轻骑连夜先行追赶，卫青率军紧随其后接应。追至第二天，已经追了二百余里，没有追到单于，却追进了赵信城，在赵信城补给一日。汉军经漠北恶战损失极为惨重，卫青下令在赵信城内休整一天。次日，卫青自知无力继续再战，将赵信城内粮草

卫青雕塑

烧毁后统兵南返。

另一路，霍去病率军队由代郡出发，越过戈壁滩到达指定地点，与从右北平出发的路博德军队会合北上。霍去病没有把五万骑兵一次性投入突袭，采用轮替使用。他把骑兵分成两批，第一批二万多骑兵跟随霍去病进行远程突击后，留下与步兵一起继续攻击前进，接应突袭军团。霍去病再亲率第二批二万多骑兵，实施第二次远程突袭。如此反复轮替出击，减轻骑兵远程突袭的疲劳。更重要是有复陆支、伊即靬等一大批熟知匈奴国内地形，了解匈奴军事部署的匈奴投降者准确指引，及充当向导带路。霍去病率军势如破竹，跃进转战二千余里，直插匈奴腹地，登狼居胥山祭天，上姑衍山拜地，率汉军抵达翰海南岸，观翰海。（狼居胥山与姑衍山是匈奴国家最至高无上的神山圣地。）此次战役，霍去病军队共斩杀及俘获七万四百三十三人，其中俘虏屯头王、韩王三人，将军、相国、当户、都尉八十三人，匈奴损失九万余人。

漠北战役，卫青与霍去病两军班师。汉军损失也很严重，数万人战死沙场，骑兵只剩三万人返回。其中卫青军队最为惨重，战死将士总数远远多于斩杀匈奴人数，又折损李广与赵食其两将。卫青被认定“过大于功”，不予封赏。卫青部属也无人得到封赏。赵食其定为死罪，以钱赎罪，免其一死。李广畏罪自杀，不予追究。汉武帝增封骠骑将军霍去病食邑五千八百户。增设大司马职位，骠骑将军霍去病与大将军卫青同列大司马，秩禄相同。霍去病部属及追随者得封赏者有：右北平太守路博德，封邳离侯，食邑一千六百户；卫山，封义阳侯，食邑一千二百户；复陆支（匈奴人）封杜侯，食邑一千三百户；伊即靬（匈奴人）封众利侯，食邑一千八百户。霍去病毫不吝啬地为两个匈奴人争得封厚赏赐，这使被俘者或投降者愿意死心塌地为朝廷服务。从票侯赵破奴增封食邑三百户；昌武侯安稽增封食邑三百户；校尉李敢因拔敌旗，也被霍去病推举求功，封关内侯，食邑二百户。许多追随霍去病征战将士都因功得封官及赏赐。

大司马、大将军卫青，在汉武帝的运筹、遣派之下，挥兵伐胡，征战无以数计，对巩固汉朝北疆立下了汗马功劳。封邑（城）16300户，名符其实的万户侯，权倾朝野。卫青不结党，不干政，体恤将士兵卒，与部下同甘共苦，威信极高。前106年病逝，汉武帝以极高礼遇赏赐——在帝陵旁为他建“庐山”墓（状如匈奴境内的一座山），用来彰显卫青一生的赫赫战功。

元狩六年（前117年），大司马、骠骑将军、冠军侯霍去病因病去世，年仅24岁。陪葬茂陵。汉武帝悲痛万分，调遣边境五郡的铁甲军，从长安到茂陵排列成阵，霍去病的坟墓外形像祁连山的样子，追谥为景桓侯，取义“并武与广地”，彰显其克敌服远、英勇作战，扩充疆土之意。

杨令公兵败二狼山

在北宋的历史舞台上，征战沙场，与辽军抗战是一段不可磨灭的历史，也留下一段杨家将名传千古的故事。在抗辽保卫疆域的战史上，杨令公（杨业）带领的父子兵和佘太君、穆桂英率领的杨门女将，为历代人民喜爱。那一段段演义，让说书人讲得引人入胜，听众废寝忘食，争相传颂。北宋著名文学家欧阳修曾写过一篇《供备库副使杨君墓志铭》的文章，称赞杨令公、杨延昭“父子皆名将，其智勇号称无敌”，杨家将故事在北宋乃至后世广泛传扬。

北宋名将杨业，尊称杨令公，并州（今山西太厚）人，官至云州观察使、判代州，赠太尉。杨业少时行侠仗义，擅于骑射，虽然读书不多，但性格忠诚、刚烈，且足智多谋，年轻时随后汉归京，掌中一口九环金锋定宋刀，横扫大辽，威震北国。

太平兴国五年（980年）三月，辽国命西京大同府节度使，附马萧咄李率10万骑兵杀奔雁门关，大举攻宋。知代州兼三交驻泊兵马使部署杨业率领数千精干骑兵绕过辽军，在敌后迂回，从雁门关口向南袭击辽军。辽军攻关受挫，身后被杨业带领的骑兵包围，顿时乱了阵脚。这时，雁门关守军趁势掩杀过来，前后夹击，辽军大败溃逃。这就是史上著名的雁门关之战。

宋太宗雍熙三年（986年），北宋王朝正式发动三路伐辽，史称“雍熙北伐”。东路军以天平军节度使曹彬指挥，从保定出击涿州；中路以步军统领田重进指挥，从定州攻击涑源的飞狐口；西路以潘美为主将，杨业（杨令公）为副将，出雁门向云州攻击。

战役打响后，宋军初胜，西路军用兵神速，推进顺利，连拔云、应、寰、朔四州，威震边塞，大有会师二狼山下之势。可惜的是曹彬率领的东路军，在涿州西南歧沟关战败溃逃，辽军乘胜追击，致使战局形势恶化。

传说宋辽双方在金沙滩展开血

战。混战中，杨家将杨大郎、杨二郎战死，杨三郎马踏如泥而死，杨四郎被俘，杨六郎保着宋王先行，杨令公和杨七郎断后。杨六郎脱险后却不见了父亲和杨七郎。杨六郎只好返身杀回，去救杨令公和杨七郎，父子三人被辽军围困在二狼山。杨七郎突围去搬救兵，潘仁美为报子仇，乱箭射死杨七郎。内无粮草，外无救兵，辽兵如潮水般涌来，杨令公继续率残兵与敌苦战，退入二狼山。此时，杨令公身负重伤，又被敌围困。杨令公看到前面的李陵碑，内心更加酸楚，想到大儿替宋主死，二儿剑劈归阴城，三儿马踩如泥，四儿未死落入番营，五儿不知下落，六儿、七儿正在疆场征战，生死未卜，止不住两行热泪滚滚而下。而自已一口大刀名扬天下，保家卫国，现如今落得兵败二狼山，即便浑身插刀都不能带众兵逃离虎口，一世英名就这样毁于一旦。想到此，顿时气上心头，牙一咬心一横，撞向李陵碑，一代名将杨令公就这样为大宋尽了忠。现在，磴口县狼山上的洪羊洞，传说就是杨令公当年曾经屯兵的地方。

冯玉祥

冯玉祥将军(1882年11月6日～1948年9月1日)，字焕章，安徽人，有“布衣将军”之称，中国国民革命陆军一级上将。

1926年7月，北伐战争开始。不久，国民军节节败退。危难之际，李大钊(共产党创始人之一)先后三次电请冯玉祥回国，整顿旧部，配合南方的国民革命军北伐。冯玉祥毅然接受李大钊的建议，提出:“进军西北，解围西安，出兵潼关，支援北伐”的战略方针。

1926年9月，冯玉祥到达内蒙古五原。9月17日，在五原举行誓师，成立国民军总司令部，并任联军总司令，晓谕中外，昭告天下，史称“五原誓师”。任命鹿钟麟为总参谋长，共产党员刘伯坚为政治部副部长。星落各地的冯军旧部聚拢于河套地区，先后经由包头、五原、临河、磴口、平罗、银川等地，出师甘、陕，参加北伐战争。

1926年11月20日，冯玉祥乘苏联嘎斯车沿黄河向西驶入磴口县。冯玉祥途径磴口县三盛公，他在自传《我的生活》中描述在磴口县的所见所闻：“沿途所过的地方都是黄色的砂土，无论是山坡或是平地，看不见一棵树木，看不见一块青色的草地，途径三圣宫（即三盛公）地方，看那儿的情形和皮斯布陇（即“扒子补隆”，今乌拉特前旗新安镇）相似，纯为天主教势力范围，寨子的范围很大，寨门以内两行大树矗

冯玉祥蜡像

立，建筑都很坚固，墙外湖水，四周都是树木，青葱蓊郁。在此荒凉之境，益发显得如同另一世界”。

冯玉祥决定在磴口设立县治。从临河县城到平罗县城距离有250多公里，之间再无县级政权。这是冯玉祥要在磴口设县的考虑之一。其二是冯玉祥途经磴口县，但见商贾往来、人丁兴盛，全然不是塞外穷乡僻壤之状，更不像浩如烟海的乌兰布和，因此决意在此设县。

此后，历经民国22年，新中国68年，磴口县名未尝变动。

巴彦淖尔的来历

巴彦淖尔盟成立于1956年，2004年，撤盟设市为巴彦淖尔市。巴彦淖尔，蒙古语意为“富饶的湖泊”。

1956年4月31日，国务院第26次会议决定：将甘肃省巴彦浩特蒙古族自治州与额济纳自治旗合并，新建巴彦淖尔盟，划归内蒙古自治区。原属阿拉善的巴音浩特镇升格为县级市。巴彦淖尔盟辖阿拉善、额济纳旗、磴口县、巴彦浩特市，盟府驻巴音浩特。

在巴彦淖尔盟诞生前的筹备阶段，时任甘肃省巴彦浩特蒙古自治州工委书记巴图巴根带着州领导班子集体决定的“巴彦高勒盟”名称，前往内蒙古自治区党委汇报。乌兰夫意见是：建议重新考虑一个名称，是否可以叫巴彦淖尔盟，你们回去再研究一下？巴图巴根回去后，向工委转述了乌兰夫的意见并征得两旗上层人士赞同，共同认为：“巴彦”为蒙古语富饶之意。

全盟有农、有牧、有林，资源丰富，有矿产86种，特别是湖盐闻名于世。而且贺兰山最高峰叫“巴彦松布尔”，所以首先确定了“巴彦”，至于“淖尔”，蒙古语意是河海湖泊之意，阿拉善左旗有吉兰泰等众多的盐碱湖泊，额济纳旗有古丝绸之路必经的居延海，磴口县又是紧靠黄河的引黄灌区。因此，“巴彦淖尔——富饶的河海湖泊”，足以概括3个旗县的共同特点。

1958年，是巴彦淖尔盟历史上发生重大变化的年头。内蒙古自治区党委认为，内蒙古西部区域行政建制有必要大范围调整，以便更好地达到农牧兼顾、山川共管、工农互补、民族团结，合并“庙宇”、精简“和尚”之目的。

1958年初，内蒙古自治区向中央打报告，提出将巴彦淖尔盟与河套行政区合并。4月22日，国务院第76次全体会议予以批复：撤销河套行政区建制，将河套行政区和乌兰察布盟的乌拉特前旗、乌拉特中后联合旗一并划归巴彦淖尔盟，盟府驻磴口县。

内蒙古自治区决定：撤销河套行政区，将其所属临河、狼山、五原、安北4个县，杭锦后旗及陕坝镇划归巴彦淖尔盟。盟公署由巴音浩特市迁往磴口县三盛公（巴彦高勒镇），撤销狼山县，县行政区划归杭锦后旗，将直辖镇陕坝镇设为旗辖镇，旗政府由新隆镇（今三道桥）移驻陕坝镇。撤销安北县，其行政区划归乌拉特前旗，旗政府移驻西山咀，乌兰察布盟的乌拉特前旗、乌拉特中后联合旗划归巴彦淖尔盟。

新组建的巴彦淖尔盟，党政军领导班子主要成员是：盟委第一书记郝平南，副书记巴图巴根，公署盟长达理扎雅，军分区司令员陈时雨。

合并后巴彦淖尔盟面积为33.3万平方公里，人口70多万，辖2旗3县。

1975年，将巴彦淖尔盟的乌达市划出组建乌海市。巴彦淖尔盟所辖区域确定下来，即现在所属的临河区、五原县、磴口县、杭锦后旗、乌拉特前旗、乌拉特中旗、乌拉特后旗等1区、2县、4旗的建制，总面积27万平方公里，是历经建国后30多年来几经变化形成的。

巴彦高勒的由来

巴彦高勒，蒙古语意为“富饶的河”，因南有黄河，故而得名。1958年，巴彦淖尔盟行政公署由巴彦浩特迁此。1960年，撤销磴口县设立巴彦高勒市。1962年，撤销巴彦高勒市恢复磴口县，在巴彦高勒设镇。

巴彦高勒镇现为磴口县政治、经济、文化中心。地处巴彦淖尔市西南部，东临黄河与鄂尔多斯市杭锦旗隔河相望，西至乌兰布和沙漠东部边缘，南与阿拉善盟阿左旗相接，北靠杭锦后旗，面积506平方公里。有汉、蒙古、回等16个民族，总人口5.6万人。巴彦高勒镇历史悠久，交通便利，物产丰富。京兰铁路、京藏高速、110国道穿越而过，三盛公黄河水利枢纽工程、黄河大铁桥、黄河公路大桥、三盛公天主教堂和冯玉祥军粮仓博物馆坐落境内，旅游资源丰富，主要农产品华莱士瓜、番茄、苹果梨、王爷地甘草、肉苁蓉、葡萄、葵花籽、油葵品质优良，蒙牛牛奶、圣牧高科牛奶等农畜产品榜上有名，前进中的巴彦高勒有着广阔的发展前景。

粮台的由来

清代设置管理粮食筹集和转运的衙属，名为粮台，粮台名称由此而来。磴口县巴彦高勒镇现设置有粮台村。

1865年，阿古柏入侵新疆，后建立“哲德沙尔汗国”，盘踞新疆大部。1871年，沙俄侵占新疆伊犁。经过海防塞防之争后，1875年5月，清朝认命左宗棠为钦差大臣，督办新疆军务。左宗棠根据敌我态势和新疆地区的地理条件，制订了缓进急战，先北后南的战略方针。

并花了两年的时间筹集军饷、采购军粮、整顿军队和改善装备，完成了收复新疆的作战准备。

磴口县遏黄河咽喉，守阴山与贺兰山80公里缺口，在沿途和磴口县境内设置粮台，广布粮仓，为进军新疆做军需准备，以后粮食可以源源不断地运往前线。

面对阿古柏匪徒入侵新疆和外部势力的干涉，左宗棠作为清代的著名战略家、军事家，决定采取“缓进速决”的战略决策，其实也是当时的战争形势决定的。所谓“缓进”，就是用一年半的时间，筹措军饷和草料，做好充分的准备。因为当时新疆地广人稀，茫茫沙漠，赤地千里，作战物资补给十分困难，必须有充足的时间做好后勤保障。所谓兵马未动，粮草先行。西部地区幅员辽阔，交通不便，军粮运输非常困难，这场战争将是“拼经济”和“拼后勤”的战争。左宗棠要求精简军队，速战速决，而且对军粮转运非常重视。

左宗棠收复新疆所需军粮主要有三个来源：河西、河套和新疆西部。其中一条与磴口县有关的是河套平原与宁夏平原军粮的转运路线。即由包头、归化经内蒙古草原运至新疆的巴里坤；二是从甘肃河

西等购军粮，出嘉峪关，过玉门，运至新疆的哈密；三是从宁夏运至新疆巴里坤。

1875年，在筹办开辟河套与宁夏地区粮源时，左宗棠向清廷奏明，从绥远、宁夏到新疆，有一条商旅通道可以直达巴里坤。这就是“绥新间道”。绥新间道是一条草原之路，沿途水草丰美，有粮可筹，有驼队可雇。从1875年5月至1876年7月，归化、包头、宁夏各处所筹之粮，运至巴里坤的达土瓦所。这批军粮对确保收复新疆，起到相当重要的作用。磴口县沿途设置的粮台，功不可没。

三盛公的故事

“三盛公”的称谓已有一百多年的历史，据说和晋商有着很深的渊源。早在乾隆年间，晋商杰出代表乔贵发为生计而“走西口”，在包头当铺当了一名伙计。十余年后，乔贵发和秦姓同乡开了一个小字号广盛公，后来改名为复盛公。一代巨贾乔致庸是乔家的新一代掌门人，他的经商之道：一是公平、诚信做买卖；二是主张同行双赢互利；三是破旧立新，允许伙计入股分红，使多劳者多得；四是大胆破格启用新人；五是敢于冒险做大生意；六是立志谋划天下的远大抱负。有一次，乔家的复盛公油坊从包头运胡麻油经山西销售，经手伙计贪图暴利，竟在油中掺假，此事被掌柜发现，立即令其调换好油，并以此教育下属。经过这事，复盛公油坊在客户中赢得了信誉，使得“复盛公”称雄包头，有“先有复盛公，后有包头城”之说。

相传“三盛公”是乔家设在阿拉善和硕亲王领地（现磴口县）三道河子的一家商号，因当地名为“三道河子”，既三盛公渠、乌沈干渠、沈家河，故商号取名“三盛公”，取意买卖公平，昌盛发达。

由于“三盛公”商号在此地生意兴隆，名声在外，“三盛公”被叫了出去，而原地名三道河子却被遗忘。

1949年，新中国成立后，磴口县第一任县委书记杨力生，率领32名工作人员，接管磴口县。来到原县政府门扣，跃入眼帘的是：院内纸灰乱飞，门窗烧毁，残垣断壁；进到室内，则是桌椅横卧，档案毁坏，不堪收拾，一副残败景象。向导说，这是包贵廷土匪洗劫过的。县委集体研究决定县政府迁址三盛公，建设新政府，将老磴口县降为一个区。

1958年，巴彦淖尔盟政府迁址三盛公并建设新城区，将教堂附近称旧区，新区以蒙古语命名为巴彦高勒，意为“富饶的河”。1957年，水利部在磴口县境内选址规划建设黄河水利枢纽工程，定名为“三盛公水利枢纽”，三盛公名称得以延续。

渡口、补隆淖镇和四坝地名的由来

渡口，现为磴口县一个镇，人口1.3万。原为黄河上的一个古渡口，该渡口是陕西府、神木和伊克昭盟人过黄河进入磴口县的必经之路。早在宋朝时，皇帝遣使臣王延出使高昌，就路经此渡口，并留以记载。清末，天主教在磴口县传教后，曾在渡口建立教堂，所以渡口也称渡口堂。

补隆淖是蒙古语，意为小河湾，现为磴口县的一个镇，人口8263人。补隆淖地处原绥远和宁夏交通要道，这里土地肥沃，灌溉便利，适宜耕种。早在西汉时期就已开垦土地，并设有临戎县（遗址在补隆淖镇的河拐子一带）。北魏地理学家郦道元注疏的《水经注》，曾提到黄河南一支流，该支流就在补隆淖镇北与协成交界处，至今遗址尚存。补隆淖由此而得名。

四坝，原为磴口县一个乡，2002年乡镇改革撤销。四坝原为境内乌拉河第四座坝。解放前，四坝由上而下顺序第四，故而得名。

“王爷地”的故事

所谓“王爷地”，即阿拉善王爷在磴口县境内的部分封地。1737年～1926年冯玉祥在磴口县设立县制，磴口县地属阿拉善旗王爷府管辖。

阿拉善旗，设置于清康熙三十一年（1692年），不属任何盟之独立旗。雍正八年（1730年），旗府设在定远营（今阿拉善巴彦浩特镇），是清代直属理藩院，民国时期直属中央行政院。

清朝初期，阿拉善旗地方禁止开垦土地，从清鹅掌公主下嫁阿拉善王罗布藏多尔济之后，乾隆四年（1739年），经清廷恩准磴口地区四坝乌拉河一带为阿拉善王爷菜园地。从此，四坝（今磴口县隆盛合镇）地区开始垦种，所垦土地为“王爷地”。

磴口县境内的土地所有权属于阿拉善旗王爷府，设置三个巴格的总管并兼任边卡带兵，由王爷府派遣安九担任。开垦耕地全部租给外地来的汉族人耕种。王爷府规定：租田佃农春来冬归，不准在当地越冬，不准携带家眷，不准购置田产等。种田，可通过总管领租，王爷府规定租金数额，向佃户征收租金，土地以顷为计算单位（1顷=100亩），每顷地缴纳租茶4块，官粮4

斗，大洋20元。除租金外，视浇水多寡，佃户需交纳官草若干；每一次浇水，纳谷草200斤，麦草4捆。

1926年，冯玉祥五原誓师后，设置磴口县治，并委任国民革命军西北联军工兵营营长吴奇峰担任第一任县长。

开始，磴口县政府是有名无实，县主要任务是支援过境军队的粮秣军需。实际由阿拉善旗总管管辖。

1932年，马鸿逵任宁夏省政府主席，开始加强磴口县行政区划的建设。从1932年起，磴口县先是实行联保制，后取消了联保制，改成区、乡、保、甲制，共设置五个区、十二个乡、十几个保，一百八十个甲。以上乡得建制，一直延续到1949年9月23日宁夏解放时为止。磴口县地区解放，王爷府所收地租也随之结束，王爷地也不复存在，但“王爷地”的称谓一直延续下来。

阴山的故事

横亘在内蒙古自治区中部的阴山山脉是中国北部东西走向山脉和主要地理分界线。它西起狼山、乌拉山，中为大青山、灰腾梁山，南为凉城山、桦山，东为大马群山。长约1200公里，平均海拔1500～2000米，山顶海拔2000～2400米，主峰呼和巴什格山，海拔2364米，位于狼山西部。

阴山蒙古语名为“达兰喀喇”，意思为“70个黑山头”。阴山是一座山、一条线、一堵墙，时刻保卫着祖国的北部边疆。在阴山上，长城与阴山山脉融为一体，铭记着历史。中原王朝与游牧民族的战争，曾在这里屡屡上演。这座山——阴山，自古以来，赫赫有名。这道墙——长城，更是万古流芳。

阴山是天地造化所生，而逶迤其上的长城是人类大手笔的见证。

相传秦统一六国后，蒙恬率三十万大军北击匈奴，收复河南地（今黄河以南河套及鄂尔多斯地区），修筑西起临洮，东至辽东的万里长城，征战北疆，威震匈奴。

秦始皇死后，中车府令赵高同丞相李斯、公子胡亥暗中筹划宫廷政变，立胡亥为帝。胡亥即位后，令公子扶苏自尽，召回蒙恬。

使者把蒙恬交给官吏，李斯派人来代替蒙恬掌兵，囚禁蒙恬于阳固。蒙恬南归，自认无罪。近卫军卫士70人登上阴山，瞭望蒙恬囚车远去，认为蒙恬无罪，期待朝廷赦免蒙恬，否则立誓不归。

一天过去了，两天过去了，三天过去了……这一天，阴山乌云密布，狂风大作，遮天蔽日，风雪交加，70名卫士被冻死在阴山山顶。

阴山山脉

当地人们为纪念这70名近卫军卫士，将山脉起名为“达兰喀喇”即“70个黑山头”，以此纪念大将蒙恬和忠诚的70名近卫军卫士。

“河神”王同春与磴口

今天的河套大地渠道纵横，一派田园风光，然而流传百年的“王同春治水的故事”已逐渐淡出公众的视线。2013年6月，一部电视剧《我叫王土地》，以河套的近代开发史为主线，反映了清末民初至抗战期间，河套地区最有影响的水利专家王土地的传奇人生，他历尽艰辛用最原始的开渠方式，创造了“塞外江南”的富庶胜景，成为当之无愧的“河神”。人们怀念他成功后广赈百姓，拒绝外国敌对势力诱惑拉拢，在日军侵略中国民族危亡之时，不惜断渠毁田，展现了崇高的个人品格和民族气节，又一次追怀起剧中主人公的原型，河套大地上真正的“河神”王同春。

据《巴彦淖尔盟志》记载，一百多年前，王同春开挖了河套地区八大干渠之后，使河套地区由一个了无人烟的不毛之地，逐渐变成了祖国的“塞外粮仓”，人们尊崇王同春在水利建设方面的贡献，尊称他为“河神”。

王同春，字浚川，乳名进财，河北省邢台县石门村人，年少家贫，五岁患天花，一目失明，所以人们也称他“瞎进财”。王同春出生于清咸丰二年（1852年），卒于民国十四年（1925年），享年74岁。

王同春幼年时，家道遇兵匪抢劫而中落。7岁时读私塾6个月。12岁时，他的人生发生了重要转变：为了谋生，他一路徒步，走向塞外，投奔在磴口县的族叔王成。从这一年起，他就再也没有离开河套这片土地。刚开始，在王成的皮匠坊学习了一年。有一次与村中少年玩耍时，使枪弄棒，不慎将赵对元误杀致死。族叔令他离开磴口县，躲到乌前旗西山咀皮匠坊当皮工。其间，他看到附近居民开渠引黄河水浇地，极感兴趣，便常去察看地形，观察水流，学习开渠引流方法。同时，主动帮助居民开挖渠道。族叔让他离开了皮匠铺，到后套东部地商郭大义手下当了一名渠工，从此便与水利事业结下了不解之缘。

从磴口县东去的南支河成为黄河干流后，由西南向东北分出了五条支汊，靠近河套东端西山咀的地方有一条缓缓北流的辫状河。人们给它取名叫短辫子河（经过改造后称“短辫子渠”）。河畔地处交通要道，吸引了大量旅蒙商和流民聚集，从而带动了当地垦荒的发展。河套地区第一批投资开渠、经营垦殖土地的地商便在这里应运而生了。所有地商中，郭大义实力最强。

1868年夏秋时节，短辫子渠周围因为水土丰美，一下子来了上千名“雁行人”（春天开荒，秋季返家的内地人），这条渠的周围顿时被大片耕地所包围，垦殖面积扩大了几十倍。

1873年，王同春被郭大义委任为渠道改造工程总管，全面负责新短辫子渠的疏浚和改造。王同春办事精细谨慎，不怕履险，魄力过人。每有大工程，他人畏缩、躲避，他都敢于承担，从容布置。工程该怎么做，预期效果如何，总要数度审视，周详计划，确认可行，方开始动工。遇到水渠堵塞，水流不畅，则废寝忘食，日夜焦思。解决问题后，又临河跳跃，兴奋不已。

王同春从15岁到70岁，从磴口县学徒起步，到总管，再到渠道总办，乃至当了老板，每日鸡鸣即起，几乎每天乘马外出，巡视渠地，数十年如一日。王同春似乎专为开渠而生。用其子王喆的话说：“（王同春）生平无他好，唯嗜水利若命。”有了开通义和渠的成功，他对开渠更加痴迷，开渠工程一发而不可收。从同治到光绪年间，他独立投资开渠五条：刚济渠、丰济渠、灶河渠、沙河渠、义和渠，又与人合伙开渠三条：通济渠、长济渠、塔布渠。这就是清末河套地区的“八大干渠”。在此基础上，他还挖通了270多条支渠和无数条小渠。经过修挖和调整，“八大干渠”到民国时期发展成为“十大干渠”，这些干渠现在仍是河套地区的主要干渠。

作为一个可以治水的人，王同春被人尊为“河神”和“独眼龙王”。有一段文字这样记载：“王同春修成绥西十大干渠，开拓河套农耕事业，有功于西北边防，裨益于民生国计，实超于西南李冰父子。”李冰父子因修都江堰名垂千古，但河套百姓深感王同春兴修水利的功劳堪与李冰父子相媲美。

事实也的确证明，河套灌区的贡献不亚于都江堰。王同春在河套开渠总长达4000多公里，远远超过都江堰灌溉的长度。河套水利引黄在光绪年间可浇灌土地11万多亩，超过了都江堰当时灌溉的土地面积。开凿难度上，都江堰与河套也有很大不同。李冰造都江堰依靠官方力量为强大后盾，而王同春全部依靠个人资金和民间力量，而且多数河渠全凭人工开凿。后来，冯玉祥将军驻军五原，亲眼目睹，对此深有感悟：“人们一直不重垦殖，以致大好田园白白荒废了。王英的父亲（王同春）是这里一带唯一的一个努力垦殖的人……”字里行间，这位行伍出身的将军对王同春充满了敬意。

古语云：“黄河百害，唯富一套。”这一套最早仅指宁夏平原。经过王同春父子与后套百姓近百年的奋斗，开发较晚的后套终于变成了“塞外粮仓”。后来，河套地区才有这句新谚语：“天下黄河富河套，富了前套富后套。”王同春功莫大焉。

杨力生主政磴口进军沙漠

1949年，磴口县迎来了解放。

磴口县第一任县委书记杨力生、县长李尔直，率领32名工作队员从宁夏乘“土军舰”顺黄河而下，接管磴口县，建立政权。

战争结束，磴口县面目疮痍，匪患严重，收拾烂摊子的历史重任落到了共产党人的肩上。

大漠雄浑天际宽，
黄水流沙锁阴山。
战争不惜冤魂血，
浊浪满天换人间。

作家陈志国在《磴口回眸》中写道：马鸿逵的宁夏兵团是4个军，约7万人。1949年9月19日，兵团第81军在银川西南150公里外的中宁县向我军投诚，签字宣布起义。当日，兵团司令马敦静秘密逃离宁夏，飞往重庆找他爹马鸿逵去了。9月21日，兵团第129军在银川正南50公里的金积县扒开滔滔黄河，企图阻挡人民解放军。双方激战两天，第129军全军覆没，军长卢忠良投降。另外第11军和贺兰军，见大势已去，自成溃军，作鸟兽散。一时间，省城银川及各县大乱，民间开始哄抢财物，特别是各级军、政办公场所、将军府衙、逃亡者之豪宅，成了各色人等哄抢的重要目标，甚至殃及商业门店。9月23日夜，我64军先头部队一个营在仁存渡口强渡黄河，冒雨抵达银川，才打煞住了哄抢之风。磴口县是宁夏最北面的一个小县城，距省城200公里，由于地处偏僻，给了土匪可乘之机。县长李开荣极其恐慌，率众向北60公里逃到了三盛公天主教堂内，民众则四散逃离。

杨力生一行人在河柳东端上岸。

但只见：县城不大，没有城墙，也就200来户人家，尽属土木结构的土房。在向导带领下，首先来到县政府门口，收入眼帘的景象，让大家十分吃惊：院内纸灰乱飞，门窗烧毁，残垣断壁；进得室内，则是桌椅横卧，档案毁坏，不堪收拾。向导说，这是土匪包贵廷洗劫过的。

杨力生环顾县城，同李尔直县长碰头后，决定向北到三盛公建立政权。召开县委会议，杨书记陈述其理由：

“第一，这地方东临黄河，西靠乌兰布和大沙漠，宽不过二三里，南北狭长十几里，今后发展空间有限；第二，往北60公里的三盛公，是大后套平原，那里土地肥沃，渠道纵横，交通便利。比这里要强得多，好得多；第三，这里，土匪烧杀抢掠成了烂摊子，不好利用，而三盛公天主教堂房子特多，我们大概可以借用。”

县委会议形成第一次决议：“选址三盛公，建立新县府，将老磴口县降为一个区。”并派出两名战士，再渡黄河，驰马疾报宁夏省委。

杨力生一行人乘坐土军舰继续顺流而下，约行25公里，来到一个叫“上江”的地方。天色已晚，船不宜行。只好在上江河心抛锚过夜。沙漠边上的黄河，昼夜温差十几度，零下七八度，寒气袭人。一干人睡在羊毛堆里，倒也聊以自慰。按照书记、县长的要求，不高声说话，不点灯，吸烟用手把烟头捂住，以防土匪袭击。这一夜，风平浪静，睡得香甜。安全地度过了一个难忘的夜晚。

东方破晓。土军舰靠岸。

杨力生率众登岸。但只见：一轮红日冉冉升起。工作队员举目四望：两岸人烟稀少，只见少许破屋点缀。最让人记忆深刻的昨天经过的稗子地，河岸十里长，宽二三百米，抵挡住了流沙，保护了黄河。于是乎，大家你一言我一语，围绕着黄河、沙漠、植树、种草等问题，各抒己见。李尔直县长说：“我三边（靖边、定边、安边）旧社会有任县长在毛乌素沙漠栽了很多树，现在人们还在赞扬他，怀念他。”杨力生回敬到：“李县长，磴口县有这样大的沙漠，又有黄河水，你应该比那位县长更能施展才华，种更多的树，为了子孙后代造福啊！”李尔直县长大笑着说：“这就看党委书记的领导了。”一番对话，书记、县长的心里沉甸甸的，顿时觉得肩上的千斤重担压得双脚直往沙子里坠陷。

继续北行，到达南粮台。扬鞭策马，疾行十里，不觉已到城西。起义县长李开荣闻讯率数十人早已等候在城门外。下马握手，互致问候，进行政权交接，磴口县解放了。

杨力生眉头紧蹙，深感责任重大：一是剿匪，巩固政权；二是建设。

万事开头难，先巩固政权。

后套地区匪患严重，为患甚久。大小匪徒，数以万计，遍及后套。大者千余人，如卢占魁、杨猴山；小的也有二三十人，如小辫四、刘三红……

1949年“九一九”起义后的几个月内，河套地区一度形成政权的真空地带，一时间，土匪趁乱而起。西部地区，阿拉善旗李守信、包贵廷部四处骚扰；东部地区，一部分原绥远起义官兵，反水暴动，带头专门对付新生的共产党政权。最为猖獗的是出没于后套平原的“华北反共救国军”，拥有600人，轻机枪8挺，重机枪2挺，各种枪支弹药若干，电台1部，他们到处烧杀抢掠，气焰十分嚣张。

尤其朝鲜战争爆发后，土匪认为机会来了，于是配合国民党“反攻大陆”，攻击目标直接对准地方政权和生产建政工作团。

磴口县三区区长，一次到一户人家投宿，恰遇几名土匪在这家过夜。土匪开枪，三区区长见敌众我寡，匆忙撤出。

1950年，阿拉善旗工委书记曹动之，在省城银川开完会，返回途中，在贺兰山下的范家营子中了土匪埋伏，壮烈牺牲。

米仓县三道桥区政府的干部遭遇了土匪夜间袭击，牺牲了5名工作队员。

杨力生去银川参加省委会议，会后乘敞篷汽车返回磴口县，行至伊盟千里山的棋盘井时，突然从山里冲出一股土匪，向汽车扑来，疯狂地开枪射击。杨力生与随行人员立即开枪还击。由于路况极差，汽车加速时，竟把趴下射击的王林德颠下汽车，而司机怕死不敢停车。王林德马上就要被土匪赶上，情况十分危险，杨力生将枪口对准司机，胁迫司机停车，把王林德抢救上车，加速行驶，土匪扑了空，杨力生等人才得以脱险。

土匪出没，环境恶劣，形势非常严重。县委组织部长刘元和，对继续坚持在老磴口工作持消极情绪，要求全体干部暂时撤回银川。支持他们的有二区区委书记张云。县委会议上，二人受到严厉批评，因此抵触情绪很大，借故请假回家，一去不归。后经省委研究，开除二人的党籍和公职。其余30人都坚持下来，冒着生命危险开展工作。

1950年春，驻守磴口县的原绥远省起义部陆续调回。宁夏省委派19兵团的一个团进驻磴口县，开展剿匪。年底，该团赶赴朝鲜作战。省委又派军区独立团前来接防。一个正规军整编团进驻磴口县，有力地震慑、剿灭了当地和周边地区2000多名土匪，使“废保建政”“镇压反革命”“减租退押”等工作得以顺利开展。

1950年10月，磴口县匪患即除，政通人和，一派祥和局面，全面治沙造林提上重要日程。

解放前，磴口县全境除了黄河边上的三盛公、渡口堂、补隆淖有成片林木外，其他地方几乎无林木。据史料记载，磴口地区的乌兰布和沙漠因黄河阴渗，在100多年前还是遍地红柳、白茨、沙蒿、冬青等灌木、杂草，以及众多的海子与湿地，沙漠移动缓慢，距离黄河几里几十里不等。晚清以来，清政府腐败无能，帝国主义通过传教于1875年后进入这一地区。著名记者范长江在游记中曾经记述：1900年八国联军之役，教堂亦曾受相当扰乱。合约缔结之后，此间教堂亦要求赔偿，遂定由阿拉善王爷赔偿损失5万两白银，阿拉善王爷交现银2万两，尚欠3万两，于是将三盛公一带土地做抵补偿不足，大片良田落入教会手中。一般农民只知有天主堂，而不知有政府，只知有神父，而不知有官吏，俨然一副“城国”景象。教会用“后套地方好，吃的白面，烧的红柳，枳笈草下兔子跑”的歌谣引诱农民入教包租土地，乱垦滥伐，严重地破坏了固沙植被。积年累月，使大约25公里宽的地带上草木被砍伐一空。流沙如脱缰之马，滚滚东侵。

真是：

沙漠不见草木，
平原不见树木。
沿河没有堤坎，
民房尽是茅庵。

人民群众中流传着这样的顺口溜：

“一年一场风，由春刮到冬，沙漠无阻拦。黄河水患多，生命无保证”。

至于林业，更是只见流沙，不见树木。1950年，磴口县人民政府建设科统计证明：625万亩宜林地上，磴口县林木合计只有308.5亩，在4166平方公里的土地上，有树仅54295株。1861年，左宗棠麾下将军金运昌率5000官兵从宁夏金积县一路开拔到后套狼山上刻石留诗：“只见蒙古包，不见村与树。”1926年，冯玉祥五原誓师后走到磴口县夜宿天主教堂，150公里范围内，不见树而大发感叹，在他的自传《我的生活》中记载：“沿途所见黄色的砂土，无论是山坡或是平地，看不见一棵树木，看不见一块青色的草地……”磴口县隆盛合镇有一个名叫“塔布苏亥”的村庄，是一个蒙古语名，汉语意为“五棵红柳”。在临河境内，有一个镇叫“黄羊木头”，蒙古语“哈页勒毛都”，汉语意为“两棵树”。以树的数量起地名，其荒凉程度可见一斑。这才是：满目荒凉不见树，愧对黄河泪横流。

面对这恶沙富水、穷乡僻壤，1950年，杨力生和磴口县委一班人把战胜风沙灾害，发展农牧业生产列为首要任务，提出了“面向沙漠、面向黄河、植树造林、封沙育草、保护草原、发展农牧业生产”27字方针，组织动员磴口县人民向沙漠大举进军。一场全民总动员，向风沙灾害斗争的治沙造林运动，从此推开序幕。

从1950年开始，春、秋两季，磴口县人民开进沙漠边缘植树造林，治沙一线红旗招展，人山人海，一派热火朝天景象。磴口县成立了防沙林场、林场和四个林工站，以各级党组织为核心，以乡、村为单位，以青年、妇女、民兵为主力军，组织造林大队、中队和小队，响应党中央“绿化祖国、绿化家乡”的伟大号召，提出“植树造林栽富根，不让黄沙向东流”的口号。县委隆重表彰磴口县封沙育草、植树造林模范集体，西闸子、大胜永、坝楞3个造林模范社；武成功、佟秀贞、王日虎、马吉莫4名封沙造林模范，刘华、马守孝、靳振国、康永祯、陶恒元、李富贵、孙林涛、张国英、张凤仙、黄沙露兰（女，蒙古族）、常大柱等16名植树造林先进人物均受到表彰。同年，国家林业部授予磴口县“全国造林先进县”光荣称号。1958年，授予“全国治沙造林模范县”荣誉称号。磴口县以“筑起沙边绿长城，发展生产有保证”为口号，采取措施提高造林质量，保证造林成活率，广大群众的生产积极性空前高涨，掀起一场轰轰烈烈的植树造林运动。1958年，经过10年奋战，磴口县营造起一条长308华里，面积达8万多亩的防风防沙林带，1万亩成片林。同时封沙育草124万亩，营造防沙屏障30余公里，向沙漠引水开渠43道，变沙漠为耕地10万亩。这里发生了翻天覆地的变化。

真正是：

东临黄河西面沙，
造林育草好办法。
十年经营伏黄龙，
绿树丛中有人家。

铁道兵团战士
血洒黄河大铁桥

在九曲黄河的上游，在西去列车的窗口，我们看到一桥飞架南北，气势磅礴，宏伟壮观，它就是沟通华北和西北铁路大动脉的主要铁路桥梁之一——三盛公黄河大铁桥。

三盛公黄河大铁桥始建于1957年2月，1958年7月建成，历时1年6个月。

1957年春天，经国务院批准，中国人民解放军铁道兵抽调8502、8507、8509三个建制师，组编成一个军，专门承担包兰铁路包头至银川段的全部工程建设任务，此外有3000多名工程技术人员一同参加工程建设。军部直属独立桥梁团，负责建造三盛公黄河铁路大桥。承担沿线土方任务的有1万多筑路工程建设人员。

1957年2月6日，铁路工程人员和建桥部队官兵几万人陆续开进了施工现场，运输设备，建设营房。除桥梁团团部设在三盛公（旧区）街上外，绝大部分工程人员和部队战士都住在黄河岸边，营房是用柳条笆子搭成的，里外抹上圪渣泥，又潮又冷，条件十分艰苦。但是，浩浩荡荡的筑路修桥大军纪律严明，他们顶着星星，披着月亮在日夜奋战，展现出一不怕苦，二不怕死的英雄气概，充满了革命的奉献精神和乐观主义精神。

按照工程设计，三盛公黄河特大铁路铁桥共有13个桥墩，全长约六百米，整个工程由基础工程、桥面、钢架等几部分组成。

全体官兵和数万筑路大军，从1957年2月6日奉命进入磴口县，到1958年7月25日完成大桥建造任务，历经1年5个月又20天，提前5个月完成工程任务。连长程志海等29名官兵光荣牺牲，长眠磴口县。该军司令部、政治部在磴口县城南郊修建了一座烈士陵园，以安葬为修建黄河大桥而牺牲的铁道兵战士。

这些牺牲的烈士是：程志海、张文卿、张三小、王在明、徐章木、金殿英、张茂发、唐明礼、许老鼠、赵大旺、蒋士均、何国清、周继长、魏仁现、庞文庆、龚应康、林启祥、郭振林、郑进卓、闵璋焕、李天佐、胥德元、秦德有、罗富、王华元、罗七小、陆凤义、樊堂旦、姜初金。

1981年，根据上级指示精神，磴口县民政局将烈士遗骨火化，统一送往大青山烈士公墓安葬。

1958年7月25日，包兰铁路、包银铁路及三盛公黄河大铁桥提前5个月胜利竣工。1958年10月1日，在举国上下欢度国庆之际，包兰铁路全线通车。磴口县筑路工人、建桥解放军官兵、驻地干部和人民群众热烈庆祝这一伟大成就。从大桥建成到现在，始终有一支人民军队（磴口县守桥部队）在忠诚守卫着大桥，使三盛公黄河大铁桥巍然屹立，畅通无阻。

奋战十载 挖通二黄河

“二黄河”是巴彦淖尔人对总干渠的口语化简称。它的正式名称是：内蒙古段黄河北岸总干渠。

总干渠全长335公里，巴彦淖尔市段为228.9公里。它西起磴口县渡口乡的南套子村，经磴口县、杭锦后旗、临河区、五原县到乌拉特前旗三湖河口先锋闸为止。按照一首制引水规划设计，从黄河三盛公水利枢纽进水闸引水，贯穿河套平原，工程浩大而宏伟，是巴彦淖尔人民重绘祖国大好河山的一大壮举。

1955年7月，全国人大一届二次会议正式通过《关于根治黄河水害和开发黄河水利综合规划报告》，其中有建设三盛公水利枢纽工程和开挖总干渠的大型建设项目。据此，河套灌区长远规划列入国家水利部议程。水利部责成北京市水利设计院会同内蒙古水利设计院，组成“河套灌区规划组”，进驻内蒙古河套灌区。经过两年的辛勤努力，于1957年4月，首次提出《黄河流域内蒙古灌区规划报告稿》。这个被称为“五七规划”的《初稿》，随后即成为：“改造旧灌区，建设新灌区”的基本依据和指导性文件。

按照“五七规划”一首制方案，黄河三盛公水利枢纽工程与总干渠（二黄河）工程经水利部批准立项，于1959年相继开工。

黄河三盛公水利枢纽工程于

1959年6月开工建设，1960年2月，历经半年多，枢纽工程拦河闸围堰胜利合龙；1961年5月13日，拦河大闸按期截流成功；1961年9月底，拦河大坝工程全部完工。

1958年，总干渠（二黄河）第一次开工建设。1959年3月，在总结经验的基础上，提出总干渠缩窄断面、分期施工的方案，报请内蒙古自治区水利厅批准。

1959年8月25日，总干渠二次施工开始，全盟2.8万多民工参加的水利建设大军，分配落实土方量800多亿立方米。旗县、公社、大队、小队民工组成团、营、连、排，日夜奋战在施工工地。

总干渠（二黄河）土方工程，从1958年开工建设，到1967年建成，全线通水，在近十年的时间里，河套人民做出了艰辛的努力，付出了巨大的牺牲。

总干渠是内蒙古河套水利史上史无前例的伟大工程。依靠大量民工完成土方工程，始终采取农闲大搞，农忙小搞和固定人数常年坚持施工的办法，解决生产和工程施工的矛盾。渠线的施工段全部是在荒漠上开挖，再加上河套平原的土地多是红胶泥或沙土，增加了施工难度和劳动强度。土方施工开始，主要是人工开挖，锹头、箩头、小胶车、老牛车齐上阵，最多时有3万人奋战在工地。

盟、旗县各级领导干部都率先上阵，具体组织，鼓励和动员民工战胜和克服困难，他们争分夺秒，抢工抢时，苦干实干，挑灯夜战，整条战线红旗招展，群情激昂，敢叫荒漠、冻土为河让路。民工在实践中发明的方法层出不穷：立马分鬃法、蛇蜕皮法、倒窖子法、黑虎掏心法……最苦难的是冬天，渠道出水、冻土难取，由于抽水设备少，积水都由人工排水。雷管炸药量不够，冻土大部分为人工施破，工效低，影响工程进度。1959～1962年的主施工期，正值国家三年困难时期，由于劳动强度大，生活困难，部分民工患了夜盲症、浮肿病。

巴彦淖尔盟人民克服重重困难，1967年终于完成了施工任务，总干渠（二黄河）顺利通水。至此，总干渠通水长度87.5公里，1972年，延长到128.5公里。灌域面积1070万亩，其中巴彦淖尔盟1026万亩，包头市44万亩。2012年，巴彦淖尔市粮食总产量达到53.8亿斤，成为全国的主要粮食产区之一。

磴口人民决战总排干

总排干全称为巴彦淖尔盟（今巴彦淖尔市）总排水干渠，是河套灌区排水系统的骨干工程。西起杭锦后

旗大树湾公社袁家坑小队，沿乌加河东行入乌梁素海，经过杭锦后旗、乌拉特后旗，向南跨过包兰铁路，至三湖河口注入黄河，全长248公里，控制灌区排水面积1137.56万亩，控制山洪面积1.3万平方公里。

1975年10月25日，巴彦淖尔盟作出了《关于疏通总排干和十大排干的决定》，主要是解决由于全盟排灌整体不配套，特别是总排干淤积严重，排水不畅，处于有灌无排的河套地区地下水位急剧上升，致使土壤次生盐碱化日趋严重的问题。磴口县委传达了盟委书记李贵讲话精神，要求磴口县人民发扬苦干实干，吃苦耐劳的精神，清除淤泥，扩展疏通总排干；使地区土壤得到改善，不断提高粮食产量。磴口县迅速组织力量，参加疏通总排干大会战。

盟委的一声号令，如春雷般震撼了八几百里河套大地，广大干部群众认为这一举措符合河套地区农业发展的客观需要，表达了全盟人民的心愿。位于巴彦淖尔盟最西端

总排干

的磴口县，一些干部群众却存在着另一种想法，出现了“疏通总排干与磴口县关系不大”的说法。这是因为磴口县位于总干渠上游，多数农田与乌兰布和沙漠相接或就在乌兰布和沙漠之中，因而一些干部群众认为磴口县排不排盐碱都可以凑合着种地过日子。这一思想动态，立即引起了时任磴口县委书记巴图的重视，他深入实地查看，调查研究，认为疏通总排干是关系到巴盟全地区农业生产发展大局的决策，磴口县是巴彦淖尔盟的一部分，怎么说“关系不大呢”？于是，巴图书记首先召集县委一班人统一思想，然后组织磴口县各级干部群众学习，召开讨论会、动员会，在清除思想阻力，统一思想的基础上，组成了磴口县总排干工程施工指挥部和工作团，带领3200多名民工开赴大会战工地。

总排干工地上，只见红旗招展，歌声飞扬，排干沟里人头攒动。远远望去，人们像蚂蚁似的在艰难地上下移动着。磴口县各工作团用拖拉机和马车拉着粮食、工具和人员赶赴工地，投入了大会战工程施工中。

11月的河套大地，四野萧瑟，寒风劲吹。天气开始变冷，早晚温差很大，排干里面的水已结了冰。一把铁锹，一根扁担，两只箩筐就是人们的工具。总排干疏通工程时间紧，任务重，人数多，战线长，又是冬天，有冰水，有流沙，施工难度很大。磴口县委书记巴图，正

今日总干渠

直年富力强，行动迅速，他深入工地查看民工住房，询问伙食情况，下到渠壕和民工一道挖泥，解决施工中存在问题。

在原四坝公社查看工程进度时，各生产队怕其他工段淌出的水流到自己的脚下，就各自为战。一个生产队垒起一条水坝，结果脚下的水排不出去，倒把自己窝在泥糊糊里，影响了工效。巴图书记等领导发现了这一问题，做通工作，让各生产队铲除自己的土坝，全公社统一挖通排水渠道，统一抽水，打总体战，果然效果十分明显。巴图书记还发现工地上，有民工用自己做的“铁丝萝头”担泥块，这“铁丝萝头”不像红柳萝头担几次就沾满了泥，成为“加重萝头”，就在工地上推广“铁丝萝头”，提高了工效。磴口县委一班人领导有力，带领大家齐心协力，苦干巧干，保质保量提前完成了磴口县8万平方米的土方施工任务，进入全盟施工先进行列。

经过全盟15万民工的艰苦劳动，工程以预想不到的速度迅速进展。驻军部队、磴口县、乌拉特后旗，只用了一个月时间完成了三个月的任务。全盟土方工程，只用了70多天胜利完成。总排干疏通后，灌区的年排水量由1.5亿方增加到4.7亿方，土壤含盐量显著下降，有效地促进了农业发展。全盟粮食总产量由1975年的40.4万吨增加到1976年的49万吨。勤劳智慧的巴彦淖尔人民，只用了两个多月时间，就把盟委的决定变成了现实，以实际行动对“怎么解决土地盐碱”这个长期争议的大问题作出了结论。敢想敢干能干成的巴彦淖尔人民，用自己的劳动和汗水创造了“总干精神”，树立起了一座丰碑，它必将成为永恒，彪炳史册，激励后人，薪火相传。

两万兵团战士建设磴口

1969年1月24日，中共中央、国务院、中央军委批准成立中国人民解放军北京军区内蒙古生产建设兵团，列入中国人民解放军序列，兵团总部设在呼和浩特市，组建4个师。

1969年3月，第1师成立，师部设在磴口县境内陶生井（现纳林套海农场场部），下辖8个团，5个团设在磴口县境内。生产建设兵团按部队编制形成组合。设司令部、政治部、后勤部，师团领导全部为现役军人，兵团战士大部分为知识青年。其主要任务是屯垦戍边，以粮为纲，兼营各业。一师共接收全国各地知识青年19540人，至1975年6月，实有知识青年124441人。

1970年8月，一师师部迁至现

磴口县巴彦高勒镇。1975年6月，国务院、中央军委批准撤销北京军区内蒙古生产建设兵团。1975年11月1日，巴盟行政公署农牧场管理局成立，内蒙古生产建设兵团1师转交地方管理。

1969年，内蒙古生产建设兵团一师一团的现役军人全部到达磴口县。一团四连驻扎在乌兰布和沙漠中的一个人迹罕至的地方。

生产建设兵团有两大任务：拿起锄头能生产，拿起枪杆能战斗。连队虽和正规部队不同，但也要按部队的条例去管理和训练。当时，连队驻地附近也经常有疑似特务活动，为了能处置突发情况，连里进行了拉练训练，全连战士全副武装，沙漠里行走20公里，还经常组织夜间紧急集合。经过训练，大家的警惕性和军事素质有所提高。按照条例规定，要求全连战士饭前有歌声，晚上有点名，和正规部队一样。

在高度紧张的军事节奏生活中，还要建设营房，战士自己脱坯烧窑盖房，开渠垦荒，种树种小麦，进行生产建设。刚到驻地，条件十分艰苦，“蓝天作帐地作床，风沙拌饭可口香，狂风为我送歌声，广阔天地好战场。”这是兵团战士写的诗，也是兵团生活的真实写照。

初到无人地区，生活是极其艰苦的，开始是露天宿营，之后用干枯树枝抹上黄泥搭起来高不足一米的三角窝棚用来遮风挡雨。吃的是玉米面、白薯面，窝头和土豆，蔬菜是没有油水的“老三样”：土豆、白菜、萝卜；喝的是沉淀下的小半桶盐碱地浆水。风起沙飞，铺天盖地；在夏日高温季节，蚊子、小咬成雾；在空旷的沙地里，从睡大地，挑大梁，脱土坯开始，忍受了极度的劳累和吃不饱，在守卫祖国北大门，高涨士气鼓舞下，克服了重重困难。1970年至1973年，生产建设兵团1师组织兵团战士参加了乌兰布和引水灌溉总干渠会战；参加了河套地区排水总干渠会战；千里山钢铁厂、卓资山煤矿开发会战等重大工程建设。在会战中，战士们用扁担肩挑冻土，走上十几米高的渠岸。为了按时完成任务，各连每天备战十几个小时，各排、各班开展劳动竞赛，劳动任务和强度前所未有，但战士们艰难地挺了过来……

多少个春夏秋冬，战士们靠自己的双手，盖起了一排排平房，挖出了一条条农渠，移走了一座座沙丘，植下了一片片树林，建成了一块块农田，空旷的沙漠荒原上有了人烟。

多少个日日夜夜，经历了艰难

困苦的磨炼，战士们的皮肤黑了，个子长高了，身体强壮了；尽管寒风冻裂了手脚，但铸就了兵团战士特别能吃苦的精神和坚韧不拔的意志。

由于自然环境恶劣，内蒙古生产建设兵团连年亏损。1975年6月24日，国务院、中央军委批准撤销内蒙古生产建设兵团的兵团和师级建制，现役军人全部撤离，农牧业团改为国营农牧场，由内蒙古地方管理，原1师各团隶属于巴彦淖尔盟农牧业管理局领导。

1976年11月，巴彦淖尔盟组织了声势浩大的总排干工程会战。兵团战士热情投入了这项造福后人的水利工程。在泼水成冰的寒冬里，他们不曾松懈，全力奋战在一线。

战士们住在工地，吃在工地，干在工地。白天红旗招展，人声鼎沸；晚上点亮火把，挑灯夜战。战士们情绪高涨，忘我奋战，有的战士抬着筐就倒在地上睡着了；工地上吃的是冻饭，睡的是土炕；汗水湿透了衣襟。干了又湿，没有水洗脸洗脚，没有水洗碗，战士自嘲为："一三五不洗，二四六干擦。"历时3个多月的水利工程会战胜利竣工，战士们在内蒙古生产建设兵团的最后一站，留下浓墨重彩的一章。

1977年6月，内蒙古生产建设兵团撤销后正式实行改制，进入后兵团时代。大部分战士被定为农工二级，同时也改变为知青身份。因此，原兵团战士人心浮动，要求返城。由于政策松动，1978年至1979年初，大部分战士在知青返城大潮中，先后离开了生产建设兵团。在磴口县的2万名战士星落云散，各奔前程。返回家乡，寻找工作或考学，他们凭着在兵团练就的坚韧不拔的意志，艰苦努力，自强不息，开始了新的创业，开启了新的人生旅程。

磴口县人民奋力抗洪抢险

1993年冬天，磴口县境内封河时节，拦河闸下3.3公里黄河防护堤内河水猛涨，堤坝决口，造成磴口县建国以来较大的一次黄河洪水灾害。在磴口县抗洪抢险中，磴口县广大干部群众与解放军一道，奋力抢险，终于夺取了抗洪抢险救灾的全面胜利，谱写了一支军民团结、战天斗地的颂歌。

1993年11月18日，磴口县境内黄河开始流凌，至11月24日，黄河三盛公拦河闸上下游已基本封河。由于气温突然回升，已封河的地段，又出现开河流凌的反常现象。加之近年来黄河河道淤积严重，河床抬高一米多，主河道变窄，疏水能力减弱，防凌防汛形势十分严峻。12月6日，黄河上游洪峰到来，河水猛涨，闸下水位迅速升高，达到拦河闸运行32年来的最高水位。12月7日，气温继续回升，拦河闸开启12孔泄洪。下午17时，闸下500米处发生突发性水位上涨，河水涨至距堤坝10公分左右高度，由于及时抢堵未造成漫堤决口状况。至晚上18时30分，六号坝垛堤坝大部段落河水漫堤，造成决口，防护人员全力抢堵，阻止了决堤。12月8日8时许，洪水直泻而来，在拦河闸下3.3公里的渡口乡境内堤坝决口，磴口县进入抗洪抢险紧急状态。

面对严峻的防凌防汛形势，国家、自治区和盟三级领导非常重视，先后到磴口县检查指导防凌防汛工作。12月2日至3日，国家黄委会河务局副局长、防汛办公室副主任汪上和，国家防总张志彤副处长等有关方面负责人到磴口县检查堤防及防凌防汛工作。12月6日，自治区防汛指挥部副总指挥汪普，盟行署贾文印副盟长等到磴口县坐镇指挥，分析险情，研究部署防凌防汛工作。

险情发生后，正在现场的副盟长贾文印、河灌总局党委书记、副局长关彦卿，磴口县委书记孙国、县长张锐和连夜赶到磴口县的自治区防汛指挥部副总指挥汪普，召开紧急会议，研究应对措施并及时向盟委、行署报告。行署盟长宝音德力格尔、盟委副书记周同战、行署副盟长周礼明及时赶赴现场组织指挥。内蒙古自治区军区政委杨恩博亲临磴口县视察险情。

12月7日决口后，当晚，磴口县抗洪抢险总指挥部，当即通过电视和广播向磴口县发出全力分堵决口、抢险救灾的紧急动员，连夜组织5000多名干部群众投入抢险战斗。盟军分区、武警支队、消防支队组织百余名官兵星夜兼程从临河赶赴磴口志愿抢险。

12月8日晚20时左右，堤坝决口扩大到18米左右，在现场指挥的区、盟、县领导随即决定，在不放弃抢堵决口的同时，立即加固渡口渠北堤，作为第二道防线。由于洪水来势十分凶猛，水位高，水量大，在12月9日5时许洪水将渠堤切断，继而彻夜冲毁，洪水直泄附近的渡口乡村社。

12月9日，总指挥部紧急研究决定，抓住防洪堤决口处进水与黄河水位差变小的有利时机，尽可能的保护渡口渠堤防第二道防线，尽力减少损失，并维护较小的水位差以利堵口。磴口县抗洪抢险指挥部实行分工把口，落实抢险责任制。指挥部设总指挥，在黄河决口现场分设大坝北线和南线指挥，并落实了县委常委、副县长负责人员、车辆调度和物资保障、后勤供应、封堵现场指挥等责任体系及工作任务。

巴盟军分区孟廷司令员、杨茂林政委、张方友副司令员率官兵100余名于7日晚23时赶赴抢险决口处。在险情扩大后，及时调动乌拉特中旗骑兵营、驻磴口县雷达连、驻磴口县武警、消防中队、守桥部队官兵100名投入抢险。

磴口县广大机关、企业、厂矿单位干部职工全力投入抢险战斗。各镇抽调数千名民工开赴抢险一线，与解放军、武警官兵、干部群众一道，顶着六七级大风，冒着零下十几度的严寒，全力以赴，克服种种难以想象的困难，连续作战，战胜了一次次突如其来的险情。

磴口县内广大个体工商户和伊克昭盟（今鄂尔多斯市）桥头镇的商户和个人自发组织，不计报酬，为一线战士和民工送水送饭，体现了在大灾面前军民鱼水的深厚情谊。巴彦淖尔盟直属单位和友邻旗县临河、杭锦后旗等派出大批车辆和人力，志愿抗洪抢险。

12月10日至12月11日，抢堵决口进入全面决战阶段，内蒙古自治区党委书记王群、政府主席乌力吉指示，抗洪抢险不惜一切代价，全区要全力支持，在特定条件下，要牺牲局部利益，保全局，下决心动员一切力量封堵决口。

12月12日凌晨3点45分，经过了广大军民连续5昼夜的艰苦奋战，终于堵住了决口，使大坝胜利合龙。大坝合龙后，磴口县军民不畏严寒，不怕疲劳，继续组织实施闭气护坝和加固大堤。

12月13日0时10分，决口处再度出现险情。决口合龙的50米堤防突然出现下沉，整体下沉长度20米，下沉幅度为2米至2.5米。坝顶、坝下多处冒水、串水，大坝险情再发，情况危急。

指挥部组织奋战在第一线的军民立即投入排险保坝战斗，拿麻袋装土。分层加固大堤，并以粘土闭气的紧急措施，经过两昼夜的抢险，终于控制了险情，磴口县抗洪抢险取得了决定性胜利。

这次黄河决口，是磴口县建国以来最大的一次黄河水灾。磴口县受灾面积80平方公里，涉及渡口乡、粮台乡的8个村、32个社、1747户、7486人。洪水冲毁民房、棚圈、学校校舍；冲毁鱼塘、干渠和支、斗、毛渠；淹死家畜家禽5万多头；损毁小麦48.9万公斤、玉米60万公斤；果树致死面积3400亩，共计损失3539万元。

整个抗洪抢险战斗从12月7日开始，持续到12月18日。据统计，共出劳动力2.65万人次，车辆3万多台次，动用土石方1.8万立方米，以及其他各类物料。抗洪抢险工作结束后，磴口县立即成立了抗灾救灾领导小组，帮助受灾村社安置灾民和重建家园。共搬迁灾区群众2976户，13962人。县委政府给灾区下拨12万元救济款、慰问款，210吨煤。同时，动员磴口县干部群众捐款支援灾区群众，共收到捐款50万元，其中，磴口县内34万元，县外捐款16万元。一方有难，八方支援，灾区群众充分体会到社会主义大家庭的温暖。

旅游盛景

HUASHUONEIMENGGUdengkouxian

旅游盛景

LVYOUSHENGJING

百湖之乡，魅力磴口。如果说整个河套平原风光是一本画册的话，那么磴口便是精美的扉页。沿着黄河北行，塞外重镇磴口以平缓的地貌、碧绿的林木和沃野良田将带给任何一个走进者美丽而富饶的印象。

黄河一线景观

黄河三盛公水利枢纽风景区

景区位于磴口县巴彦高勒镇南2公里处，因黄河三盛公水利枢纽工程而得名，成为八百里河套一道亮丽的景观，在国内外享有盛誉。三盛公水利枢纽工程是磴口县的一张烫金名片，它始建于1959年，是亚洲最大的、以灌溉为主的一首制引水大型平原闸坝工程，堪称“万里黄河第一闸”。

三盛公水利枢纽工程运行以来，在农业灌溉、防凌防汛、工业用水、水利发电及交通运输等方面产生了巨大的社会效益和经济效益，为内蒙古西部和巴彦淖尔市国民经济、社会发展和生态环境建设发挥了重要作用，是内蒙古自治区文物保护单位和爱国主义教育基地。党和国家领导人邓小平、江泽民、彭真、乌兰夫等曾先后前来三盛公水利枢纽工程参观、视察、指

三盛公上游全景

拦河闸

导工作。

三盛公水利枢纽景区为国家地质公园景区、国家级水利风景区、国家AAAA级旅游景区。景区包括：天下第一锁（同心锁）、天下第一古筝、金属雕塑园、黄河水坛、动物狂想园、观景台和水上乐园等景点；可乘游艇游黄河，快艇冲浪、垂钓、射箭、游沙滩、趟湿地；观黄河大铁桥，观万亩葵园、百亩高粱，亲近自然，回归自然。

同心锁

“天下第一锁”——同心锁，是黄河三盛公水利枢纽工程的著名景点。雕塑高27米，重240吨，三把锁分别命名为永昌、永固和永恒，象征着天下人永结同心、事业永昌、爱情永恒、婚姻永恒；黄河及水利大闸安澜永固，以永恒的母亲河为见证，国家昌盛、人民安居、江山永恒。同时，同心锁也象征着巴彦淖尔市、阿拉善盟、鄂尔多斯市三地手牵手、心连心，共同治理黄河，象征着各旗县人民世世代代同心同德，团结一致，齐心协力，把家园建设得更加美好。登上锁台，放眼回望，黄河美景、大漠奇观、田园景色尽收眼底，黄河大堤、南湖景色、小城风光、一览无余。

金属雕塑园

在景区观光大道两侧摆放着雕塑作品40多件，孔雀开屏、蜻蜓点水、乌龟爬行、机器人力量……一个个惟妙惟肖，风格各异，栩栩如生。这些作品是2007年6月中央美术

黄河同心锁

三盛公景区金属雕塑

学院师生花费一个多月时间辛苦创作而成的，作品以枢纽工程除险加固时拆卸下来的废旧材料为原料，赋予了新的内涵和生命。

天下第一古筝

黄河是中华民族的摇篮，她孕育了灿烂的华夏文明。古筝是中国汉民族传统乐器，是中国文化的代表符号之一，具有古老的历史渊源，浓郁的民族特色。刻有“天籁之音”字样的古筝，长27.5米、宽6.5米、高1.5米，重达56吨，被誉为“天下第一古筝”。

黄河水坛

黄河水坛是黄河水利枢纽风景区一大景点。它由三层平台组成，底层平台直径339米，总长度为9999米的水道组成八卦水域迷宫。中心平台为过渡，顶层平台沿外围用12扇高6.6米，宽3米的闸门矗立围合，中心是高1.09米雕塑——“黄河之水天上来”。

黄河水坛

动物狂想园

动物狂想园位于黄河三盛公水利枢纽工程风景区内，该园区以时间跨度为主线。分为史前动物、近现代动物、未来动物和星际幻想四个板块。园内选取在奇妙的生命演化长河中，曾经出现和将来有可能出现的，最具代表性的十七个仿真动物雕塑，遍布整个园区，和园区较为原始的生态环境有机地融为一体，向参观者还原曾经发生过的生命演化历程和未来动物的进化趋势。在感叹生命伟大的同时，也警示我们，生命的演变和进化是多么的艰难，同时也在提倡大家保护地球，珍惜生命，善待我们赖以生存的家园。

黄河三盛公地质博物馆

黄河三盛公地质博物馆位于磴口县巴彦高勒镇，建筑面积1360平方米，以境内黄河、沙漠、湖泊、山脉等地质特点为核心，辐射出河套地区的地质特色，展示了黄河波澜壮阔的魅力、乌兰布和沙漠浩瀚雄浑之美、洒落在4166.6平方公里土地上的湖泊的恬静与优雅。探索巴音满都呼生物的奥秘，领略地球沧海桑田的变迁。

黄河三盛公地质博物馆的布局，按照阴山、沙漠、湖泊、黄河的地理位置进行划分设计，符合巴彦淖尔国家地质公园的实际地理空间顺序。布展中央以三盛公拦河闸模型作为结构性展墙，既可以让观众近距离了解三盛公水利工程的结构及地质特征，又可以满足博物馆观赏性和艺术性的需求。它是展示和了解巴彦淖尔市和磴口县的又一重要窗口。

三盛公黄河游乐园

三盛公黄河游乐园位于磴口县境内二黄河堤岸上，是一个集游泳、冲浪、温泉、理疗、特色小吃于一体

三盛公景区快艇

的大型室内水上乐园。

园内有海南风情式的游泳馆，800平方米人工冲浪海滩池，多种激情冲浪模式，让体验者足不出户就可以体验到冲击惊涛骇浪的惊险刺激。五个人工温泉池，水温达到天然温泉温度，加入对人体具有保健作用的纯天然草药、花卉植物，浸泡其中，犹如置身于自然山水之间，舒缓心情，令人心旷神怡。先进的水上理疗池、坐式气泡浴、脚底水柱按摩浴、多功能水床和喷淋浴，让游客充分享受水世界的惬意，从而放松心情，放下疲惫，达

三盛公黄河游乐园

三盛公水利枢纽工程夜景

到保健之功效。儿童和成人游泳池，配备先进的全自动水处理设备，配套安静舒适的休息休闲区域，为游泳者提供优越的休闲、娱乐、健身环境。这里配备有自助餐厅、特色风味小吃厅、冷饮区，是一个集娱乐、休闲、饮食、健身为一体的一条龙服务旅游场所。

南湖、北海湿地公园

南湖、北海湿地公园是磴口县“十二五”期间实施的湿地保护与恢复重点工程之一。

南湖，位于磴口县城东南角，紧邻黄河和总干渠。规划总面积63公顷，其中水域面积约38公顷。区域内设有观景平台，可眺望南湖，观赏美景。环湖建有步道、木栈道、石拱桥码头、护堤等设施，现已成为黄河三盛公水利枢纽工程景区又一重要景点，是城南最大的滨河公园。

南湖湿地公园

北海，位于磴口县城西北端，现已建成占地面积230公顷，其中水域面积64公顷的北海公园。在此区域内，将湖面划分为一中心湖及附属湖，形成多功能景观区，供游人休闲、垂钓、散步，是磴口县集中打造的景观亮丽环境优雅的城郊公园。

南湖湿地公园

北海湿地公园

刘拐沙头

乌兰布和沙漠是我国八大沙漠之一，“乌兰布和”蒙古语意为“红色公牛”。其位于阴山以南，河套平原西部，地处我国西北荒漠与半荒漠的前沿地带，总面积近一万平方公里。磴口县境内面积达2846平方公里，占磴口县总面积的68.3%。乌兰布和沙漠、黄河和阴山构成了磴口县的主要地貌。

天下黄河九十九道弯，磴口县坐落于黄河最大的几字弯头。黄

河流经县域52公里，肥沃的黄河水无私地滋养着这片干涸的土地，将沙漠占领的小城浸润成良田万顷的“塞上粮仓”。

数百年间，奔腾不息的黄河与狂暴肆虐的乌兰布和沙漠就像一对冰火相融的恋人，在这里相依相偎。

乌兰布和沙漠中最显奇特的地方非刘拐沙头莫属，这里是沙漠与黄河唯一“握手”的地方。左手沙漠，金色的沙丘连绵起伏；右手黄河，芦苇荡漾，湿地纵横；这样的奇景在全国也是独此一处。

刘拐沙头位于磴口县城西的二十里柳子，处乌兰布和沙漠东缘。在这里，流沙已直抵黄河，在风力作用下，沙漠每年以8～10米的速度东移，直接向黄河输沙段长约20公里，每年向黄河输沙量达7700万吨，约占黄河含沙量的二十七分之

黄河落日圆 摄影 / 李庆光

一。河床平均每年被抬高10厘米左右，致使河道淤积，河床高出磴口县城所在地巴彦高勒镇2～3米，在磴口县境内形成了名副其实的“悬河”，严重威胁着黄河三盛公水利枢纽正常运营，威胁着黄河中下游地区的经济发展和行洪安全，同时也威胁着包兰铁路、京藏高速公路、110国道的安全运行，因此，治理刘拐沙头刻不容缓，势在必行。

2008年以来，磴口县委、县政府抢抓机遇，启动了浩大的刘拐沙头治理工程，通过修筑穿沙作业路，打组合井，压沙障，建大型阻沙林带，人工种植梭梭、花棒、沙棘、甘草等耐旱沙生植物等方法，有效地阻止了沙漠东侵。同时，随着国家生态工程的实施，昔日黄沙漫漫迷鹰眼的刘拐沙头，已成为内蒙古西部最具特色的沙漠生态旅游区，也是国家级地质遗迹，国家地质公园景区。

从闻名世界的黄河三盛公水利枢纽出发，沿着金叶榆守护的堤防公路西行16.5公里处便是奈伦湖的分水闸，穿过分水闸继续西行约300米，左转进入油路，沿路南行约2公里，左手边清晰可见一条车辙通向漫无边际的乌兰布和沙漠。这里没有路，只有无数探险家的足迹和越野车碾压出的痕迹指引着后来者。车辆起伏颠簸，梭梭渐渐稠密，三三两两的沙枣树挂着可爱的果实随风摇曳。大约东行2公里，一条银光闪烁的柔美“缎带”出现在沙漠东缘，这便是神奇的刘拐沙头。脚下是连绵的沙丘，延绵到西边的天之尽头，如滚滚滔天怒浪，向世人展示着“红色公牛”不可一世的洪荒气势。高耸的金色沙丘向东蔓延，止步于温情的母亲河。黄河在

这里是那样的平静，不带一丝波澜，浩浩汤汤，横无际涯，清澈得没有一丝黄河的“本色”，倒是映出了天空的明媚和湛蓝。在刘拐沙头，黄河宛如恋爱中柔美的女子，乌兰布和沙漠就是被柔情化解的刚烈汉子。他们在这里温存、缠绵，紧握的双手蜿蜒出世间最不可思议的曲线。

刘拐沙头的独特景观像磁石一样，吸引着无数摄影爱好者的身与灵。冬季封河，千里黄河银装素

沙海 摄影 / 李庆光

裹，漠漠黄沙白雪覆体，演绎出北国壮美风情；春季开河，半河冰凌半河春水，随风荡漾，似要唤醒沉睡了一个冬季的沙漠；夏秋时节，雨水丰沛，母亲河如丰腴的美人展现着阴柔之美，而乌兰布和沙漠在骄阳下展现着金色的肌肤，绽放着嫩黄的沙冬青、淡紫的苁蓉花、青绿的绵刺……一年四季，月月天天，时时刻刻，在刘拐沙头，你猎美的双眼从不疲倦。大河之美，大漠之雄，天地之广，“冰火”相融，阴阳和谐，鼓瑟着大自然不可思议的动人天籁。

关于刘拐沙头名字的由来，民间流传着一段故事。

在黄河上没有桥梁的年代，老磴口是上银川下包头的重要水路码头，而刘拐沙头是陆路的重要中转驿站。解放前夕的战乱年代，从宁夏水路来了一位跛足的头戴小白帽的穆斯林汉子，带着个从战乱中捡来的女婴和一只奶山羊来到了刘拐沙头。也许被这里神奇的景色所吸引，也许看中了这里隐藏的商机，他竟独自在这里定居下来。他将黄河上游漂浮下来的椽檩从河中捞出，修建了几间木屋，在河滩上开田种地，甚至还开起了一家清真客栈。南来北往的客商有了吃住歇脚的地方。因他性格爽朗，对客人永远笑脸相迎，且服务周到，甚至对困难的旅人经常解囊相助，经客人们口碑相传，客栈的影响就越来越大。这位汉子姓刘，走路跛，客人们都亲切地称他为“刘拐子”，而“刘拐沙头”这个地名也逐渐流传开来。

百湖之乡景观

河套平原流传着这样的民谣："黄河北，阴山南；八百里河套米粮川，渠道交错密如网，阡陌纵横似江南。"滔滔黄河水是河套大地的血脉，色彩纷呈的农作物是平原的表情，波光粼粼的海子是平原的眼睛。俯瞰磴口，田野上，河渠纵横，密如渔网，辐射在阡陌交错的农田上，160个大大小小的海子（湖泊），洒落其间，星星点点，似一颗颗璀璨的明珠镶嵌在乌兰布和沙漠之中，大漠落日、沙海驼影、飞鸟凌空，姹紫嫣红、生机盎然的沙生植物，阡陌纵横的灌渠及田园共同构成了大西北粗犷恢宏的自然风光。走进磴口县，真正感悟到纳林湖、冬青湖、天鹅湖、万泉湖、金马湖各具特色，异彩纷呈的亮丽景色。近年来这里更是名声大振，摄影爱好者慕名而来，"咔咔"之间，留下令人流连的众多丽影，塞上江南美誉已是名不虚传。

纳林湖旅游景区

纳林湖地处磴口县乌兰布和沙漠腹地，距磴口县城40公里。"纳林"的蒙古语意为狭长，其外形像月亮，故也称为"月亮湖"。

纳林湖水域面积1.8万亩，最深处达8米，平均水深3米，是乌兰布和沙漠中较大的淡水湖之一。湖泊北部有沙丘412亩；东南面是一万余亩的草滩牧场；湖中心有4处岛屿，占地300亩。

据统计，生活在这里的鸟类有100余种，国家一、二级保护鸟类和地区级保护鸟类有白天鹅、黑天鹅、灰鹤、鸳鸯、鸿雁、雉鸡、野鸭等。

纳林湖是鸟儿的王国、鱼儿的天堂，是我国西北地区重要的水

鸟繁殖地和途经地，也是黄河鱼类生长繁殖的场所。这里盛产黄河鲤鱼、鲶鱼、鲫鱼、武昌鱼等25种淡水鱼。

如果说迁徙的候鸟是这里的过客，那么纳林湖的芦苇就是这里的原始居民。纳林湖的芦苇一簇簇、一墩墩，宛若散落在碧波中的绿玛瑙，他们联袂接踵，形成迂回的风景，船行其间，便有了曲径通幽的意境；而船出芦苇荡，却又是一番豁然开朗的天地。

纳林湖芦苇长相独特，当地俗称“铁杆芦苇”。那是由于周边没有工厂，都是大片农田，湖水没有污染，水质达到国家地面水环境质量标准一类、二类。

放眼望去，湖面上分布着2000

纳林之秋

大漠明珠纳林湖

多亩芦苇，像是一个个亭亭玉立的少女迎接着大家的到来。她们随着季节的变化而变化，总是用新的容颜展现给每一位游人。初春时节，一丝丝芦苇从水中长出嫩绿的枝芽，接受着鱼儿对芦根的修剪；盛夏时节，茁壮生长的芦苇犹如茂林密竹，蓬勃向上，郁郁葱葱，微风吹过，簇簇作响，婀娜多姿；到了秋天，芦花绽放，芦叶苍苍，风儿

纳林湖 摄影 / 齐鸿雁

纳林湖·空中翱翔

纳林湖风光

伴随着飞花远去，富有诗情画意；冬季湖面结冰后，则是收获芦苇的季节。

纳林湖旅游景区建有以汉代文化为主题的风情休闲街区、军事城堡、汉代农业小镇、农耕文化博物馆、农业耕作体验区、农耕传统节日表演场、祭祀活动表演场和农业

纳林湖主体沙雕

纳林湖游人如织

景观园区等。同时湖中心区域建有昭君赏月岛、珍禽岛、观鸟岛等特色小岛。水上芦苇中建有芦苇荡船屋，沙漠绿洲上建有蒙古包。每逢盛夏，荷花竞相绽放，姹紫嫣红、争奇斗艳，可谓“接天莲叶无穷碧，映日荷花别样红”。景区还开发了许多水上项目，如水上摩托艇、冲浪、水上降落伞等，给热爱运动喜欢探险的游人提供一试身手的机会。景区内还建有热气球俱乐部、驾驶训练场地和模拟训练馆，游客可以乘坐热气球飞越高空，鸟瞰“大漠明珠”的壮观景象。这里既是久居都市之人猎奇、考察的理想场所，更是游人休闲度假、消暑怡情的胜地。

纳林湖的四季，有着独特的韵致，春季柔美恬静；夏季豪放飘逸；秋季醇厚悠远；冬季淡泊怡情。

春天的纳林湖可以看到鹅黄嫩绿的芦笋，那是纳林湖春天的宣言，春天的纳林湖能听到随风飘来清脆动人的鸟鸣声，那是纳林湖春之歌的音符。

夏日的纳林湖，魔术般变幻着色彩。近看，一汪碧绿，荡漾着“柔情似水”的涟漪，远观湖面，达于天际的湛蓝，在这波光潋滟、水天一色的湖面旁，炙热的阳光吹开了一朵朵花伞，也酿就了人们的快乐心情。

秋日的纳林湖，衔着群山的守望，望断南飞的大雁，它飘着洁白的芦花，也荡漾着诗人的情怀。

冬日的纳林湖会铺盖出冰雪的世界。雪花的飘逸，冰湖的宁静，勾画出动与静的风景。一年之中，四季分明，一派北国风光。

奈伦湖湿地公园

奈伦湖位于磴口县二十里柳子黄河岸边，拦河闸上游16.5公里处，是巴彦淖尔市最大的人工湖，景区依托凌汛期黄河分流，形成3.2万亩水面，是国家级湿地公园。

乌兰布和分洪区工程于2010年12月7日开工建设，分洪闸、引渠、围堤三大主体工程，现已全部完工。从2011年春季开河期应急分洪，每年承担凌汛期分洪任务、库区蓄水6000万立方米。应急分洪为分洪区下游安度凌汛提供了有力保障，而且形成的奈伦湖湿地对改变乌兰布和沙漠生态环境，开发乌兰布和分洪区周边的旅游业、沙产业都是很有利条件。

目前，由北京太阳石油化工有限公司开发建设奈伦湖景区，重新进行了土地管理、景区绿化、基础设施及配套设备的建设等工作，下一步将陆续完善景区基础建设和娱乐设施，把它建设成为内蒙古西部具有特色的旅游景区。奈伦湖国家湿地公园是我国西部生物多样性最为丰富的地区之一，规划区占地面积45万亩，治理与保护面积130万亩。规划区现有植物42科107属168种。植被类型主要有沙质荒漠植被、草甸植被和湿生植被三种。另外，还有各类大量浮游植物和浮游动物，为鱼类和鸟类等提供生存的食物来源。景区内现有国家一、二级保护鸟类24种。2015年初冬，从西伯利亚返回的200多只大天鹅，首次驻足黄河岸边，栖息奈伦湖，给这里的自然景观又增加了另一

奈伦湖 摄影／邢皓

湖面上的天鹅

道风景。

奈伦湖国家湿地公园的建设，是黄河上游生态安全、治黄和湿地保护的重要措施，更是阻挡乌兰布和沙漠东移的生态屏障，实现了将磴口县奈伦湖国家湿地公园打造成祖国西北地区一道亮丽风景线的美好愿望。

冬青湖

冬青湖位于磴口县城区西北60公里的乌兰布和沙区。景区湖水面积5000亩，由主湖、东湖和南湖组成，就像三面玉镜镶嵌在大漠中。冬青湖以周围长满四季常青的蒙古沙冬青而得名。这是一种常绿旱生植物，灌木科，植被呈黄色，常开黄色小花。冬青湖因季节分为丰水期和枯水期，丰水期水深5米，枯水期水深3米，不变的是它一直以清澈示人。春暖花开时节，湖面飞来成群的鸿雁、野鸭、天鹅等各种鸟类，岸边冬青傲然挺立，特别是冬青湖的东岸和南岸是乌兰布和沙漠，沙丘连绵起伏，像一位母亲伸出温柔的臂膀，将冬青湖轻轻地揽入怀中。

冬青湖珍禽

冬青湖

天鹅湖

天鹅湖位于乌兰布和沙漠腹地，由原黄河故道而形成的湖泊，是我国西北地区重要的天鹅栖息地。

天鹅湖水域宽广，面积约800亩。每年3月和10月两季，成批的天鹅如约而至，在此聚集。天鹅的数量以由最初的数百只上升到数千只。远远望去，湖面上天鹅在游荡，芦苇随风摇曳，粼粼湖光倒映着蓝天白云，此刻的阴山脚下，好似一幅恬静淡雅的水上画卷。每

天鹅湖

展翅飞翔

年在此栖息的天鹅停留时间越来越长，已由原来的十多天延长到三个月，一直到五月中旬，大天鹅才成群结队恋恋不舍地飞离此地。而到十月初，大天鹅又挟裹着西伯利亚的清风如约返回，铺天盖地的降落下来。在寂静清冷的水面上，远远望去，湖面上又恰似洒满了一粒粒洁白的珍珠，它们时而腾空而起，时而盘旋落下，景色惬人，煞是壮观。天鹅群一直停歇到十一月下旬湖面即将结冰时，才飞向遥远的南国。

万泉湖

万泉湖生态旅游度假区位于磴口县与阿拉善左旗交界处，是由内蒙古黄河能源集团投资，以国家5A级景区标准分期建设的多功能旅游度假区。

度假区总占地面积5万亩，其中水域面积1.6万亩，陆地面积3.4万亩。总投资4.94亿元，是以蒙元文化为主线，大漠湖泊为背景，休闲度假为一体的大型综合旅游景区，与纳林湖景区、阿贵庙、人根峰、梦幻峡谷均处在同一条旅游线上，距磴口县城58公里。

万泉西湖

万泉西湖水域面积6000多亩，景色优美，碧波浩瀚。乘船环游线20余里，乘快艇单程环游30分钟，乘游船单程环游1小时20分钟。湖中有32个岛屿，形态各异，与原生态沙漠戈壁和绚烂的湖光相互衬托，使人心旷神怡，犹如畅游杭州西湖

之美景。

万泉湖观鱼岛

万泉湖观鱼岛鱼类丰富，主要有：鲶鱼、鲤鱼、花白鲢鱼、鲫鱼、草鱼等。乘船游览，湖岸漫步，随处可欣赏到“飞鱼”在水中跳跃飞舞的特写。开放的观鱼岛可观赏到水中绽放的“鱼花”，浪中飘逸的“鱼舞”。

荷花岛

荷花岛是景区最大的岛，占地

万泉湖仿古门楼 摄影 / 李慧

万泉湖景区码头长廊

万泉湖 摄影 / 邢皓

面积780亩。有荷花池、温泉水世界、四季采摘园、度假村和光伏农业生态大棚。光伏农业生态大棚体验区，是引用生态建筑理念，打造集生态农业、绿色景观、文化产业为一体的综合性休闲功能区。

万泉湖休闲垂钓区

万泉湖休闲垂钓区现已开放鱼塘面积500亩，拥有垂钓位240个，它以特色垂钓、休闲度假、观景摄影为主题，赋予其浪漫的色彩。“烟幕幕，日迟迟，香引芙蓉惹钓丝”。如诗如画的美景，舒适规范的垂钓台，是广大垂钓爱好者不能不去的好地方。2014年，磴口县首届“万泉湖杯”西北地区垂钓大赛，来自北京、天津、呼和浩特、包头、鄂尔多斯、银川等地的213位

选手参加比赛，一选手以两天钓鱼总重34.55公斤的成绩荣获垂钓大赛冠军，并获得奖金一万元。

月亮湾嬉水娱乐区

月亮湾嬉水娱乐区以自然生态为依托，利用月形地貌和嬉水区的金色沙滩自然形成的湖岸，加之高原太阳暴晒过的温暖沙滩，独立创意，营造出划船、嬉水、滑沙等体验性娱乐项目，被誉为盛夏时节的“世外桃源”。

宝日陶勒盖景区

宝日陶勒盖蒙古语意为“祈福敖包”。景区是可举办沙滩草原那达慕的多功能景区。敖包占地7850平方米，建筑高20.5米，有12个小敖包环坐四周，代表一年12个月。敖包2层室内设有成吉思汗雕像，室外有观景露台，可观赏碧水金沙、百年梭梭林、蒙古包群落等壮丽美景，敖包及其周边地区场地开阔，风景宜人，是举办蒙古族那达慕活动和民间祭祀、祈福活动的最佳区域。万泉湖大酒店是万泉湖景区辅助建设项目，建筑面积2.3万平方米，装修典雅、融中国古典园林和蒙古族特色设计风格为一体的四星级旅游休闲度假酒店。酒店拥有88间客房、大型宴会厅、蒙古特色宴会厅、可纳200人的会议厅、雅间以

万泉湖龙舟赛 摄影 / 邢皓

及旅游中心配套服务项目。

阴山沿线景观

阴山岩刻

阴山岩刻，是人类没有文字之前以磨刻或凿刻的形式留在石头上的图画，是中国七大岩画宝库之一，它以古朴、粗犷、凝练的风格记录了一万年以前，生活在这里的游牧民族先民的狩猎、耕作、放牧、祭祀等活动，反映了这一地区社会发展中人们的社会实践、宗教信仰、心理活动，以及他们生存繁衍的环境变化，让人们得以鲜活地追寻那远古的印记。那悠远的牧歌，是游牧先民们面对苍凉天地的心灵回应。那些远去的呼喊，已无从寻觅它的踪迹。更多流传久远的是，阳光照耀的山岩上，他们留下的字符图画。

巴彦淖尔市境内的阴山岩刻分布点有150多个，共五万余幅，数量居世界之首。磴口县境内的阴山岩刻集中分布在沙金套海苏木辖区内

阴山岩刻

阴山岩刻

的狼山山脉的格尔敖包沟和默勒赫图沟及其支沟，据专家考证共发现有一万余幅。

阴山岩刻的题材十分丰富，从岩刻的内容上看，动物岩刻所占比例较大，有山羊、绵羊、羚羊、鹿、虎、豹、牛、猪、狗等20多种。此外，还有狩猎、车骑、舞蹈、毡帐、祖先神像、日月星辰、数量符号、象形文字等，从各个方

无字史书阴山岩刻

面真实记录了生活在古代的北方匈奴、敕勒、柔然、突厥、鲜卑、蒙古等游牧民族的生产生活历史，并强烈地反映出阴山地区古代居民的美学观念、精神世界，具有重要的科学、历史、学术价值和较高的欣赏价值。

阴山岩刻作为古代北方文化的一颗灿烂明珠，是一部真正的无字史书。它大多凿刻或磨刻于峭壁、沟壑岸边的巨石之上，或突兀而起的黝黑色石丛之中，以成批成群分布为多；以单幅岩刻或规模较大的岩刻组最为常见。岩刻的形成大多是采用坚硬的石料或金属器具，在岩石上打击成麻点，将麻点连接成线，组成栩栩如生的各种画面。岩刻工具有石器、青铜器及铁器。

阴山岩刻创作年代可上溯到一万多年前，从旧石器时代晚期到明清时期可分为10个阶段。北魏地理学家郦道元在《水经注》中记载的“河水又东北，历石崖山西，去北地五百里，山石之上，自然有文，尽若虎马之状，粲然成著，类似图焉，故亦谓之画石山也”，即是阴山岩刻。在现在内蒙古西起阿拉善左旗，经磴口县，东至乌拉特中旗、乌拉特后旗的阴山狼山山脉的万幅岩刻，其数量之多，内容之丰富，年代之久远，可谓叹为观止。

迄今发现保存较好的巨幅岩刻，首推磴口县境内格尔敖包沟中段的一幅，整个画面高约15米、宽约5米，画面内有连续50个以上的个体图案。默勒薄赫图沟附近的浑迪沟内有一幅高1米、宽3.5米的岩刻，刻有一列行进中的驼队，人驸在驼背上，驼队间有骑马者和步行者，似出征式围猎，场面宏大，浩浩荡荡。它既是中华民族宝贵的文化遗产，也是世界岩刻艺术丛中的瑰宝。

2006年5月25日，阴山岩刻作为新石器至青铜时代石刻，被国务院批准列为第六批全国重点文物保护单位。巴彦淖尔市和磴口县启动了阴山岩刻抢救性普查与保护工程，成立了内蒙古岩刻研究院和岩刻与保护研究学会。抽调专家学者与研究人员组成了岩刻普查队，对巴彦淖尔全市境内阴山岩刻进行全面普查。出版了大型图册普及宣传阴山岩刻知识。

在科学保护方面，除了采取设点设卡、网围栏保护等多种手段外，2008年，在磴口县格尔敖包沟岩刻密集区安装了太阳能电子监控系统，这是世界上为野外保护岩刻而设置的视频监控系统。之后，又开始了阴山岩刻野外保护二期工程，与北京建筑工程学院合作编制《阴山岩刻保护规划》，起草《阴

阴山岩刻

山岩刻保护条例》，并与包头博物馆合作，实施阴山岩刻断代工程，申报世界文化遗产。

阴山岩刻申报世界文化遗产无疑对内蒙古民族文化大区建设具有战略性重要意义。申遗工作的推进将给内蒙古自治区、巴彦淖尔市和磴口县及河套文化的发展建设带来积极的影响和贡献。

鸡鹿塞

鸡鹿塞，位于磴口县沙金苏木哈隆格乃山口，是汉代贯通阴山南北的著名军事要塞。据史料记载，汉武帝时期，大将卫青率10万大军北击匈奴，再次夺回河南地，并将秦九原郡一分为二，西北设立朔方郡，东部设立五原郡，朔方郡下设10个县，派兵驻守，迁移十万余人，进行农垦，并修筑鸡鹿塞，高阙塞等要塞，防备匈奴人南下。

鸡鹿塞北依汉长城，崇山峻岭，巍峨壮观，整座石城有“一夫当关万夫莫开”的气势。南面是辽阔坦荡、沃野千里的肥沃土地；北面是一望无际的漠北草原；东面是河水潺潺的黄河河道；西南不远处曾是拥有宽阔水面的屠申泽。鸡鹿塞居高临下，紧紧锁住了哈隆格乃峡谷的南出口。

鸡鹿塞这座军事要塞，呈正方形，由天然花岗岩、砂、石块堆砌而成，每边长68.5米，占地4692.25平方米，墙高约8米，城四角各有加固工事，因此非常坚固，至今保存完好。

汉代，鸡鹿塞之北的西北大漠，是人数众多、军力强大的游牧

鸡鹿塞

民族——匈奴；鸡鹿塞以南，是中原王朝的政治势力范围；而鸡鹿塞周边的河南地一带，经常是中原民族和匈奴人进行战争的区域。在这个大的战略格局下，哈隆格乃山口无疑承担了交通要道和军事战略锁关的重要作用。因此，从这个角度来说，是哈隆格乃峡谷成就了一个

鸡鹿塞全景

鸡鹿塞

闻名于世的鸡鹿塞，而鸡鹿塞也使这个边关通道的哈隆格乃山口名扬天下。

从汉高祖刘邦的“白登之围”到开“汉匈和亲”之先河，在两汉的历史上，汉匈的往来关系一直沿着文武交替的轨道前进，其中“和亲之路”无疑是最具色彩的外交方式，也是能够取得长期稳定、和谐双存的最佳途径。

汉宣帝时，匈奴呼韩邪单于归附汉朝，边塞烽火熄灭，汉与匈奴的战争状态宣告结束。

前51年，呼韩邪单于朝汉，受

鸡鹿塞女郎故居

到汉朝热烈欢迎。呼韩邪北归，汉朝遂派高昌侯董忠等率领军队护送出朔方郡鸡鹿塞，并留下军队驻守，护卫呼韩邪，协助其征讨不服从者。

前33年，呼韩邪单于又朝汉，受到汉元帝隆重的款待，并厚给赏赐。呼韩邪自愿请求和亲，元帝以王昭君赐予单于为宁胡阏氏，成就汉匈和亲的一段历史佳话。当呼韩邪与王昭君由鸡鹿塞出塞北归时，汉朝赠送了当地生产粮食约100万公斤。呼韩邪单于的归汉，直至西汉末年的数十年间，北方边境再无战火蔓延。

东汉时期，窦宪派遣左谷蠡王师子等率8000骑兵，经鸡鹿塞进入漠北，中郎将耿谭遣兵保护，夜袭北单于，北单于大败。这又一次说明鸡鹿塞是阴山以南进入蒙古高原的一条捷径，是历史上著名的军事要塞。

阿贵庙

阿贵庙是我国西北地区最大的红教喇嘛庙宇，位于磴口县沙金套海苏木境内的阴山山脉二狼山西端的阿贵沟内。阿贵庙始建于1798年，占地1000亩。阿贵即山洞，因此处奇洞攀岩，如人间仙境，故得名阿贵庙。据载早在774年莲花生就在此开始了传教活动。

阿贵庙是著名的山林庙宇，是按山形布局的古刹群。正中是八十一间的大雄宝殿，主供释迦牟尼，上有清朝理藩院赐予的由满、蒙、藏、汉四种文字制作的“宗乘寺”大匾，左右

阿贵庙 摄影 / 乌云达来

则为陪殿建筑，雕梁画栋，神像塑造醒目，尤以浮雕龙最为逼真，龙体盘旋飞腾，造型优美壮观。整座庙宇雄伟壮丽，结构紧凑，为典型的藏式建筑，每逢农历七月初十、九月二十五庙会之日，各地香客游人纷至沓来，饱览圣地风光。

在大殿周围的悬崖峭壁上，有五个奇特的天然岩洞：莲花生洞、上乐金刚洞、护法神洞、仙女洞和洪羊洞，它们具有一奇、二幽、三高、四险的特征。从大殿往东攀登石阶而上，便是“莲花生洞”，莲花生洞实指阿贵庙。

上乐金刚洞供奉上乐金刚，是藏传佛教密宗本尊神。上乐金刚像为双尊，置莲花座上。上乐金刚有四张脸，每张脸有三目，生十二臂，主臂拥抱明妃金刚亥母，余臂持法器，双足踏人。

仙女洞供奉白救度佛母和绿救度佛母塑像，是藏传佛教女神，是观音化身的救苦救难本尊佛。她们是松赞干布的两位夫人——尼泊尔公主和唐朝文成公主，白度母是尼泊尔公主，绿度母是文成公主，度母以颜色区分，以白、绿度母最为常见。此外洞内还供有21个仙女塑像。

护法神洞里主神为护法神，即迦蓝神，是佛教寺院守护神的统称，共有18位神。

洪羊洞，高山洞穴，洞深莫测。顺大沟下行500米左右的东山腰间，有条崎岖的盘山小道，从小道盘旋而上，行约400米处，在陡峭的壁间有一山洞，便是洪羊洞，即迦楼罗天神的供奉处。据说这里是杨业存尸、孟良盗骨的地方。在洪羊洞周围，还有达日盖洞、加日格素洞、双布格日洞、老本亲洞。这五个洞尤以洪羊洞最负盛名。究其原因，大概与传说中的杨家将或后人所著的《杨家将演义》有着密切的关系。

朔方郡及汉代古城遗址

朔方郡是汉代的北方边郡之一，据《汉书》记载，前127年，汉武帝派遣卫青、李息率兵出击匈奴，收复了河套地区，并在阴山以南的河谷地带设置了朔方郡和五原郡。第二年又派遣校尉苏建率领10万人兴筑南麓的长城和朔方郡所辖县城。朔方郡位于汉朝国都长安城的正北方，因此取《诗经》中“城彼朔方”之意，命名为朔方郡。

朔方郡辖领有三封、窳浑、临戎等十个县，其中三封、临戎在磴口县境内。据考证，三封和临戎曾先后作为朔方郡所在地。朔方郡位于黄河的西北部，当时黄河流经临戎县城北，分为南北两支，南河是

临戎古城遗址

三封古城遗址

窳浑古城遗址

文物

现在的河道，北河是当时的主河道（今乌加河河道）。朔方郡的辉煌历史沿袭260余年，到王莽篡汉以后，战乱不断，大量人口内迁，朔方郡开始进入衰退时期。

磴口县境内有三座汉代古城遗

文物

址，即位于沙金套海苏木西南3公里的窳浑县城，原哈腾套海苏木南6公里的三封县城，补隆淖镇西南3.5公里的临戎县城。这是朔方郡所辖最西端的三个县城。如今，三座古城都已被沙土湮没，沦为废墟，但亲临这些距今两千多年的古代城池，俯拾遍布四野的断瓦残砾，依然会深切感受到当时浓浓的古代农耕文化气息。

梦幻峡谷

在磴口县和阿拉善左旗交界处的狼山山脉西南处，有一处风雨剥蚀，洪水冲刷，而今依然沧桑壮美的峡谷，当地人称作“梦幻峡谷”。峡谷融雅丹地貌与丹霞地貌为一体，记录百万年来地貌的变迁及地质变化的演化过程。该峡谷由深红色的砂石构成，全长5公里，在蓝天白云的衬托下，构成一条美丽的走廊，神秘如幻，奇崖层叠，灿若丹霞，气势恢宏。置身其间，峰回路转，一步一景，仿佛步入梦幻世界。

沿着河谷向纵深行进，峡谷忽宽忽窄，忽高忽矮，窄处只能容一车通过，矮处只能躬身前行，头顶上是红色的悬崖，脚底下是红色的砂砾，嵯嵯峨峨，曲曲弯弯，如梦如幻，深不可测。从峡谷中透过一线天向上望去，尚见奇异的山崖幻化出各种奇特的造型，有宝塔，有罗汉，有盘羊，有飞鹰，任你张开想象的翅膀尽情翱翔，其情其

梦幻峡谷

景，可谓五彩斑斓，别具特色。景观以其大美、大气独特的风采，向世人展示了它的神奇。峡谷中还有一缕涓涓的小溪，清澈透明，汩汩流淌，给这神秘的峡谷平添几许婀娜，几许神韵，有曲径通幽之感。

人根峰

在磴口县沙金苏木与阿拉善左旗交界处的阴山山脉查素沟内，有一巨大石柱巍然耸立，直指苍天。该石柱呈红褐色，高34.14米，底部直径8米，需10人才可合围，形状酷似男性生殖器，它形成于7500万年前，当地人称之为“神根”或“人根峰”。而据此不远的狼山西南的崖下，有一个形状奇异的山洞，约十米高，呈正立的长椭圆形，洞内次第分布有几层红色的洞壁，中间有一眼泉水，其形状酷似女性生殖器，当地人称之为“母门洞”或“神女穴”。

人根峰和神女穴都是大自然的造化，这男女两性标志物的造型，竟然相距甚近，遥相呼应。因为它的奇巧，当地有关它的传说甚多。相传，伏羲和女娲在此处造人后，便把他们的生殖器留了下来，以期此处千秋万世，人丁兴旺。后来北

梦幻峡谷

方的远古先民便把人口繁衍看作是最庄严、最神圣的事情，从而使古代生殖崇拜文化显现出夺目的光彩。如今，天南海北的求子男女不畏旅途遥远，纷纷前来对圣物顶礼膜拜，虔诚的祈求上苍能赐予子嗣，承继香火，人根峰也成为磴口县境内的著名景观。人根峰的奇特引来众多文人墨客的竞相赋诗，其中一首抄录如下："一柱擎天号人根，百丈伟哉刺青天。古寺百年盛香火，土著千里朝其间。众女跪求天赐子，群男默祷挺且坚。人类繁衍千百亿，赖此一柱得绵延。"

乌兰敖包

乌兰敖包坐落在磴口县沙金苏木巴音乌拉嘎查阴山山脉狼山段苏木图沟隘口的土地上。

敖包的蒙古语意为"堆子"，多用石头人工堆砌。祭祀敖包是蒙古族流传的文化习俗。起初，人们在辽阔的草原上垒敖包是作为道路和境界标志，后来逐步演变为祭天、祭地、祭神灵和祈福丰收、幸福、平安的活动。敖包多以人名或地名来命名。相传，一代天骄成吉思汗的部属中有位著名的女将军叫乌兰哈腾，传说是天神查干达力克转世。女将军足智多谋，英勇善战，娴熟成吉思汗用兵之道，惯用详探敌情、分割包围、远程奇袭、运动中歼灭等战略战术，多次战役均取得重大胜利，为成吉思汗的子孙建立强大的元朝立下显赫战功。1226年，率部征讨西夏，不幸战死疆场。为了纪念这位蒙古族女英雄，成吉思汗将乌兰哈腾的遗体运回蒙古本部，葬于阴山南麓。按照蒙古族习俗，在墓地上装藏诵经，堆垒敖包，以示悼祭缅怀，乌兰敖包由此得名。乌兰敖包祭祀活动始于元代，盛于清代，每年农历五月十三按照习俗为传统祭祀节日，祭祀活动旨在祈求风调雨顺、人丁兴旺、草原安定、六畜成群、万事吉祥。

乌兰敖包 摄影 / 邢皓摄

清朝光绪年间，在朝廷主持下，经阿拉善旗、乌拉特旗、杭锦旗三旗协商，将“乌兰敖包”勘定为三旗界包。

2009年春，磴口县将乌兰敖包重新修复，修复后的乌兰敖包共有69座，中间的主敖包三阶构筑，直径33米，高13.9米，四周建有环拱小敖包。乌兰敖包镇坐阴山台地，俯瞰河朔苍穹，疆域八襟，气宇轩

乌兰敖包 摄影 / 邢皓摄

昂，为志士仁人抒怀山川胜地，芸芸众生祈拜“三和”福坛。其座地之高阔、造型之圆实、规模之浩大、气势之恢宏，堪称“天下第一敖包”。

哈腾套海国家级自然保护区

哈腾套海国家级自然保护区，位于乌兰布和沙漠东北边缘。

1995年建立，2005年7月批准设立国家级自然保护区，主要保护对象是荒漠植被生态系统和珍稀濒危野生动植物及其生存环境。

哈腾套海国家级自然保护区境内地形地貌复杂，地貌可分为山地、沙漠、平原、河流四个类型。其中，北及偏北是高耸巍峨的狼山山脉，为土石山区，面积145.3万亩，占磴口县总面积的23.2%；西部是广袤的乌兰布和大沙漠，地表为沙丘和沙生植物；南面是奔腾咆哮的古老黄河。整个地形除山区外呈现东南高、西北低，东南逐步向西北倾斜之势，从东南总干渠引水闸到西北乌兰布和沙区，坡降23米。境内海拔最高2046米，最低1030米。

哈腾套海国家级自然保护区深处内陆，属中温带大陆性季风气候，其特征是冬寒漫长，春秋短暂，夏季炎热，降水量少，气候干燥，风沙多，光照充足，温差大，无霜期短。年平均气温为7.6℃，年均日照时数为3209.5小时，植物生长期为5～9月份，光含有效辐射40.19千卡/平方厘米，植物生长期积温约为3100℃，是中国光能资源最丰富的地区之一；生长期昼夜温差14.5℃，4～9月份日温差14～22℃。历年平均降水量142.7毫米，平均蒸发量2381毫米，干燥度4.08K；年平均无霜期136～144天，年平均风速3米/秒，常年风向西南。这种特殊的气候条件，是由于复杂的地形地貌和地理条件形成的。

哈腾套海国家级自然保护区由山地、沙漠、平原湿地组成，山地总面积约为65700公顷，沙漠总面积为29910公顷，平原湿地总面积为27990公顷，保护区内核心区面积为51610公顷，缓冲区面积为32180公顷，实验区面积为39810公顷。

濒危保护植物总面积15500公顷。其中国家二级濒危保护植物有沙冬青、绵刺、肉苁蓉，面积约10200公顷，盖度在30%以上的面积为10000公顷；国家三级濒危保护植物有梭梭、蒙古扁桃、胡杨，面积5300公顷，盖度在30%以上的面积为4500公顷。树种有乔木22种，灌木29种，其中沙生灌木25种。上述树种中，有用材林树种16种，防护林树种8种，固沙林树种10种。主要有红柳、河柳、胡杨、梭梭、柠条、沙冬青、山榆、蒙古扁桃、沙篙、白刺等。共有野生植物350种。被列为内蒙古自治区一级珍稀濒危保护植物的有梭梭、胡杨、肉苁蓉、沙冬青。被列为内蒙古自治区二级珍稀濒危保护植物的有甘草、文冠果。野生经济植物主要有甘草、肉苁蓉、锁阳、发菜及蒙古扁桃。其中饲用植物有：沙打旺、梭梭、花棒、沙棘等；药用植物有：甘草、锁阳、肉苁蓉、沙棘；食用酿造用植物有：沙棘、沙枣、白刺；油用植物有：沙棘、文冠果、沙枣；芳香植物有：沙棘、沙枣、艾；染料植物有：沙棘；观赏植物有：沙冬青。此外，还有国家重点保护植物沙芦草。

哈腾套海国家级自然保护区动物资源很丰富，有陆地野生动物96种，其中兽类27种，鸟类有62种，两栖爬行类7种。国家重点保护野生动物22种，其中国家一级保护动物有黑鹳、北山羊、大鸨等6种，国家二级保护动物有天鹅、岩羊、鹰类等16种。

哈腾套海国家级自然保护区地理位置特殊，动植物物种多样，生态系统脆弱，是开展科研、定位监测、普及推广科学技术，提高环境保护意识的良好场所，是天然的教学“大课堂”、“科研实验场”。对研究荒漠生态系统演变规律、荒漠动植物生存和生长规律具有重要意义。

哈腾套海自然保护区

文化基地景观

磴口县博物馆

磴口县博物馆位于磴口县党政机关大楼东侧，2008年落成并对外开放。到目前为止，已接待游客10万人次。

磴口县博物馆以收集、整理标本、实物为中心，展示了从古至今磴口县人文历史与现代风貌。展馆实用面积2000平方米，分设多个展厅。

历史文化展厅

这个展厅最为重要的内容首推阴山岩画。

磴口县境内的阴山岩画约有数千幅之多。题材丰富，有20多种图案，真实地记录了在此生活的古代北方匈奴、敕勒、柔然、突厥、鲜卑、蒙古等游牧民族的生产和生活的历史。阴山岩画凭借其古朴、粗犷、凝练而又丰富独特的文化内涵，“堪称想象宏丽、言情浓烈、造型生动简朴、意境深邃的无声史诗”。

磴口，自古以来，就是兵家必争之地，中原王朝与边夷少数民族在这里屡屡争锋。农耕文化与游牧文化交替演绎，构成一幅历史长卷。早在战国时期，赵武灵王胡服骑射，北破林胡、楼烦，筑长城，修关塞，当时此地已成为赵国、秦国和匈奴三大强势军事集团瞩目的焦点。到秦汉时期，河南地、漠北战争更是此起彼伏。

千里阴山，东西横卧，仍然阻挡不住由大漠深处飞跃而来的马背民族。于是乎，那一棱一棱的土墙、烽燧、古城、古墓群成为2000多年前的秦汉古迹遗址。

磴口县博物馆

汉代古长城：在磴口县境内阴山西端的布都毛德沟口内1公里处，有一段保存较好的石砌长城，长千余米，残高4米以上，它始筑于秦朝，重修于汉代，比东起山海关、西至嘉峪关的明长城兴建年代还要早1500年以上，可谓是真正的古长城。长城以北的山峰上，有3座烽燧，用岩石和黏土组合，用草绳编织连接而成，虽经两千余年风雨剥蚀，残高仍有3米之多。

汉代著名关塞：鸡鹿塞，位于磴口县沙金套海苏木哈日格乃山口西的台地上，是贯通阴山南北的主要交通要塞。该要塞始建于汉武帝时期，是我国古代最早的瓮城之一。鸡鹿塞据险而筑，跨山布局，扼守通衢，临咽喉之地，镇边塞要隘，自古为兵家必争之地。统观整座石城，大有“一夫当关，万夫莫开”的气势。

朔方郡：朔方郡设置于西汉武帝时期，是汉代的北方边郡之一。朔方郡正位于汉王朝国都长安城的正北方，因此取《诗经》中“城彼朔方”之意，命名为“朔方郡”。朔方郡辖领三封、朔方、修都、临河、呼道、窳浑、渠搜、沃野、广牧、临戎十县，其中三封、窳浑、临戎在磴口县境内。据考证，临戎和三封城先后为朔方郡治所在地。朔方郡的辉煌历史曾沿袭了260余年，到两晋南北朝时渐次衰落。

古城遗址：磴口县境内有三座汉代古城遗址，即位于沙金套海苏木西南3公里处的窳浑县城、原哈腾套海苏木南6公里处的三封县城和补隆淖镇西南3.5公里处的临戎县城。这是朔方郡所辖最西端的三个县城。如今，虽然三座古城都已半被沙湮，沦为废墟，但亲临这些距今两千多年的古代城池，俯拾遍布四野的断瓦残砾，依然会深切地感受到这里盈满时空的浓浓的古代文化气息。

古墓群：磴口县境内有大量汉代古墓群，规模较大的有3处。窳浑古墓群位于沙金套海苏木西南1～5公里处，已经暴露的墓葬近千座。临戎古墓群位于补隆淖镇河拐子村西，墓群分布在临戎古城南及西南面，一般距地表埋深0.5～1米。三封古墓群分布在哈腾套海苏木南约5公里处的三封古城四周，这里的墓葬形式多见双人墓葬，也有双人单室的。2006年，三座汉代古城遗址及周边上千座古墓群，被国务院列为国家级重点文物保护单位。

民族与宗教展厅

从秦汉时期就不断有汉族移民来到磴口地区开垦土地，这里又是古代少数民族的游牧地，历史上即形成多民族聚居的现象。后来，由于受西方宗教文化的影响，这里宗教信仰俱全，有佛教(藏传佛教、汉佛教)、天主教、伊斯兰教、基督教和道教等，旧时的三盛公曾被称为“天主国”。实物陈列：蒙古族古代服饰、生产、生活用品、家具、骑乘鞍具等；回族阿訇服饰；圣经、古兰经、宗教供品等。

佛教：磴口地区的佛教以蒙古族所信奉的藏传佛教(俗称喇嘛教)为主。自1698年传入，至清代达到极盛时期，当时清廷利用喇嘛教来制约蒙古族人民，给予喇嘛教以种种优厚待遇，很多蒙古人以当喇嘛为荣，因而使喇嘛教迅速传播，各式庙宇遍布各地，仅磴口县境内就曾建有阿贵庙、儿驼庙、沟心庙、麻尼图庙、苏希日格庙等喇嘛庙宇，其中阿贵庙当时为阿拉善八大寺庙之一，最盛时期有大殿和陪殿981间，有喇嘛400多人，它又是内蒙古自治区红教派喇嘛活动的唯一场所，现已被内蒙古自治区列为12个重点寺庙之一。

天主教：1875年，由比利时传教士德玉明将天主教传入磴口地区，到1879年，教民已发展到千余人，并形成7个教民村庄。1890年，教会开始筹建三盛公天主教堂，历时3年建成，成为当时河套地区最宏伟的建筑。1893年，三盛公教堂被定为西南蒙古教区主教府，管辖着绥远西部各县、陕北地区以及伊克昭盟、乌兰察布盟等4个地区，有教徒达4万余众，而且下设天兴泉堂、旧地堂、补隆淖堂、渡口堂、圣母堂、东堂等分堂。从1875年至新中国成立初期，各教堂曾居住过比利时籍、荷兰籍等外国神职人员74人，国内神职人员30多人。

伊斯兰教：伊斯兰教于1674年随着回族人口的迁入而传入磴口地区，是回族的全民教。1926年磴口建县划归宁夏省管辖之后，从宁夏等地迁来的回族人数剧增，并在补隆淖、粮台形成了多处聚居点。随着回族人数的不断增加，伊斯兰教的组织活动也逐步发展。现在，磴口地区在回族聚居区建有大小礼拜寺十余处，规模较大的是座落在巴彦高勒镇西北郊的三盛公清真北大寺，属典型的阿拉伯建筑风格。每到周五的主麻日以及伊斯兰古尔邦节和开斋节这两大节日，四面八方的穆斯林群众会聚于此，沐浴、礼拜和诵经。

基督教：基督教于1894年后传入磴口地区，解放前夕只有渡口、补隆淖等3个活动聚会处，尚有银川、平罗一带的基督教徒来此布道，传教对象以当地汉族为主。座落在巴彦高勒镇西北端的唯一一座基督教堂始建于1985年，占地面积4亩左右，教堂主建筑260平方米，可容纳500余名教徒活动。每当一年一度的“复活节”“感恩节”和“圣诞节”等大型教务活动时，磴口县各地的教徒齐聚于此，唱诗布道。该教堂于2005年5月被巴彦淖尔市评为“文明宗教场所”。

历史人物展厅

蒙恬：据《史记·始皇本纪》记载(译文)，32年，秦始皇命令将军蒙恬发动30万大军到北方攻击胡人，取下黄河以南一大块土地。33年，又在北方驱逐匈奴……命令蒙恬渡过黄河，攻取高阙、陶山(今狼山)、北假中(包括部分河套地区)，修建烽火台及小城来追赶戎人，迁徙罪犯驻守先前占领的34县。

卫青：《汉书·武帝纪》记载，“元朔二年，匈奴入上谷、渔阳，杀略吏民千余人。汉武帝遣将军卫青、李息出云中，至高阙，遂西至符离，获首虏千极。收河南地，置朔方五原郡。”卫青大将军屯兵扼守鸡鹿塞，并依其为依托，纵横驰骋，安定边事，使这里出现了“数世不见野火之警，人民炽盛，牛马布野”的太平景象和“将军塞外游，杏花满枝头”的繁华盛世。

汉武帝：据《汉书·武帝纪》记载，元封元年（前110年）11月，汉武帝刘彻召集12部将，调集18万人马，巡视朔方，威震匈奴。大军沿秦直道北上，经过上郡、西河郡、五原郡，出长城，北登单于台，至朔方，临北河。匈奴未敢出兵交战，汉武帝等了数日，因怕误了封禅时间，便决定收兵回京。返回时路经黄帝陵拜祭，这就是后来人们所说的“18万大军祭黄陵”。

王昭君：据《汉书·匈奴传》记载，“竟宁元年（前33年），呼韩邪单于再次赴长安与汉朝修好，受到汉元帝的隆重款待，并厚给赏赐。呼韩邪单于自愿请求和亲，汉元帝赐王昭君予单于为“宁胡阏氏（匈奴语妻之意，即王后）”，匈奴与汉和亲成为历史上的佳话。又相传，王昭君出塞时路经鸡鹿塞，曾下榻于此，如今，鸡鹿塞城下还遗存着王昭君的下马石和她临石而卧、南顾长安的思乡石。

杨业：相传，宋朝杨令公(杨业)抗辽失利，被困二狼山，殉国李陵碑，存尸洪羊洞。在洪羊洞东南方向的山上有一块巨大的石碑——李陵碑，宋代杨业就是在这里抗击辽兵失利时，头撞石碑壮烈殉国，存尸骨于洪羊洞内。后有大将孟良前往盗骨，焦赞火烧二狼山退敌等凄美传说。

康熙：据记载，康熙三十六年（1697年）闰3月15日，清朝康熙皇帝爱新觉罗·玄烨领兵3万西征噶尔丹，返回时水陆并行，由宁夏横城乘舟沿黄河水路顺流而下，行程千里，于21日到虎滩河朔(今托克托县)。途经磴口时曾短暂停留，并射猎一物（盘羊）分给属下食用，遂写下一首《塞上行》的诗，记载了沿途黄河岸边的景象和内心感受。

冯玉祥（1882年11月6日～1948年9月1日）：民国时期爱国名将，其家谱名基善，表字焕章，安徽巢县人，生于直隶省保定府（今河北省保定市）。他家庭贫穷，淮军士兵出身。当过哨长、队官、管带、营长、旅长、师长等职。1921年进入陕西，后接任陕西督军，其军队被称为“西北军”。

冯玉祥以治军严、善练兵著称。他注重爱国爱民精神教育；强调纪律，赏罚严明，关心爱护士兵，要求官长与士卒共甘苦。严格训练部队，尤重近战、夜战训练和恶劣气象条件下的艰苦耐劳锻炼。编著《军人精神书》《战阵一补》等书作为教材，并经常给士兵讲课示范。因其信仰基督教，又被称为“民主将军”“布衣将军”“基督将军”。他曾发动“北京政变”，驱逐溥仪出宫；举行五原誓师、出潼关北伐；组织察哈尔抗日同盟军，抗击日寇。与蒋介石集团多次发生冲突和矛盾。新中国成立前，应中国共产党邀请自美回国乘船途经黑海时，因轮船失火于1948年8月22日遇难，葬于泰山西侧。

马鸿逵：回族，1892年生于甘肃河州。早年曾加入同盟会，后来成为冯玉祥的部属。1920年马福祥就任绥远都统，任其子马鸿逵为旅长，常驻磴口县以资策应。1925年马鸿逵任陆军第七师师长，从绥远、包头、五原移驻磴口，后驻防宁夏。1933年升任宁夏省主席等职。1949年9月底弃银川赴重庆追随国民政府，10月13日离开重庆到台湾。1950年10月逃往美国，1970年在洛杉矶去世。

达理扎雅（1904～1968年）：又名达锐苏，蒙古族，阿拉善左旗人。他出生在阿拉善，在北京度过青少年时期并接受了正统教育。1923年和清朝末代皇帝溥仪的堂妹金云诚结婚。1932年，承袭了旗札萨克爵位，成为阿拉善旗第十代王爷。他曾任国民党宁夏省政府委员、阿拉善旗区防司令部司令。1949年8月，他帮助德穆楚克栋鲁普在阿拉善旗建立了“蒙古自治政府”，并担任该政府副主席。1949年11月，他同白海风等人联名发出西蒙自治政府的起义通电，使阿拉善旗获得了和平解放。解放后他曾任阿拉善旗人民政府主席，西北军政委员会委员、民委副主任，宁夏省人民政府副主席，巴彦淖尔盟盟长，内蒙古自治区人民委员会副主席，是第一届至第三届全国人大代表。

“总干、治沙”精神主题展厅

展览诉说了艰难岁月里英雄前辈创业守家的赤诚情怀，滔滔黄河欢奏出新的征程，河套儿女赶超崛起的时代强音，也谱写了一曲磴口县人民勇于进取，甘于奉献，全民创业的凯歌。这一历史壮举中形成的“总干、治沙”精神是磴口人弥足珍贵的精神财富，本展厅主要以珍贵的历史图片和实物为主，追忆那段气吞山河、改天换地的红色光辉创业史。

旅游展厅

磴口县早在石器时代就有人类活动，秦汉时期是屯垦戍边的军事要冲，随着黄河在磴口县境内几易其道，大自然的鬼斧神工和人类生存遗迹，为我们留下了高耸入云的阴山、奔腾咆哮的黄河、碧波万丈的绿洲，星罗棋布的湖泊，浩瀚如烟沙漠，闻名于世的阴山岩刻等等。

磴口县现辖四镇一苏木，五个国营农场。以汉族为主、兼有蒙古族、回族、满族、苗族、壮族、维吾尔族等十六个少数民族。磴口县土地肥沃、物产丰富，素有“塞外粮仓”之美誉。党和国家领导人邓小平、彭真、乌兰夫、江泽民、胡锦涛、温家宝、乔石等先后来此考察。

兵团知青岁月回顾展厅

展厅以兵团战士的照片、实物和当时他们使用过的生产工具和生活用品、书籍、证明、电视剧本等为主。反映了当时英雄的时代先贤付出的艰辛努力，战士们艰苦创业、勇于拼搏的精神，谱写了一曲开疆拓土保卫祖国的英雄赞歌。

票证展厅

票证是商品匮乏的计划经济时代证明，是人们用来采购吃、穿、用等生活必需品的供应凭证，五花八门、种类繁多，体现了当时的吃、穿和日常生活用品的短缺。粮票、布票、油票、棉花票、肉票、肥皂票、板凳票、灯泡票、脚盆票、手表票、自行车票、缝纫机等票证，当时人们把这些视为命根子。这些活跃了30多年的票证终于退出了历史舞台。但却给我们留下了一段永恒的记忆。本展厅收集了全国各地粮票7万枚，布票6万枚，各种纸币1500枚，各种证件500个，各种票证1万枚。

纵述千年史，横记百业事。

磴口博物馆是全面了解和认识

磴口历史的窗口，也是爱国主义及传统教育的珍贵教材。晓明史实，经世致用；通古类今，可承前启后，继往开来。让我们在磴口这块丰腴的土地上，去创造前无古人的业绩，谱写更加辉煌的明天!

冯玉祥西北军粮仓博物馆

冯玉祥西北军粮仓博物馆位于磴口县城西南3公里处。2014年9月24日被确定为“内蒙古自治区文物保护单位”，2015年修复完成，向社会免费开放，供游客参观，并成为中小学生的爱国主义教育基地和磴口县文化旅游新亮点。

磴口西北军粮仓曾被用作粮台、兵站、粮仓、粮库，经历了100多年的时代巨变与风雨洗礼，在不同历史时期均发挥了其应有的作用。

沿着这样的历史走向，清代左宗棠收复新疆，在磴口设置粮台的画面呈现在游人面前。1875年5月，左宗棠被任命为钦差大臣，督办新疆军务。鉴于新疆远离内地，交通不便，战前要筹集军粮、整顿军务，完成收复新疆的作战准备。磴口扼黄河咽喉，阴山与贺兰山80公里缺口，磴口县成为与粮仓有关的河套平原与宁夏平原军粮运输的必经之路。左宗棠在磴口设置粮台转运粮食，为确保收复新疆起到了相

冯玉祥西北军粮仓

当重要的作用。

主展厅展示的是1926年冯玉祥将军五原誓师后，在西进援甘平陕时，派修路勘察部队修路搭桥，以便大军顺利西进。确定的进军路线经过磴口时，冯玉祥根据实际情况，向南京国民政府报告，申请设县。1929年1月获准批复，县政府设在三盛公。

当时三盛公是磴口县最富裕的地方，所以冯玉祥将军在磴口县设军粮仓，为大军运粮，运输的粮食主要是小麦和糜子。冯玉祥将军驻足磴口，高屋建瓴，从国家大局出发，建立县治，加强兵站粮仓建设，不仅保证了西北军参加北伐的需求，同时反映了他严于治军、关心国家和地区发展的爱国情怀。

新中国成立后，该粮仓又为国家粮食储运保障民生做出了重要贡献。2014年，磴口县委、县政府在原址上修缮加固，重新布展，简历了冯玉祥西北军粮仓博物馆。

该博物馆是内蒙古首个以粮仓为主题的博物馆，是磴口县打造旅游大县的又一具体举措。作为爱国主义教育基地和文化旅游景点，对于内蒙古磴口县开展文化传承、文物研究和开展文化旅游都有着特殊的意义。

三盛公百年天主教堂

三盛公大教堂位于磴口县巴彦

三盛公天主堂

庆典 摄影/李慧

高勒镇西南1.5公里处，是中国西北地区最大的教堂，内蒙古自治区文物保护单位。

天主教传入河套地区有120多年的历史，三盛公是外籍传教士最早落脚的地方。教堂1891年破土动工，1893年落成，至今已有100多年的历史。三盛公大教堂是由当时主教韩默理神父主持建造，设计者为荷兰籍神父广济。所用木料、砖石等建筑材料全部从甘肃、宁夏等地购买，经黄河水运至此。教堂的结构为西洋哥特风格，造型富丽堂皇。建筑高10米，占地面积675平方米。主要建筑为圣堂，布置得庄严肃穆。附属建筑有修道院、修女院以及果树林园等，风格独特，自成一体。教堂内安静整洁，四周墙壁挂满圣像，北侧为教坛，正墙上挂耶稣与十二门徒进餐画像。堂中矗立两排14根红漆高柱，托起堂顶，其间排列凳子供教徒诵经时就坐。圣坛前有一架小型管风琴，与教堂一样古老，是从比利时运来，至今声色依然如常，优雅动听。每逢重大教务活动，不仅本地区的教徒聚集教堂，银川、平罗、定边、包头及巴彦淖尔市各旗县教友都前来参加活动。2015年，磴口县重新修复旧堂，进行加固修缮、内部装修以及环境美化，2016年重新开放参观。随着磴口县旅游产业的发展和繁荣，三盛公天主教堂成为地区三条精品旅游线路之黄河风情旅游文明之星景点，也是宗教旅游、文化旅游和摄影旅游的胜地。

乌兰布和农场兵团文化基地

内蒙古巴彦淖尔市乌兰布和农场前身是原北京军区内蒙古生产建设兵团一师一团，乌兰布和农场兵团文化基地是内蒙古第一个兵团战士文化基地。位于磴口县乌兰布和农场场部，由兵团战士纪念馆、兵团战士雕像、兵团战士石浮雕、原一师一团团部建筑群等几部分组成。

来到乌兰布和农场兵团文化基地，跃入眼帘的是矗立在场部中央的兵团战士雕像。兵团战士雕像建成于2009年，正值内蒙古生产建设兵团成立40周年之际。雕像高4.63米，由汉白玉雕成，是以两位兵团战士为代表形象，他们披着征尘，迎着朝阳，一人身背钢枪，一人手拄铁锹，举目远眺，神情刚毅，深刻再现了兵团战士屯垦戍边、亦兵亦农的真实形象，展现了兵团战士军事训练、保家卫国，开发边疆、建设家园最精彩、最壮丽的人生画卷。

兵团战士石浮雕上方镶刻着一枚红色五角星，代表着兵团战士心怀祖国、保卫边疆的一颗红心，并写有“兵团精神永存”六个大字，它凝结着10万兵团战士用青春和生命铸就的兵团精神永不褪色。石浮雕上端雕刻着一段文字：“永恒的记忆，过去的无法挽留，但那个时代留下的记忆却是永恒的，兵团战士用他们的青春和热血，用他们的忠诚和坚强在内蒙古的大地上矗立了一座不朽的丰碑。”基座上有“兵团战士”四个大字，在阳光照耀下熠熠闪光。浮雕背面是著名书

兵团战士合影

兵团战士回乡

法家书写的碑文：

四十年前，祖国召唤，汇聚于此，来自五湖四海，正值风华正茂，无惧艰苦磨难，未曾怨天尤人，以火热的青春，为建设边疆，保卫边疆贡献一己之力。土地深情见证激情岁月，戈壁茫茫刻画不灭记忆。

内蒙古兵团博物馆

弹指一挥间，虽容颜已改，然始终魂牵梦萦，曾有的激昂与惆怅，豪迈之迷惘，坚韧与困惑已化为奉献不息不渝之精神，绵延于人生轨迹之中。

二00九年六月，沈鹤庭撰文纪念。

兵团战士纪念馆大门外两侧的墙上，书写有“屯垦戍边，保家卫国”八个大字，格外醒目。馆内设有东西两个展厅，西展厅展出的文物由农场收集和兵团战士捐赠。展品包括兵团战士当年学习的毛泽东语录和书籍，纪念章、获奖证书和信件证明，还有他们穿过的棉衣、鞋、劳动工具，用过的乐器，珍贵照片及各类资料等。东展厅展出的文物有当年兵团战士用过的枪架、弹药箱、行军锅等军事器械，还有通讯设备、打字机、放映机、广播设备、医疗器械以及宣传队的演出乐器、自制道具等。这些物品见证了兵团战士艰苦奋斗、屯垦戍边的真实风貌，体现了兵团战士热爱祖国、无私奉献、艰苦创业、开拓进取的兵团精神。

一团博物馆　摄影／邢皓

民俗文化活动

黄河三盛公流凌旅游节

“万里黄河第一闸，流凌奇景甲天下。”春回大地，万物复苏，沉睡了一个冬季的黄河，破冰成汛，挟凌而下，在万里黄河第一闸——三盛公水利枢纽形成一道全国独有的景观。温柔时，星星点点，团团簇簇，水汽蒸腾处是满河盛开的“白莲花”；冷峻时，冰戈铁马，蛟龙蜿蜒，九曲百转间，是磅礴天地的冰雪倾心。

黄河延绵磴口52公里，由于特殊的地理位置，造就了惊世绝艳的黄河流凌奇观。冬季封河时，流淌的河水在一夜之间冻结，翌年春季开河时，大量破裂后的冰块顺流而下，犹如乱云飞渡，蔚为壮观。

为了深入挖掘黄河文化的深刻内涵，充分展示黄河流凌壮观景象，扩大磴口旅游的知名度和影响力，进一步推动旅游业健康发展，从2015年开始，磴口县每年在黄河三盛公段开河之际，举办为期一个月的“磴口县黄河三盛公流凌旅游文体系列活动”，目前已成功举办五届。

磴口县老年大学、磴口县夕阳红艺术团、富源广场快乐舞步团等民间艺术团体，为开幕式奉献精彩绝伦的表演，歌舞齐飞，景美人更

摄影爱好者拍摄流凌

美，为现场点起了火一般的热情，赢得了游客和观众们的如潮掌声。

100余名践行“低碳出游”的骑行爱好者从同心锁广场出发，途经中国“一带一路”沿线最美旅游线路——黄河风情旅游线路，千人徒步大军向黄河流凌进发，欣赏南湖湿地公园、黄河三盛公水利枢纽工程、黄河流凌奇观、森林湿地公园、观光瞭望塔等景点，最终到达奈伦湖泄洪闸。在风景怡人的沿黄公路上快乐骑行，宛如一条长龙在美丽的沿黄河风情旅游线路上蜿蜒游动。紧随其后的是千人徒步观流

流凌

凌大军，一路风景相伴，一路欢歌相随，5.6公里的徒步之旅实在是太短，如此健身、赏景两不误的出行方式正是磴口人的生活常态，也是每一位来到磴口旅游的人最惬意的享受。

2017年黄河流凌旅游文体活动的主题之一为“畅游百湖之乡，彰显文明旅游”。磴口县旅游局数人同磴口县干部职工志愿者，身披磴口旅游宣传绶带，将《文明旅游公约》《磴口县全域旅游自驾指南》《旅游法》宣传页、磴口县景区门票/优惠券等发放到现场观众和游客手中，并通过宣讲磴口旅游，一对一咨询问答，现场旅游推介等互动方式，倡导人们树立“爱旅游，爱生活，文明出行”的理念。

冰雪民俗节

北国边城——磴口县，冬天到来，艳阳高照，空气中飘荡着数九寒冬的冷酷，在这个季节，磴口县冰雪民俗节拉开了序幕。

磴口县金马湖国际垂钓中心以“百湖之乡，冰雪风情”为主题，历时两个月，举办了冬季垂钓大赛、冬捕活动、滑冰赏雪、冰上速滑表演、环湖健步、摄影骑行、幸福秧歌、巧媳妇河套美食赛以及生态采摘、书法家现场送春联等民间民俗表演活动，内容丰富，高潮迭起。磴口县冰雪民俗节将成为磴口县又一丰富旅游项目的金字品牌，让游客在冰雪中感受百湖之乡之魅力，百湖搭台，冰雪唱戏，将成为磴口县旅游的新品牌。

冬钓

金马湖全国垂钓大赛

乌兰布和沙漠“金马湖”杯全国垂钓大赛

磴口县大力推进“旅游强县”战略，打造“百湖之乡·魅力磴口”旅游品牌，2015年开始，在乌兰布和沙漠金马湖国际垂钓中心举办为期三天的乌兰布和沙漠“渔纳多”杯全国垂钓大赛活动。

一年一度的垂钓大赛，填补了巴彦淖尔市和磴口县承办全国性大赛的空白。比赛吸引了来自北京、深圳、湖南、湖北、辽宁、山西、宁夏、青海和内蒙古等地的近千名钓手到此挥竿竞技。

2015年，垂钓大赛争王争霸赛经过激烈角逐，来自纳林东湖的鲶鱼和泓源渔场的草鱼分别以10.9公斤、16.8公斤的重量获得鲶鱼王、草

金马湖木屋

金马湖的秋天

鱼王称号。

2016年，垂钓大赛如约而至，总裁判长一声发令枪响，200余根钓竿齐齐入水。竿起竿落间，让安静的比赛现场愈来愈激烈。钓手们屏息凝神，目不斜视，竿一动，手一拉，一条鲜活的鱼儿跃然上钩。时间一分一秒过去，选手们进入状态，只见原本平静的湖面被纷纷扯出水面的鱼儿打破。经过四场比赛，来自呼和浩特的岳文龙以总分积9分的绝对优势夺得冠军，来自巴彦淖尔市临河区的王磊、磴口县的艾瑞分获第二、三名。

乌兰布和沙漠“金马湖”杯全国垂钓大赛由中国钓鱼协会和磴口县钓鱼协会主办，由磴口县旅游局、磴口县文体局、磴口县隆盛合镇政府协办，以“旅游+文化+健身”理念深度融合旅游与文体发展，推动全民健身活动向纵深发展，丰富全民建设和文化娱乐活动，今后磴口县每年将在地处乌兰布和沙漠腹地的金马湖国际垂钓中心举办全国性的垂钓大赛。

阿贵庙庙会

阿贵庙建于1798年，属藏传佛教中的“宁玛派”，是我国西北地区最大的“红教”庙宇，也是内蒙古红教喇嘛唯一的活动场所。每年农历七月初十、九月二十五举办两次大型庙会，一为莲花生回故乡欢送纪念日，一为纪念镇压妖魔日。庙会上鼓乐齐鸣、香火缭绕，念经诵佛之声如歌如潮，拜佛朝圣、旅游观光之人络绎不绝。

名优特产与舌尖上的美味

HUASHUONEIMENGGUdengkouxian

名优特产与舌尖上的美味

MINGYOUTECHANYUSHEJIANSHANGDEMEIWEI

天下黄河，唯富一套。地处河套源头的磴口县，土地肥沃，物产丰富，美味繁多。汉、蒙古、回等民族美食，浓香可口，味美实惠，带来视觉和味觉的享受，别有一番滋味。

名优特产

天下第一瓜——华莱士

华莱士瓜是巴彦淖尔市磴口县集中种植的一种蜜瓜。它以口感甜蜜、香飘四溢、风味独特而深受国内外宾客的青睐，远销香港、澳门和祖国大江南北，每年为当地农民带来可观的经济收入。磴口县为将这一特产推向全国，走向世界，从1993年开始，举办第一届“华莱士节”，已连续举办二十六届“华莱士节”。节庆期间有商贸洽谈，物资交流，旅游观光，文艺演出，成果资源展览，瓜果品尝等系列活

华莱士瓜 摄影/邢皓

动。磴口县1998年被国务院特产办命名为“中国华莱士之乡”称号，“磴口华莱士蜜瓜”这一品牌，已成为内蒙古自治区西部和巴彦淖尔市的知名品牌，被誉为“天下第一瓜”。

磴口县地处乌兰布和沙漠边缘，为黄河冲积平原，土层深厚，土壤肥沃，年日照在3000小时以上，昼夜温差大，虽干旱少雨，但水源丰富，适宜华莱士瓜种植。

磴口县华莱士蜜瓜分为温室大棚、小弓棚和大田种植三种种植模式，成熟期3～4个月。从外形看，椭圆或球形，皮色金黄色或绿色，表面光滑，有细纹。其肉质有军绿、纯白和绿青色，重量0.6～1.5斤不等。华莱士瓜果实鲜艳，皮薄肉厚，软脆适度，具有蜜桃、苹果、荔枝、香蕉、苹果等多种味道，且香气浓郁，香甜爽口。据说1944年美国副总统华莱士访华，从新疆入境兰州，赠送蜜瓜瓜种，在兰州境内培植成功。1956年时任巴彦淖尔盟盟长的达理札雅去兰州开会，带回瓜种交磴口县农民试种，获得成功后经不断提纯复壮，逐渐培育为现在独具特色的磴口县华莱士瓜。2005年11月，向国家工商总局申请注册“磴口华莱士瓜”产地证明商标，2007年10月21日经国家工商总局核准注册，成为产地驰名商标品牌。

每年8月，瓜熟季节，磴口华莱士供不应求，全国各省市商家和客人都到这里选购。华莱士瓜成为磴口县的一大特产。目前，华莱士瓜种植面积不断扩大，价格攀升，农民种植积极性大增，种植面积达5000～8000亩，成为磴口县农民种植户的主要经济作物。所以农民高兴地把它变成了《爬山调》来唱：

黄河的鲤鱼磴口的瓜，
“华莱士”不用自己夸。
九里香来十里翠，
八里路上就闻见“华莱士”的味。
昆仑山点灯明头高，
谁不夸奖“华莱士”好。
兰州起身到北京，
路过巴彦站停一停，
火车停一停不为啥，
亲口尝一尝磴口的瓜。
买一颗瓜送亲人，
再给“华莱士”传传名。
一进车厢扑鼻鼻香，不用问是磴口的“华莱士”走远方。
四方的甜瓜都发黄，
唯有磴口县的“华莱士”独个香。
不是磴口人夸海口，
吃一口“华莱士”半夜梦醒涎水滴滴流不休。
白格生生的山药，黄格生生的瓜，
献给党中央尝一尝它。

沙漠贵族——南瓜

南瓜是磴口县依托龙头企业——内蒙古科发集团，以农业产业化方式引进栽培的专用品种。该产品集药品、食品、营养品于一身，是中国农科院蔬菜花卉研究所通过上百个国内外优质南瓜品种筛选组合，历经7年培育而成的名优品种。它富含瓜氨酸、天门冬氨酸、葫芦巴碱、果胶和多种维生素，特别是所含降糖因子环丙基氨基酸（CTY）和微量元素钴、铬、锌等可调解血糖含量，具有营养、保健、防癌、治疗等多种作用，能有效防治糖尿病和高血脂。目前，科发集团开发的南瓜粥、南瓜酱、南瓜粉等“沙漠贵族”系列产品远销海内外，倍受瞩目。

沙漠人参——肉苁蓉

肉苁蓉是磴口县的名优特产之一。它是一种名贵中草药。据《本草纲目》记载，它兼有食用和药用价值，具有温补肾阳、补气益脾、添精固髓之功效，可促进人体新陈代谢，延缓衰老，养颜美容，延年益寿，是历代处方中使用频率最高的补益药物之一。由于它生长在广阔的乌兰布和沙漠，独特的地理环境和气候条件，使这里生长的肉苁蓉个大、肉厚、味甜，被誉为“沙漠人参”。

苁蓉制品

苁蓉酒

肉苁蓉是寄生在沙生植物梭梭根部的一种植物。在磴口县广袤的沙漠里生长着成片的梭梭林，接种肉苁蓉条件得天独厚。当你走进乌兰布和沙漠，远远看到沙漠中冒出一支支粉红色或紫红色的花，没有叶子，只有美丽的花朵。向下挖去，你就会挖出一条白色似肉的茎，表面密布鳞片，基部粗大，这种神奇的植物就是名贵中药肉苁蓉。

磴口县从2001年开始进行肉苁蓉接种技术研发，至今已有十六年的发展历程。十六年的艰苦探索和技术创新，支撑引领着肉苁蓉产业的发展。目前，30多家区内外企业和民营合作组织投资20多亿元，营

肉苁蓉

域。根据效益测算，10万亩肉苁蓉人工种植，年产量将突破5万吨，按亩产值2000元计算，总产值将达2亿元，成为乌兰布和地区农民增收的一条新途径。

肉苁蓉的更大价值是在产品深加工及其附加值，我国积极开展了对肉苁蓉的研究开发。中国医学科学院测定的结果显示：磴口县所产肉苁蓉毛蕊花糖苷和松果菊苷有效成分总含量为2.8%，是《中国药典》2010版0.3%标准的近十倍，为国内肉苁蓉品质优质产地之一，业界有“苁蓉在沙漠，精品在磴口”一说。业内权威专家认定，磴口为中国最适宜人工肉苁蓉发展的优势地区，发展肉苁蓉产业得天独厚，前景广阔，潜力巨大。近年来，日本、韩国及东南亚地区肉苁蓉的需求量也大幅增加，国际市场前景十分广阔，为此，磴口县制定了2016～2022年发展规划，营造人工梭梭林100万亩，人工接种肉苁蓉30万亩，开发肉苁蓉相关产品30个，实现年产值30亿元的发展目标。

造人工梭梭林50万亩，肉苁蓉接种面积达到6万亩，年产鲜肉苁蓉6000多吨，开发出苁蓉茶、苁蓉酒、苁蓉切片等系列产品16种，产值达到2.6亿元。内蒙古（磴口）王爷地苁蓉生物科技有限公司、内蒙古游牧一族、内蒙古沙金古泉苁蓉酒业有限公司、内蒙古磴口县蘅芝肉苁蓉产业示范基地等龙头骨干企业，成为磴口县富民强县的支柱产业。

国家专题研究乌兰布和沙漠肉苁蓉的专家认定，磴口县是梭梭林嫁接肉苁蓉规范化人工接种最佳区

河套圣果——番茄

番茄是一年生草本植物，一种喜温蔬菜。原产自南美洲，在我国广泛栽培。番茄果实营养丰富，且风味独特。可以生食、煮食、加工番茄酱、汁或整果罐藏。具有止血、降压、利尿、健胃消食、生津止渴、清热解毒、凉血平肝的功效。

番茄制品

磴口县现已引进泰顺兴业公司、内蒙古中粮番茄制品..有限公司、巴彦淖尔磴口县盛丰番茄酱食品厂等数家龙头企业，为发展番茄种植、带动农民致富，奠定了坚定的基础。磴口县优质番茄是经过美国农业专家到当地试种成功后，依托台资企业——泰顺番茄制品公司而发展起来的一大主导产业。磴口县产出的番茄以无污染、果肉厚、着色好以及番茄红素、阿尔法酸和可溶性固体物质含量高而著称。目前，这里生产的番茄酱、番茄汁等系列产品远销海外，倍受赞誉。

目前，磴口县以优质高产的红色产业——番茄企业闻名于国内外。磴口县依托龙头企业，种植番茄2万亩，亩产量5吨左右，年出口番茄酱、番茄丁1.5万吨，创汇520万美元，成为农业增效、农民增收的主导产业。

番茄加工企业

纳林甜瓜

“纳林甜瓜”出产于纳林套海农场。纳林套海农场是农业部农垦局确定的全国农垦20家无公害农产品生产示范基地农场之一，所产蜜瓜2001年被评为内蒙古自治区名牌产品，2002年在国家工商局商标局注册商标——“纳林甜瓜”，获得了国家农业部产品安全质量中心颁发的无公害农产品认证证书。2003年被认定为进京放心瓜，2004年获国家无公害农产品证书，2005年列入国家星火计划项目。产品远销京、津、沪等十几个大中城市。

纳林套海农场位于河套平原与乌兰布和沙漠交接地带，气候干燥、光照充足，昼夜温差大，所产农产品素来以品质优良著称。加之农场地理位置偏远，远离城镇，无工业“三废”污染，发展无公害农产品生产具有得天独厚的优越条件。近年来，农场在全场范围内大力开展无公害农产品示范基地的创建工作。纳林套海农场也先后通过了内蒙古自治区农牧业厅和农业部农产品质量安全中心无公害农产品产地、产品两项认证，并被农业部列为“无公害农产品示范基地农场”。纳林甜瓜以它特有的色泽、瓜型、口感在全国蜜瓜市场上已形成较强的竞争力。

1992～2016年，巴彦淖尔市纳林套海农场发展甜瓜种植已有25年的历史，是内蒙古最早从新疆引进种植哈密瓜的地方。从1992年开始试种到1996年大面积推广至今，农场

纳林甜瓜

在多次派出干部职工和科技人员到新疆鄯善、哈密、昌吉等地区及新疆生产建设兵团102、103团考察、学习、调研的基础上，认为纳林套海农场纬度、年降水量和气候特征与新疆昌吉等地区相似，厚皮甜瓜完全适应在乌兰布和沙区种植。通过二十几年的引进、试验、示范和推广，瓜农在品种搭配、栽培管理及病虫害的防治上，形成了一整套成熟的栽培管理技术，如：开沟起垅、覆膜穴播、整枝整蔓等，这就保证了瓜的商品率保持在90％以上。纳林套海农场所产的甜瓜形好、果肉厚、果腔小、肉质松脆爽口、口感正、皮色亮、网纹细密均匀、耐储耐运，各项指标都可与新疆哈密瓜相媲美，在市场上有很强的竞争力。大果型蜜瓜品种的平均亩产量达2500公斤，商品率在80％以上，平均价格1元／公斤，亩产值可达4000多元。

近年来，贩运甜瓜的客商络绎不绝，纳林甜瓜可以同新疆的哈密瓜相媲美，且价格较低，运输距离短，贩运销售一车瓜在同等情况下，比从新疆买瓜、调运可以多挣七八千元。

多年来，纳林套海农场把纳林甜瓜生产作为农场增效，农工增收的龙头项目加以巩固和发展，不断研究探讨新品种的开发推广，不断改进种植模式的科学性，同时还带动了周边农场和乡镇村社的蜜瓜种植和技术推广工作。农场根据市场需求变化和不同的栽培方式，在每年试验示范的基础上，不断调整更新品种，如选择适应性强、抗病性广、皮色好、麻纹细密均匀、口感好、含糖量在13％～18％、商品率高的蜜瓜品种。前些年纳林甜瓜种植面积较大的品种主要有克奇密宝、甘密宝、新密宝、超密宝、西域5号、郁金香、早金、金皇后、华莱士等。目前纳林套海农场主要种植“塞上明珠”和“西州密”这两种蜜瓜，“塞上明珠”成熟后的果型稍大，单果一般重7～8斤；“西州密”成熟后的果型稍小，单果一般重4～6斤。

2015年，纳林套海农场种植纳林甜瓜3058亩。当年纳林甜瓜长势好于往年，大部分蜜瓜签订了收售协议，以每亩2800～3800元的价钱被各地瓜商抢订，平均亩产值近3300元，比往年提高了400～500元。

2016年，纳林套海农场依托国家4A级旅游景区纳林湖知名度，大力发展纳林甜瓜，充分发挥品牌订单效应，以带动农民致富增收。纳林甜瓜的种植发展到5000亩。收入由原来的每亩1500元提高到

4000～5000元。其中六分场60多户家家种植甜瓜，现在订单最高价格达到每亩4100元，加上套种的美葵，每亩收入可达5000元左右。现在，纳林甜瓜叫响磴口，名扬区外，成为农户增收致富的“金蛋蛋”。

苹果梨

苹果梨于1977年引入磴口栽培，目前为磴口县梨树主要品种。苹果梨为不规则扁圆形，果实大，平均单果重200多克，果皮黄绿，果面光滑，果心特小，肉质细脆，多汁甘甜，集苹果和香梨味道于一身，风味独特，含糖量高，宜储存，深受广大消费者青睐。因其果实个头大，且外形丑怪，故而得名“中华丑梨”。

“中华丑梨”——苹果梨

文冠果

文冠果是我国特有的一种优良木本食用油料树种，原产于我国北方黄土高原地区，集中分布在内蒙古、陕西、山西、河北、甘肃等地，辽宁、吉林、河南等省均有少量分布。在黑龙江省、吉林省和宁夏等地区有较大

乌兰布和文冠果

面积的栽培树林。文冠果适应性强，在草沙地、撂荒地、多石的山区、黄土丘陵和沟壑等处、甚至在崖畔上都能正常生长发育。

文冠果喜阳，耐半阴，对土壤适应性很强，耐瘠薄、耐盐碱，抗寒能力强，-41.4℃能安全越冬；抗旱能力极强，在年降雨量仅150mm的地区也有散生树木，但文冠果不耐涝、怕风，在排水不好的低洼地区、重盐碱地和未固定沙地不宜栽植。

文冠果由磴口县民晟农业开发有限公司引进。文冠果具有较高的工业价值和营养价值，油脂成份在种子和种仁中含量极高。研究结果证明：文冠果种子含油率为30.4%～47%，种仁含油量高达66.39%，油黄色而透明，食用味美，油中所含亚油酸是中药益寿宁的主要成份，具有极好的降血压作用，食用文冠果油可有效预防高血压、高血脂、血管硬化等病症。此外，文冠果种仁除可加工食用油外，还是制作高级润滑油、高级油漆、增塑剂、化妆品的工业原料。文冠果的柴油提取已获成功，陕西、河南、甘肃、北京等国内地区已在积极筹建文冠果油大中型加工厂。

酿酒葡萄

从2011年开始，酿酒葡萄产业在乌兰布和沙漠迅速兴起，实现了产业治沙的又一成功破题，一个紫色奇迹在这茫茫大漠腹地悄然出现，成为继肉苁蓉之后又一个既治沙又致富的生态项目。

乌兰布和沙漠水、土、光、热资源丰富，日照时间长，土壤和气候条件非常适宜葡萄种植，发展酿

帝泰公司酿酒葡萄

酒葡萄产业具有得天独厚的条件。西北农林科技大学葡萄酒学院经过实地调查，反复比对，对乌兰布和沙漠种植酿酒葡萄给出的结论是：

“通过比较和查阅资料，巴彦淖尔地区热量较高、光照充足、昼夜温差较大，是发展酿酒葡萄与葡萄酒产业的最佳生态区之一；其缺陷是土壤贫瘠、冬季寒冷，可通过增施有机肥、使用抗寒砧木及埋土解决。”

磴口县政府组织农技人员先后赴乌海、宁夏、甘肃等地考察酿酒葡萄产业，实地采集土质、水质等样本进行对比、研究、分析，到葡萄酒庄、基地、示范村学习先进经验，引领葡萄产业健康发展。将有酿酒葡萄种植和葡萄酒生产加工经验的大型龙头企业引进来，提供土地、贷款等优惠政策支持，使这些企业留得住、能发展。同时，鼓励企业和当地农牧民抱团发展，以“企业+基地+协会+农户”的产业化经营模式，建立长效利益联动机制，鼓励农牧民以合作社的形式参与葡萄种植和产业发展，在企业发展的同时，有效提高当地农牧民收入。

乌兰布和地区历史上没有种植过酿酒葡萄，从2010年开始，巴彦淖尔市乌兰布和防沙治沙局在这里进行了试种，经过对赤霞珠、霞多丽、佳美、雷司令等几个品种的引进、种植，第二年，少量挂果，酿酒葡萄酸度、糖度适中。在乌兰布和沙漠创造出成功的经验，加上种植技术采取多种形式，形成了适合葡萄的种植与管理新模式。

从2011年开始，乌兰布和防沙治沙局与企业合作，主要在磴口县沙区完成了第一个1000亩酿酒葡萄标准化栽培示范园。同时，通过招商引资，有3家企业与乌兰布和防沙治沙局达成了正式合作意向。到2013年，乌兰布和沙区葡萄种植面积达到1万亩，从事葡萄种植的企业达到10家，生产酿酒葡萄鲜果12吨，灌装葡萄酒6吨，乌兰布和沙区葡萄酒生产首次实现产业化，有了属于自己品牌的第一瓶干红葡萄酒。2014年，乌兰布和沙区从事葡萄种植的企业达到16家，主要分布在穿沙公路、巴哈公路两侧，流转土地面积超过20万亩，按照市政府《加快乌兰布和沙区酿酒葡萄产业发展实施方案》的要求，乌兰布和沙区酿酒葡萄种植面积要达到2万亩，当年完成种植1万亩，但是由于受到穿沙公路两侧水、电等条件的影响，部分企业在完成土地整理后没有进行种植，当年实际种植面积0.35万亩，乌兰布和沙区葡萄种植面积累计达到

1.35万亩。2014年，生产酿酒葡萄鲜果20吨，可灌装葡萄酒10吨，并再次由西北农林科技大学葡萄酒学院完成了第二次的品质测定分析。2015年，乌兰布和沙区葡萄采收300吨，其中：白色品种100吨，红色品种200吨；酿葡萄酒共计100多吨。6家葡萄种植企业完成酒庄建设规划，4家申报了酒庄建设手续，其中漠北金爵酒庄的地下酒窖及生产车间在建设当中；卢堡庄园的地下酒窖与生产车间已经全部完工；祁王酒庄、朔方郡酒庄进入场地平整阶段。通过5年的种植技术推广，乌兰布和有机酿酒葡萄种植产业链条基本形成，尤其是葡萄酒庄建设将会进一步带动乌兰布和沙区有机酿酒葡萄的健康稳步发展。

枸杞

乌兰布和沙漠特有的地质和气候条件为枸杞生长带来了得天独厚的自然优势。目前，磴口县已发展成我国较大的野生及人工种植枸杞生产基地之一。

黑枸杞是枸杞属科多年生灌木，浆果球形，皮薄，皮熟后紫黑色，果实里面含丰富的紫红色素，极易溶于水，属天然的水溶性花色甙黄酮类。

野生黑枸杞味甘、性平，富含蛋白质、脂肪、糖类、游离氨基酸、有机酸、矿物质、微量元素、

枸杞

生物碱、维生素C、B族维生素、钙、镁、铜、锌、锰、铁、铅、镍、镉、钴、铬、钾、钠等各种营养成分，尤其含具有清除自由基、抗氧化功能的天然的花色甙素。其药用、保健价值高于普通红枸杞，被誉为“软黄金”。藏医用于治疗心热病、心脏病，有降低胆固醇、兴奋大脑神经、增强免疫功能、防治癌症、抗衰老、美容养颜等功效。

磴口县的黑枸杞由磴口县民晟农业开发有限公司引进。目前，该公司已投入资金1600万元，平整土地9000亩，建成防护林带7公里，配套机井10眼，种植黑枸杞达1400亩。产品远销韩国、日本、泰国等十几个国家和地区，深受广大国内外客商的青睐。

葵花籽与黑瓜籽

向日葵是磴口县大量种植的经济作物之一。属于菊科向日葵属，别名葵花。为一年生草本植物。向日葵生长迅速，通常种植两个月即可开花，花期长，喜阳光。向日葵对土壤要求较低，在各类土壤均能生长，具有耐碱性、耐旱性、耐涝性等特点。

向日葵的生长期从出苗到种子成熟，一般为85～120天以后，分为幼苗期、现蕾期、开花期和成熟期四个生长期。

葵花籽是向日葵的果实，可供食用和榨油。葵花籽富含不饱和脂肪酸、多种维生素和微量元素，其味道可口、味香，是一种十分受欢迎的大众休闲零食。

黑瓜子，葫芦科植物西瓜品种之一籽瓜的种子，是磴口县的特产，以其个大、皮薄、肉厚、口松、味香、品质优良等特点而著称，为广大消费者所喜爱，是我国

葵花籽

南瓜子

黑瓜子

传统出口商品之一。

黑瓜子，可加工成五香、奶香、咸味、甜味等各种系列瓜子，又是制作糕点的理想辅料，兼备补脑提神作用。它富有蛋白质、脂肪、维生素B、维生素D等营养物质，常食可延年益寿。它的功效有润肺，化痰，利肠，凉血，止血，利尿，并有助于预防动脉硬化，是老少皆宜的大众食品。

有机山药

铁棍山药又名山药、薯蓣，是生长在磴口县乌兰布和沙漠中的“养生佳品”。因其蛋白质含量高，含糖量低，富含多种维生素和微量元素，既可食用又可入药，被当地人誉为“大漠绿参”。铁棍山药生长在一米多深的沙土中，平均每根的重量在两斤左右，从外形上看，其直径很粗，表面光滑，纤毛又长又密，这样的山药品质、口感和营养均属上品。

铁棍山药具有健脾益气的功效，尤其适合在秋冬季节做食补之用，如果适当搭配其他食材，不仅可以使山药的营养翻倍，还能防病治病。把挖出的山药用水清洗削皮，切成1厘米厚的薄片，可以看到山药里面含有丰富的粘液质和淀粉，蒸着吃可以最大限度保留其营养成分，有清肺、补脾的功效。

山药的食疗做法多种多样，不仅可以蒸熟蘸着白糖吃，还可以炒着吃、炖着吃，不仅不会炖烂，而且还会有独特的口感。

有机山药

特色餐饮

古人云，黄河百害，唯富一套。这个套，说的是如今的内蒙古河套地区。磴口县地处河套地区，被誉为塞上江南。磴口县土地肥沃，物产丰富，汉、蒙古、回等16个民族生活在这片土地上。俗话说，一方水土养一方人，磴口县在民俗饮食方面颇具特色，形成了当地饮食的风格。

河套硬四盘

河套特产“硬四盘”是内蒙古河套地区的传统美食，也是磴口县独具风味的佳肴。早在清代就享有盛名。现已成为磴口地区人们重大节日、办事宴和宴请亲朋好友的上等好菜。硬四盘包括扒（猪）条肉、清蒸羊肉、蒸焖酥鸡、肉丸子四道菜。

扒条肉：将带皮五花猪肉放入清水锅内煮到八成熟时捞出，猪皮朝下放入九成熟的油中，炸至红黄色捞出，再次晾凉。把烧好的猪肉切成1厘米厚、10厘米长的肉条，皮朝下码在大碗内，放入调料、上蒸锅蒸熟；再将肉条扣入汤盘内，原汤加湿淀粉勾芡，浇在肉条即成。此菜色泽红亮，肉质软烂，油尽绵香，肥而不腻。

清蒸羊肉：原料为羊肉，经煮、切、加调料上蒸锅蒸熟后，将原汤调好味后浇在清蒸羊肉条上，撒上香菜即成。其特点是肉质鲜嫩，软烂而清香，汤汁清亮。

蒸焖酥鸡：原料为鸡肉，经入味、挂糊后下油锅炸至金黄色。再

河套硬四盘

扒条肉

一品清蒸羊脖

酥鸡

肉丸子

将酥好的鸡块装碗内，放入调料、高汤，上笼蒸烂取出，扣汤盘内。然后，将原汤调味，浇在鸡块上即成。此菜色泽金黄，肉鲜嫩酥烂可口，老少皆宜。

肉丸子：肉馅加调料面、鸡蛋、湿淀粉、高汤拌匀，将拌好的肉馅用手挤成小丸子，下油锅炸，见丸子炸熟呈金黄色捞出，放入碗内，加调料，再上笼蒸熟取出。然后，将原汤倒入勺内，烧开后用湿淀粉勾芡浇丸子上即成。该菜特点是嫩、酥、软、烂、可口。

猪肉烩酸菜

猪肉烩酸菜流传于河套地区已有上百年的历史，因河套地区土地肥沃，物产丰富，所饲养的猪膘肥体壮，肉质上乘；腌制酸菜所用的长白菜，得黄河水的充足灌溉，经过腌制，色泽鲜绿，富含水分，最适宜做猪肉烩酸菜。

猪肉烩酸菜最具特色的是槽头肉烩酸菜。入冬后，在农村杀猪是一件大事，像重大节日一样，左邻右舍都来帮忙，一大锅喷香诱人的槽头肉烩酸菜赛过所有美味佳肴。地道的河套农家烩酸菜，吃起来松软可口，酸中带香，猪肉肉多而无膻味，肉软烂绵香、肥而不腻；酸菜滑爽可口，汤少而不干硬，无论是吃米饭还是就馒头，都是上等主要饭菜。饭饱之际，再喝一碗热腾腾的开水泡酸菜，便真正体会到它美滋滋的味道了。

猪肉烩酸菜

在磴口当地农家，还流行着吃杀猪菜的美食盛事。每年一过小雪，辛苦了一年的主家便邀来乡亲，自己动手杀猪，取靠近猪脖子的槽头肉切成大块，配以自家腌制的酸白菜，辅以土豆等精心烩制，作为入冬第一道自家名菜，招待亲朋好友。端上浓香四溢的大盘杀猪菜，和过节一样，摆上美酒，大口吃肉，把当地人的淳朴、厚道和热情表达得恰如其分。

烧肉丸子精杂烩

简称“精杂烩”，将猪肉切成1厘米厚、5厘米长的块，加调料烹炒出香味来，加高汤，待汤开后放上辅料（酥鸡、丸子、豆腐、土豆、白菜、粉条），再撒上调料面，慢火烩至汤汁收平，搅拌均匀，出锅即成。这道菜之所以“精”，实在菜中加入了红烧肉和丸子的缘故。“精杂烩”原料丰盛，营养丰富，味道适合大众口味，在磴口地区受到大众喜爱。

猪肉勾鸡

主料是肥瘦猪肉和鸡肉，肥猪肉弥补鸡肉较瘦的特点。猪肉勾鸡有鸡的鲜美，又有猪肉的肥厚，取材方便，所以受到人们的喜爱，成为当地的一道特色菜，节日、待客的必备。

铁锅腌猪肉焖面

在磴口，家家都爱吃焖面，会做焖面，各种各样的焖面层出不穷，推出了腌猪肉焖面，排骨焖面等。焖面色泽红润油亮，口感柔韧鲜美，配料可荤可素，而且用料普通，制法简单，所以极受人们的喜爱，一年四季在餐桌上都能见到它的身影。

河套锅仔系列

磴口地区锅仔系列主要有猪排鹅肉煮饼、牛排烩菜煮饼、干锅驴排小贴饼等，这些都是河套锅仔系列的特色吃法，贴在锅边的饼吃起来有滋有味，美味极了。

干锅驴排小贴饼

铁锅炖鹅

河套地区素有“三盘六碟子，

铁锅炖鹅

烧鹅炖鸭子”之说，说的是铁锅炖全鹅，是一道本地有名的炖菜。这道菜选用的全部是本地乡间家养鹅，纯属绿色环保食品，而且这种鹅基本上都是瘦肉，其脂肪少，肉质精。当有游客到来，店家便请客人亲自选鹅，现场宰杀，把剁成大块的鹅肉用铁锅先焯后煸，去掉膻味，脱去水分，加佐料烹炒后再放入土豆、粉条等，用慢火炖熟。这道菜以大盘盛上，鹅肉红亮筋道，不肥不腻，醇香可口，并兼有红烧的味道。再辅以发面贴饼作为主食，实实在在一道农家风味。

全鱼宴

在黄河拦河闸和纳林湖附近的各大饭店，人们习惯用全鱼宴招待尊贵的客人。全鱼宴即席面上全部菜肴均以鲜活的鱼为主料，烹制加工而成。其中以“二龙戏珠”、“鲤鱼跳龙门”、“红烧草鱼”最为出名，也有家常炖鲶鱼、炖鲫鱼，还有煎、烧烤鲜鱼，以及黄河虾、泥鳅等小菜。客人如在春秋季、开河期而至，正值鱼虾肥美季节，品尝全鱼宴更是难得的机会。

全鱼宴

油炸糕

油炸糕

在磴口地区，逢年过节和办各类大小事宴，当地人都要备好胡麻油炸糕来款待客人。油炸糕的原料就是山西、陕西等山坡地出产的黄米，再加工成面粉，蒸熟后压成圆片状或包入馅，用胡麻油炸制。油炸糕色泽金黄，外脆内筋，可直接吃，也可蘸白糖吃。

河套酿皮

河套酿皮，又叫“面筋”，是一种用面粉加工制作的凉食佳品和解暑清热的美味小吃。先在面粉里加少许食用碱和水，调和成面团；醒好后，在清水中揉搓，分离出淀粉和蛋白质。在淀粉中倒入清水，放一点食用碱，调成面糊状，舀入平底铁盘（特制）中蒸熟；晾凉后，切成细条，配上凉粉丝、面筋块，晶莹透亮，雪白如玉，再调上辣椒油或芝麻油、香醋、蒜汁、芥末、泡酸菜、麻酱汁、酱油、精盐，清香扑鼻，让人垂涎欲滴；食之则清凉酸辣，柔韧爽口，让客人吃一次就忘不掉。值得一提的是“河套酿皮”或“巴盟面筋”在京津地区也已成为一个响当当的小吃品牌。现在，在“河套酿皮”及凉粉的基础上，还推出了米凉粉，河套酿皮系列小吃遍及京津、呼包地区。

磴口酿皮

腌制小菜

腌制小菜，包括萝卜、芥菜、芋头、圆菜等，其中最具特色的当属酸黄瓜。本地小菜以酸为主，辅之以辣味，别具特色。切成细丝的酸菜叫烂腌菜，在当地也叫咸菜。把芥菜和茄子腌制起来，别有风味。将腌制的芥菜、蔓菁或芋头等切成小块，用腌菜汤煮熟后，晒干，叫“红腌菜”。腌制小菜也是磴口及周边地区餐桌上一道必不可少的小菜。

河套花瓣馍馍

在春节和中秋节等重大节日，磴口及周边地区的人们，满怀丰收的喜悦和祝福的美好愿望，精心制作传统食品“花瓣馍馍”及“面人人”等，更加增添了节日的气氛，让人在节日品尝河套花瓣馍馍及手工制作食品，更加体现了人们对美好生活的向往，以及对家乡的喜爱。

河套花瓣馍

河套蒙古族饮食

磴口地区蒙古族饮食以粮食、肉食和奶食为主。

粮食主要有炒米、茶食、烙饼。炒米是蒙古族生活中必不可少的食品，吃法很多。可用白油、奶皮、白糖拌着吃，香脆可口，味似芝麻糖；用奶茶泡着吃，则别有一番风味，若加上黄油或奶豆腐，味道就更加香美了。炒米的淀粉和蛋白质含量较高，耐饥，富有营养。

奶食，蒙古语为“查汗伊德”。奶食分食品和饮品，食品有黄油、白油、奶皮、奶豆腐、奶酪。黄油、白油、奶皮子是牛奶中的精华，其味纯香，营养丰富，乃招待贵宾之佳品。奶豆腐、奶酪是放牧、狩猎、旅游的必备品。饮品主要有奶茶、酸奶、奶酒。奶茶具有解渴、充饥、助消化的功能，是蒙古族不可缺少的饮品。酸奶有生津、止渴、解热、清暑的作用，不仅营养丰富，而且有养胃、消化功能。奶酒洁白，无色透明，醇香甜美，可益智提神，是招待贵宾的佳酿。

肉食是蒙古族的主要食品，以牛、羊肉为主。食法很多，仅羊肉就是10多种，最具特色的有手扒羊肉、羊背子、烤全羊，也最为讲究。

手扒肉是将全羊切成若干块，白水下锅，只放咸盐，不加任何佐料，原汁烹煮，水沸后一小时左右出锅，肉味香美，鲜嫩异常。分割

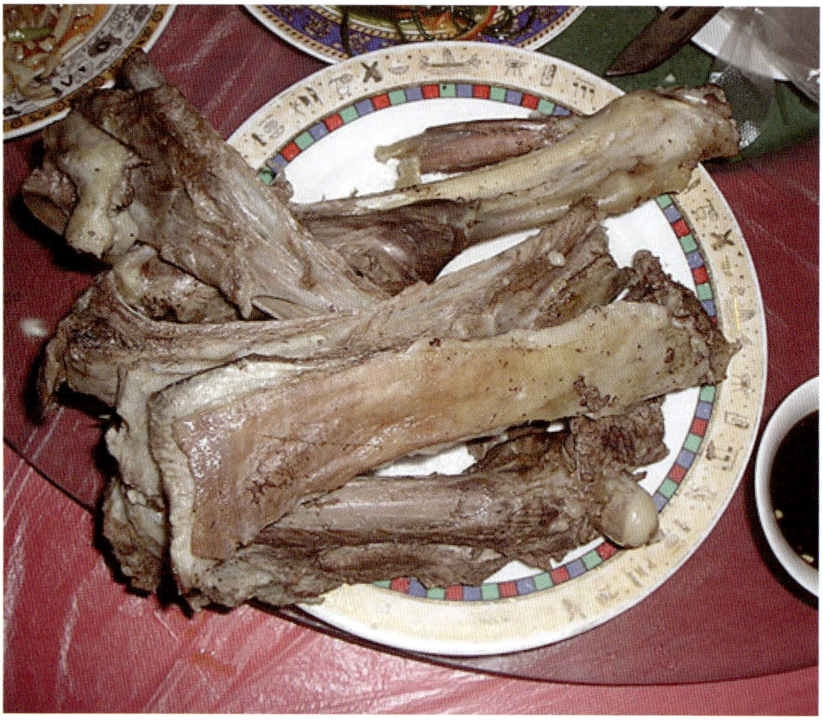

手扒肉

时，顺着骨缝一块一块割下来。吃时，要用蒙古刀割、刮、剔再用手扒着吃，故名“手扒肉”。

羊背子是将全羊脊背第七根肋骨至尾部割为一段，再割头、颈、胛、四肢各为一件，带尾入锅，煮熟捞出，将全羊的各部拼成爬卧状盛在大铜盘里上席。重大节日时放羊背子的赞词后，吃时先从尾巴开始，每人用蒙古刀从羊尾上割下一条吸入嘴里，然后吃其他部位的肉。

烤全羊是蒙古族的餐中之尊。将一只整羊放入烤炉内烘烤，做法技术精湛，色味俱佳，可称上等佳肴。客人入座后，开始喝酒。先上奶食品和羊内脏调制的冷盘，片刻上若干牛羊肉为主的热盘。正当客人饶有兴趣时，再上民族风味的马奶子酒，每人一杯。少许，两名厨师将一长方形盘内头朝前，后腿弯曲的一只烤羊端到首席前。此时，宴会主持人向客人介绍烤羊的过程。尔后，厨师再把羊抬至各席间，让全体客人过目后，撤回厨房，厨师用刀把皮层肉切成半寸宽、2寸长的条状肉，盛于大盘上到各桌，然后再把贴骨肉切好上桌。烤全羊是内蒙古草原饮食文化中一枚璀璨绚烂的明珠。

前进中的磴口

HUASHUONEIMENGGUdengkouxian

前进中的磴口

QIANJINZHONGDEDENGKOU

磴口县地处呼包银兰经济带的中心位置，是内蒙古自治区打造黄河沿线经济带的重要节点，也是宁蒙陕甘经济协作区的重要成员。全县拥有土地总面积625万亩、水域面积20万亩，丰富的自然资源为磴口率先实现崛起提供了物质保障。

“十二五”时期，是磴口县经济社会实现跨越式发展的重要时期。中共磴口县委、县政府团结和带领磴口县人民，大力弘扬“总干”精神，守望相助，顽强拼搏，团结奋斗，经济社会主要目标平稳快速增长，在赶超升位道路上实现了精彩跨越。2015年磴口县生产总值达到50.87亿元，比2010年增长1.34倍。其中，第一产业9.36亿元，年均增长7%；第二产业29.79亿元，年均增长4.2%；第三产业11.72亿元，年均增长10.9%。

“十三五”是全面实现小康目标的决胜时期，面对挑战，磴口县上下凝心聚力，立足磴口县区位、环境、资源、人文等优势，培育发展新动力，创新发展新机制，推动经济实现新的跨越。到2020年地区生产总值较2010年翻一翻；全社会固定资产投资年均增长13%左右，五年累计完成285亿元；公共财政预算收入翻一翻，达到4.9亿元，年均增长15%。

努力提升经济总量与效益

磴口县工业经济以促进工业转型升级为主攻方向，以创新驱动为核心动力，全面推进工业化、信息

职工运动会

化的深度融合。到2020年，全部工业实现产值115亿元，上缴税金4.5亿元，工业固定资产投资额达到150亿元。

突出稳增长、上项目，进一步提升县域经济综合实力

2016年，磴口县工业固定资产投资28亿元，规模以上工业增加值增长10%。招商引资量质并举，内蒙古宇乐化工股份有限公司、中电投磴口光伏发电有限公司、内蒙古山路能源集团有限责任公司、青岛昌盛集团有限公司等一批知名企业成功入驻。内蒙古圣牧高科奶业有限公司三期工程顺利完成，日处理有机奶达到1000吨。光伏发电企业发展势头强劲。建成投资6亿元的青岛昌盛20兆瓦光伏农业示范项目；山路公司15兆瓦并网发电；中电投三期50兆瓦、国华电力二期50兆瓦光伏发电项目开工建设；北京首航节能技术股份有限公司、环球鼎晟新能源控股有限公司光热发电项目开工建设，磴口县光伏园区发电装机容量突破300兆瓦。工业园区基础设施建设进一步配套完善，成为内蒙古自治区第六批循环经济示范园区。

农畜产品加工业

加快规模化奶源基地建设，不断提升磴口县乳业竞争力。形成以蒙牛内蒙古磴口县有限责任公司、内蒙古圣牧高科奶业有限公司为龙头的乳制品产业集群。以上海佳格食品有限公司为龙头，在保持年生

工业园区

产能力6万吨植物油的基础上，积极发展食用植物油精深加工，开发葵蛋白、活性炭、绿厚酸等附加产品。以内蒙古食为天面粉油脂有限责任公司、内蒙古八百里粮川食品有限公司两家面粉加工企业为龙头，努力推动“八百里粮川石磨面”“食为天”两大品牌在市场中的影响力和竞争力。支持内蒙古中粮番茄制品有限公司、泰顺兴业（内蒙古）食品有限公司等企业稳定生产能力，加大自主品牌塑造，加快产品小包装进程，重点发展番茄色素、番茄饮料等产品。依据葡萄种植基地和酒堡建设，大力发展葡萄加工产业，结合旅游业的发展扩大品牌知名度。到“十三五”末，磴口县农畜产品加工能力和产业化经营水平稳定提高，农畜产品加工总产值达到80亿元，农畜产品加工转化率达到80%。

电力新能源工业

坚持借光治沙，科学引进实施光伏发电与生态治理紧密结合的新能源项目。做好光伏产业园建设规划，重点解决土地的集约节约问题，提高入园门槛，筛选实力强、有业绩的企业优先落地，努力打造内蒙古西部地区一流的光伏产业园区。到2020年，建成光伏产业园区6万亩，装机容量达3000兆瓦，电力工业产值达到20亿元，实现稳收1亿元，建成内蒙古自治区光伏农业示范园。

生物工业

加大企业科技投入，支持产学研结合，提高企业做大做强。扶持以内蒙古王爷地苁蓉生物有限公司、内蒙古游牧一族生物科技有限公司为龙头的中药材加工企业，依据产业融合项目建设，加快苁蓉业产业发展壮大，形成中药材、食材、苁蓉酒、鹿酒等系列保健品，打造中国西部地区最大规模特色药材和食材基地。以肉苁蓉为主的沙生中药材生产能力达到5万吨，争创2个国家级名优产品，建成1个国家级肉苁蓉工程研究中心。立足河套及周边地区养殖业大发展的实际，规划资源布局利用，引进和利用酵素菌新技术，发展高效有机肥和生物活性水，降低化肥使用量向全面代替化肥转变，促进农作物增产增效，推动绿色环保良性循环，推动生物菌物和普药产业发展。到2020年，生物农药生产能力达到5000吨，生物菌肥生产能力达到10万吨。

循环化工

培育壮大循环化工产业，增加科技投入研发新产品，全力保障巴彦淖尔华油天然气有限责任公司、巴彦淖尔市恒泰新能源有限责任公司、磴口县德胜天然气有限公

巴彦淖尔华油天然气有限责任公司

司天然气液化项目稳定运行，实施内蒙古利川化工有限责任公司化工聚苯硫醚项目，推动内蒙古宇乐化工股份有限公司循环项目建成并投产达效。充分发挥磴口县“中间有水四面是煤”的有利条件，发展煤化工，培植新的经济增长点。到“十三五”末，化工工业实现产值10亿元。

推进两化深度融合

结合互联网+、中国制造2025等国家战略，紧跟“智能制造”步伐，积极引进物联网和云计算等新型产业，建设云计算数据中心基地。大力发展电子商务，构建大宗产品、农畜产品交易中心，扩展云计算上下游产业，扩大信息消费。进一步提高优势特色产品信息化应用水平，建立健全“两化融合”标准化体系，实施“两化融合”贯标行动，开展企业信息化示范试点，推行质量追溯体系建设模式，用信息化改造企业生产、管理、销售体系，创新管理模式、商业模式、以信息化带动新型工业化、城镇化、农业现代化。

工业园区产业概况

内蒙古磴口县工业园区（省级）位于磴口县境内，成立于2003年，是经内蒙古自治区人民政府批准并于2006年通过国家发改委核准的全区45家工业园区之一，同时也是巴彦淖尔市确定的市县共建重点工业园区。

磴口县工业园区地处巴彦淖尔市与鄂尔多斯市、阿拉善盟的交界处，处在呼包、银兰经济带的中间位置和以呼包鄂为中心的沿黄河交通干线经济带的辐射范围内。

园区规划控制面积36.1平方公里，分为A、B两个区。A区面积35.2

平方公里，B区面积0.9平方公里。

2015年，工业园区完成工业总产值57.6亿元，上缴税金1.94亿元，完成固定资产投资28.1亿元。纳入园区管理的企业有蒙牛乳业（磴口巴彦高勒）有限责任公司、内蒙古圣牧高科奶业有限公司、内蒙古中粮番茄制品有限公司、上海佳格食品有限公司、内蒙古磴口金牛煤电有限公司、内蒙古磴口县蒙特金属新材料有限公司、巴彦淖尔华油天然气有限责任公司、巴彦淖尔市恒泰新能源有限责任公司、磴口县德胜天然气有限公司、华燃元泰能源科技有限公司、中电投磴口光伏发电有限公司、国电光伏有限公司、国华能源投资有限公司、内蒙古蒙华能源有限公司、泰兴能源有限公司、华鑫能源有限公司、磴口县腾达物流有限公司、华气物流有限公司等40多户，初步形成了以农畜产品加工、化工、电力为主导产业，同时涵盖机械制造、矿业冶炼、物流服务、供水供汽、污水处理、包装等行业功能完善的产业格局。

磴口县工业园区依托当地独特的资源和区位优势，建设一个以发展食品、化工、电力、装备制造、矿产化工、建材和仓储物流为主的综合性循环经济园区，重点建设“五大产业集中区”，不断提升园区综合实力，充分发挥集聚效应，为推进工业化，实现富民强县打造良好的承载平台，着力打造自治区级样板工业园区。按照园区总体规划，预计到2020年，园区工业总产值将达到160亿元，地区生产总值达到60亿元，实现税收12亿元。

发展条件

磴口县位于内蒙古自治区西部，东南隔黄河与鄂尔多斯市毗邻，西与阿拉善盟相连，西南与乌海市相望，地处东经106°9′～107°10′，北纬40°9′～40°57′，总面积为4166.6平方公里。磴口县政府驻地巴彦高勒镇，地处河套平原西部，位于河套灌区上游，乌兰布和沙漠的东部边缘，东距呼和浩特市517公里，包头市341公里，巴彦淖尔市临河区63公里，南距乌海市90公里，东南距鄂尔多斯市东胜区456公里，是磴口县政治、经济、文化、教育、科技、交通、信息的中心。

黄河流经磴口县境内52公里，有天然湖泊面积3.64万亩。盛产小麦、玉米、油葵、番茄等农作物，名优特产华莱士瓜、王爷地甘草、南瓜、二狼山白山羊绒、黄河鲶鱼、鲤鱼等在国内外久享盛名。伴生金银铜矿、绢英岩型白瓷石矿、红柱石矿、矿泉水等20多种矿藏，储量可观，品位高、埋藏浅、宜开采。旅游资源极其丰富，那绵延起伏的阴山，蜿蜒的黄河，逶迤的古长城，澄碧的湖水，古老的阴山岩画与展翅翱翔的飞鸟有机交融，相辅相成，线条舒展奔放、优美流畅，既突显出了磴口优美的自然风光和灿烂的历史文化，也体现了其丰富的旅游资源和民族地域风情，彰显出人与自然和谐共生的生态旅游文化内涵。

自然环境

（一）地质地貌

磴口县境内地形地貌复杂，西北部狼山山脉，中部和南部为乌兰布和沙漠，东北部地势平坦，属后套平原，整个地形除山区外，呈东南高、西北低，逐渐倾斜。境内海拔最高2046米，最低1030米，磴口县总的地貌特征属于内陆高平原，河套盆地，可分为四个不同的地貌，即山地地貌、沙漠地貌、平原地貌、河流地貌。

磴口县巴彦高勒镇、渡口镇、隆盛合镇、沙金苏木部分系黄河冲积平原。巴彦高勒镇东临黄河，西靠乌兰布和沙漠，地势平坦，相对高差不大，镇内大部分地区岩性均为第三纪冲积层，地表0.53米是耕表土，松软，由轻亚黏土和黏土组成，呈红褐色、黄褐色。

（二）气象气候

磴口县属温带大陆性季风气候，其特征是冬季寒冷漫长，春秋短暂，夏季炎热，降雨量少，日照充足，热量丰富，昼夜温差大，积温高，无霜期短。

年平均气温7.6℃，最高气温38.2℃，最低气温-34.2℃。年平均降水量144.5毫米，主要集中在8、9月份，年总蒸发量2397.6毫米。年平均风速4.5米/秒，每年10月至次年6月多为西北风，7～9月多为东南风。全年总日照数3300小时以上，无霜期136～205天，初霜日10月3日，终霜日4月27日，冻层平均深度0.92米。

发展优势

（一）水资源

黄河水是磴口县最大的水资源，可用来灌溉农田，是磴口地下水补给的主要来源。磴口县有52公里河岸线，三条干渠引水量4亿立方米。4～9月引水灌溉，水位在1053～1055米之间。

地下水资源分为三类，套区地下水：深度0.5～3米，矿化度0.7～2克/升，单井涌水量50～100吨/时。沙区地下水：深度在3～10米之间，矿化度为3克/升，单井涌水量40～80吨/时。山前洪积扇地下水：深度3～30米，矿化度为0.5～2.5克/升，单井涌水量100～140吨/时。

（二）煤炭资源

与磴口县毗邻的乌海市，鄂尔多斯市是主要产煤区，仅鄂尔多斯市煤炭资源储量就高达1244亿吨，其中通过水权置换，内蒙古自治区为磴口县2×35万千瓦热电联产项目配置鄂尔多斯市青德门煤矿约63平方公里的煤炭资源，该煤矿远景储量10亿吨，年配置给磴口县2000万吨原煤，除热电联产项目年消耗400万吨外，还有1600万吨煤炭资源可用于发展煤化工项目。

（三）电力资源

总装机容量1.811万千瓦的三盛公水电站年发电量8000万度；磴口县工业园区内2×35万千瓦热电厂年发电能力55亿度，已建成220千伏、110千伏和35千伏输变电站各一处；金牛煤电二期2×60万千瓦项目已启动实施，将进一步为园区快速发展提供可靠的电力保障。

（四）土地资源

磴口县土地面积4166.6平方公里，地貌结构俗称“七沙二山一平原”，境内乌兰布和沙漠2840平方公里，占磴口县面积的近70%，其中有可开垦土地1330多平方公里。磴口县境内荒地较多，工业园区规划控制区36.1平方公里中，98%都是未利用荒地，土地成本低，发展空间充足。

（五）矿产资源

磴口县境内有着丰富的矿产资源，目前已发现的有20多种，金属矿有金、银、铜、铁。非金属矿有红柱石、白瓷石、大理石、硅石、钾长石、云母、建筑用砂石、粘土及矿泉水。此外，还有放射性矿产铀。已探明储量的有13种，其中金属矿有铜、铁、银、铅、锌5种，非金属矿有红柱石、石棉、瓷石、大理岩、砷、芒硝、天然气、煤8种。具有开采前景的是红柱石、铜矿、铁矿、瓷石、大理石、岩金、银矿资源。

（六）太阳能资源

磴口县太阳能资源十分丰富，属我国太阳能资源富集区域，是内蒙古自治区规划的发展太阳能发电的重点区域。磴口县年日照时数在3100～3300小时以上。其中，乌兰布和沙区年日照时数在3380小时以上，属全县最高地区。磴口县4～9月份年平均日照1807.2小时。

（七）风能资源

磴口县北部地处贺兰山狼山风口上，风力资源十分丰富，有效风时多、风能品位高、稳定度较高、连续性好。据测量，年平均风速达4.5米/秒，年≥3米/秒的时间达6800小时以上，大于或等于6米/秒风速的时间每年有2200～2500小时以上。

（八）区位交通

磴口县位于内蒙古西部，地处巴彦淖尔市与鄂尔多斯市、阿拉善盟的交界处，西南与乌海和宁夏相望，东靠河套平原，西有阿拉善盟策克口岸，北有乌拉特中旗甘其毛道口岸和乌拉特后旗巴格毛都口岸，毗邻蒙西能源重化工基地和呼包鄂能源重化工基地，处在呼—包—鄂经济圈和棋盘井—乌素图—蒙西金三角的结合部，位于呼—包—银—兰经济带中心位置，也是内蒙古自治区打造黄河经济带上的重要节点。此外，磴口县还是宁蒙陕甘经济协作区在巴彦淖尔市唯一的成员单位，在实现区域经济均衡发展中承担着重要的支撑作用。包兰铁路、临策铁路、京藏高速公路、110国道横穿县境。县城公路网络密集，周边有银川市、乌海市、巴彦淖尔市临河区四通八达的交通格局，区位交通优势突出。境内黄河上还有包兰铁路大桥、110国道公路大桥和京藏高速公路大桥等交通要道，是连接华北、西北地区的重要交通枢纽。

（九）城市支撑

磴口县工业园区东侧紧邻丹拉高速公路，在园区内留有出入口，包兰铁路、110国道、京藏高速公路位于园区以东约2公里处，磴口火车站位于园区东南不到2公里处，交通便利。园区南与巴彦高勒镇相接，居住、生活、学习、休闲娱乐、金融服务、通讯等都很便利。

基础设施

至2010年底，磴口县工业园区累计完成基础设施投资6.855亿元。建成道路51.8公里，完成道路绿化26公里、栽植树木28.8万株；建成变电站3座，架设、改造供电线路112.8公里；建成日处理3万吨污水处理厂一座、污水泵站2座、排污管网14公里；建成电厂集中供热管网12.9公里，工业供汽管网6公里；建成供水管网21公里、邮电通讯主干线4条10公里、41000平方米的汉文化广场。

按照园区总体规划，今后，磴口县工业园区将继续加强道路、电力、给排水、绿化等配套基础设施的建设，进一步优化园区发展环境。

产业导向

（一）产业发展现状

2015年，磴口县工业园区管理的企业有44户，投资规模超过80亿元，初步形成了以农畜产品加工、电力、化工为主导产业，涉及机械制造、金属冶炼、矿山开采、物流服务、供水供汽、包装等行业的发展格局。

（二）产业发展规划

在国家西部大开发战略指导下，按照磴口县工业园区总体发展规划，积极参与呼包鄂经济区和沿黄经济带建设，充分利用区位优势、资源优势、政策优势和现有的发展基础，把园区建成一个以发展食品、化工、电力、装备制造、矿产加工和仓储物流为主的综合性循环经济园区，重点建设农畜产品加工、电力、化工、液化天然气城及装备制造、物流综合服务等五大产业集中区，同时发展沙（草）产业加工业、五金制造业、机械制造业、矿山产业、建材工业，不断提高园区综合实力，充分发挥集聚效应，为推进工业化、实现富民强县打造良好的承载平台。

圣牧高科工业园 摄影/邢皓

圣牧高科有机牧场 摄影/邢皓

工业园区产业景观

圣牧高科工业园

内蒙古圣牧高科牧业有限公司于2009年10月成立。圣牧是全国首家获得国内、国际“双认证”的有机牛奶品牌，并连续三年荣获国际有机食品博览会金奖。

公司经营宗旨以科技为先导，以奶牛养殖为核心，利用先进的胚胎工程、育种工程等重大关键技术，有效地实现奶牛种群规模化的改良换代，以期奶牛产奶综合效益

圣牧高科产品

圣牧高科有机牧场 摄影/邢皓

达到世界先进水平。通过规模化牧场经营，利用各地养殖业的资源优势，生产销售优质有机、营养丰富的牛奶产品，把公司办成具有国际先进水平的、高效快速成长的高科技牧业公司，并为中国乳品工业发展打造大规模的精品奶源基地，为中国乳业赶超世界先进水平提供强有力的原料保证。

2015年，有机牧草发展到30万亩，奶牛存栏数达10万头，年产有机奶60万吨，实现年产值120亿元，成为我国规模最大的有机奶加工基地和磴口县“双百亿工程”龙头引领企业。

蒙牛工业园

蒙牛乳业（磴口巴彦高勒）有限责任公司系内蒙古蒙牛乳业（集团）股份公司在磴口县的一家子公司，位于磴口县工业园区中心区，成立于2003年，2004年正式投产。项目总投资3亿元，厂区占地面积15万平方米，职工800名，日处理鲜奶630吨，乳制品年生产能力28万吨。公司共有16条生产线，拥有液态奶、酸奶两大系列，20多个品种，产品以其优良的品质覆盖全国。

蒙牛乳业（磴口巴彦高勒）有限责任公司秉承总公司“产品质

蒙牛乳业展厅

蒙牛工业园区

量的好坏就是人品的好坏”“产品出厂合格率100%”的座右铭，将这种理念扎根于企业员工的大脑中，并且按正确的方向、正确的方法一丝不苟地工作，保证实现企业产品质量第一，崇尚“踏实、拼搏、责任”的企业精神，并以诚信共赢、开创经营理念，以全新的管理模式，完善的技术，周到的服务，卓越的品质服务社会，造福消费者。

光伏企业工业园

磴口县乌兰布和沙漠属于太阳能高集区域，是内蒙古自治区规划发展的太阳能产业重点区域。磴

中电投磴口光伏发电有限公司

万亩光伏园区

万亩光伏园区 摄影/邢皓

口县充分利用这一优势，以能源利用和沙漠治理相结合，计划在沙漠中建成500兆瓦太阳能生态治理示范基地。目前，园区已有中电投、国电、国华、蒙华四家企业入驻，其中，中电投50兆瓦光伏项目已于2014年底并网发电。

走进光伏园区，五纵五横道路两侧，垂柳、紫穗槐、金叶榆、花草等形成高低搭配、错落有致的景观绿化带。园区的西、北边界将种植防风固沙为主的花棒、红柳、梭梭、苏丹草等。届时，园区将形成连片、连网绿化廊带面积600亩，光伏板下面形成以滴灌为主的紫花苜蓿和中草药材连片种植15万亩。项目建成后，将形成一个集光伏发电、现代牧业、沙草产业、生态旅游为一体的万亩太阳能生态产业治理示范基地。

中粮番茄企业园

内蒙古中粮番茄制品有限公司是中国粮油食品进出口（集团）有限公司于2006年8月收购内蒙古九发番茄制品有限公司后成立。是中粮集团有限公司合资子公司，现由中粮新疆屯河股份有限公司全权管理。公司占地面积131129.18平方米，拥有4条番茄制品生产线，日

中粮番茄企业

处理番茄生产能力4500吨，年产番茄酱2.5万吨，实现连续两年产值5.15亿元。公司主要生产大包装番茄酱，有220升钢桶包装和1000升木箱包装，全部出口销售，主要销往日本、韩国以及欧洲、东南亚等国家和地区。

金牛煤电工业园

内蒙古磴口金牛煤电有限公司，是由华润电力有限公司和河北金牛能源股份有限公司合资的股份有限责任公司，公司于2007年11月1日开工建设，一期工程2×35万千瓦热电联产项目总投资33亿元，于2009年8月26日建成并网发电，并实现向县内企业、居民供热。项目满负荷运行后，全年发电量达到55亿度，产值15亿以上，可创税收1.2亿元。公司二期工程2×6万千瓦热电联产项目于

华润金牛电厂 摄影/邢皓

2010年11月启动，现已投入运营。

“王爷地”甘草企业园

内蒙古王爷地苁蓉生物有限公司，是内蒙古磴口县一家集生态治理、中药材种植加工、农产品购

乌兰布和甘草

销、观光旅游于一体的农业产业化企业。公司主要产品“王爷地”甘草产地处在原阿拉善和硕亲王的草食地，后被人们称之为“王爷地”的地区，所以称为王爷地甘草。王爷地甘草外皮橙红色，内部金黄，久存不变质。甘草为补脾益血、清热解毒、润肺止咳、调和诸药之药材佳品。

公司创立于2006年，按现代企业管理，实行集团化运营，推行“基地+加工+市场”战略平台。2009年5月通过了中绿华夏有机食品认证中心认证。目前园区已投资8000多万元，栽植梭梭林3万亩，人工接种肉苁蓉3万亩，耕地6000亩，渠、路、林、水电基本配套，已建成年出栏2万只沙漠苁蓉羊养殖项目。园区被列为国家林下经济示范基地、中国治沙暨沙业学会沙产业

梭梭林 摄影/乌云达来

王爷地肉苁蓉 摄影/韩哈斯

示范基地、中国治理荒漠化基金会示范基地、国家发改委高技术产业化示范基地、中国农业大学中药材研究中心试验基地、北京大学中医药现代研究中心肉苁蓉研究基地、内蒙古自治区沙草产业协会试验示范基地、内蒙古中蒙药材种植科技示范基地、磴口县肉苁蓉人工接种示范基地。与国内各大科研院校合作科研项目20多项，培训农牧民3000多人次，先后接待国家、自治区、市县级领导参观检查200多次，为沙产业发展起到了示范引领作用。

公司形成了御品苁蓉茶、中药饮片、苁蓉纳米粉、苁蓉饮料、苁蓉礼品等五大系列20多个产品。围绕健康、原生态养生主题，陆续开发饮品、保健品、药品、礼品、药膳、苁蓉有机奶、高端食材等产品链。在拓展市场的同时，产品品牌影响力不断扩大，目前“王爷地”品牌已被认定为内蒙古著名商标。

游牧一族企业园

内蒙古游牧一族生物科技有限公司成立于2005年9月，年设计加工干苁蓉能力100吨。公司立足于“用产业收益回报生态建设，用科技手段再造沙漠绿洲”，研究开发以沙漠为载体，以肉苁蓉深加工为主的沙产业，致力于生态环境治理，积极推行“公司+基地+农牧户”产业化经营模式。形成了科研、生产、加工、销售一条龙发展格局。目前。公司已形成苁蓉礼品、苁蓉茶、苁蓉切片、汤炖料、泡酒料、苁蓉果糕等60系列80多个产品。其中，公司自主研发生产的苁蓉茶被国家食品药品监督管理局批准为保健食品，获得国家发明专利。2008年，被中国沙产业高峰论坛组委会、中国沙产业协会评为“中国沙产业先进企业”；2009年，被巴彦淖尔市政府授予“市级农牧业产业化经营重点龙头产业”；2012年，内蒙古游牧一族生物科技有限公司被内蒙古自治区科技厅评定为“民营科技企业”。2012年，“神舟八号”搭载肉苁蓉种子在公司基地试种成功，为巴彦淖尔市肉苁蓉航天育种填补了一项空白。

农牧产业化进程加速推进

磴口县立足优势资源，全面推动农牧业产业化转型升级，全力打

牧草种植基地

绿色有机农田

优品南瓜种植园

造内蒙古自治区西部规模化、品牌化、生态化农牧业产、加、销一体的绿色有机农畜产品的生产加工输出基地。目前，已形成蜜瓜产业、牧草产业、番茄产业、油料产业、有机乳业、肉羊产业、特色渔业、沙产业八大特色产业及生产基地。经测算，磴口县农牧民人均来自产业化收入达到11300多元，占农牧民人均纯收入的80%以上，磴口县上下呈现出经济结构优化转型、龙头企业引领带头、农企联姻共同发展的喜人景象。

发展特色农业产业化的主要措施及发展现状

（一）依托资源优势，确立特色产业

1. 磴口华莱士蜜瓜产业。磴口华莱士蜜瓜是磴口县独特的光、热、水、土资源的结晶。华莱士瓜属厚皮甜瓜，原名蜜露瓜，原产于法国，后引入美国，1956年引进磴口县。磴口华莱士已有50多年的栽培历史，现有的风味特色是经多年的独特气候水土资源驯化选育而成，已于2007年10月向国家工商总局成功注册了原产地证明商标。在华莱士瓜的引领下，磴口县的蜜瓜产业步入了快车道，先后引进真甜（薄皮）、宝甜（薄皮）、甜王（薄皮）、珍珠玛瑙（厚皮）、早黄蜜（厚皮）、西域（厚皮）等多个品种，并且蜜瓜产业实现了温室、大棚、小弓棚、露地种植相结合，蜜瓜均衡上市的发展模式。目前，磴口县蜜瓜种植面积达到3.03万亩，其中：华莱士瓜为0.35万亩，其他蜜瓜为

磴口华莱士蜜瓜

2.68万亩，亩均收入达到0.4万元。

2. 特色渔业。磴口县依托黄河过境、湖泊众多的水面优势，积极发展以黄河鲶鱼、黄河鲤鱼、草鱼、鲫鱼等为主养品种的特色渔业。目前，磴口县水产养殖面积达到15.7万亩，其中特色水产养殖面积达到4.5万亩，年产水产品5000多吨，实现产值近亿元，建成内蒙古自治区第二个有机渔业生产基地1.3万亩，有黄河鲤、黄河鲶、草鱼等6个水产品通过有机水产品认证。并于2014年开展了农业部渔业健康养殖示范县的创建活动，已于2017年5月份成功通过农业部专家验收，为今后渔业的发展打下了良好的基础。在发展水产养殖业的同时，不断加快以旅游、观光、餐饮为主的休闲渔业的发展；在纳林湖、万泉湖、金马湖的引领下，磴口县休闲渔业的发展已进入了全面提速时期，年接待游客30多万人次，实现收入近5000多万元。

3. 葡萄产业。磴口县位于世界葡萄种植的黄金纬度带内，有着优于甘肃河西走廊、宁夏贺兰山东麓、乌海等地区的自然条件，同时，广袤、洁净的乌兰布和沙区为生产出安全、健康、高品质的绿色有机葡萄酒提供良好的基础保障。2011年以来，先后引进了帝泰、兴套川、诺民、尧舜等6家企业发展葡萄产业。现已建成5个沙区酿酒葡萄产业园区，种植酿酒葡萄15000亩。帝泰公司利用挂果的500多亩葡萄已开始了试酿葡萄酒，经西北农林科技大学葡萄酒学院测定，其中“赤霞珠”的平均含糖量达到22.19度，“贝达”的含糖量达到22.84度，“霞多丽”的含糖量达到22.5度，比乌海市、宁夏回族自治区高1度以上，达到河北省酿酒葡萄一级标准。目前，已委托西北农林科技大学正在做葡萄产业发展规划，相关资料已收集上报，计划十月底完成初稿。而且帝泰已经完成酒庄的酒窖建设，尧舜、诺民、兴河川等正在进行酒庄的规划设计和办理酒庄建设的相关手续。

（二）依托龙头企业，壮大优质产业

1. 有机奶产业。近年来，磴口县把内蒙古圣牧高科奶业有限公司作为磴口县第一个营业收入超“百亿元”的重点企业，打造“种养加一体化”可追溯的全程有机奶产业链。目前，圣牧高科已种植有机牧草12万亩，建成有机牧场18座，奶牛存栏达到4.5万头，3条有机奶生产线稳定运行，新增的2条有机奶生产线正在安装，新增的1条有机酸奶生产线已于2014年上半年投入运行，

现代化挤奶车间 摄影/邢皓

日处理鲜奶达到500吨。并于2014年在香港成功上市，成为磴口首个上市的本土企业。力争五年内，圣牧高科年产有机奶达到50万吨，产值突破100亿元，实现税收2亿元，建成全国规模最大的有机奶加工基地。

2．番茄产业。磴口县是巴彦淖尔市引种加工番茄最早的旗县之一，从1995年台资企业泰顺兴业公司的引进到2004年中粮番茄公司落户磴口县，番茄产业在磴口一直处于不断发展壮大的趋势。从2008年至2011年，磴口县番茄种植面积一直稳定在3～5万亩，平均亩产量3～5吨，鲜果收购平均价格基本稳定在440～500元，种植品种主要有泰顺及屯河系列品种等。目前，磴口县共有泰顺兴业食品有限公司、中粮番茄制品有限公司、内蒙古蔬珍食品有限公司3家番茄生产企业，日处理鲜果能力分别为3000吨、4000吨、800吨。番茄加工制品有番茄饮料、番茄酱、番茄丁等，已出口至日本、韩国以及欧洲、东南亚等国家和地区。

优质番茄

3．油料产业。葵花是磴口县主要农作物之一，有多年的种植历史且品质较好。为了促进磴口地区葵花产业的发展，县政府引进了上

优质葵花

海佳格食品有限公司以葵花为主的油料加工企业，现已建成年产8万吨葵花籽油的加工厂，建设原料基地5.6万亩。年生产各类植物油产品4.2万吨，实现产值4.3亿元，上缴税金2000万元。

4. 优质牧草产业。依托有机奶产业和肉羊产业的快速发展，磴口县加快了优质牧草产业的发展速度，目前磴口县优质牧草种植面积达到35万亩左右，其中青贮玉米和大田玉米的种植面积达到30万亩，紫花苜蓿等其他优质牧草种植面积达3万亩左右，年加工饲草料153万吨。同时，随着乌兰布和沙漠的合理开发和利用，力争在五年内磴口县优质牧草种植面积达到40万亩，年产饲草达到180多万吨。

（三）依托市场拉动，扩大肉羊产业

按照市场规律、突出农牧民经营的主体地位，强化科技服务职能，切实采取“市场拉动、示范带动、效益驱动、科技助动”的“四动”战略，积极引导农牧民进行特色农牧业结构调整。经过多年的发展，磴口县农牧业已实现种植业为主转为畜牧业为主，畜牧业占大农业的比重达到一半以上，而肉羊养殖业由于近年来羊肉产品市场需求旺盛，价格大幅上涨，企业投资发展肉羊养殖业的积极性很高，家家户户养羊也已形成共识，农牧民人均来自肉羊养殖业的收入占到农牧民人均纯收入的30%以上。为了加快发展肉羊养殖业，从2011年开始，专门出台了对企业和农

高标准规模化肉羊养殖场

现代肉羊产业项目

牧民发展规模化肉羊养殖业的奖补政策。2012年又成功争取实施了中央财政支持的现代肉羊产业项目，中央财政每年投入1000万元，连续投入三年，项目建成后效果好的，中央财政还要以奖代补。目前，建成年出栏500只以上的高标准规模化肉羊养殖场131个。磴口县肉羊饲养量达到150万只，年出栏肉羊70万只，年产羊肉1.7万多吨，实现产值7亿元。以草原宏宝食品有限公司和内蒙古晶烨农业科技发展有限公司为示范的肉羊养殖企业，整合资源、优化生产结构，推动了生态、安全、高产、优质、高效的肉羊生产加工业转型升级。

（四）依靠科技进步，推进沙林产业

近年来，磴口县为实现“治沙用沙”、生态环境与经济效益双赢的目的，在加快乌兰布和沙区治理的同时，与发展沙林产业有机结合起来，积极开展了肉苁蓉嫁接、沙漠山药试验等。目前，肉苁蓉嫁接、沙漠山药种植等已获得圆满成功，并成为了磴口的朝阳产业，受到县委、县政府的高度重视。

晾晒肉苁蓉

1. 肉苁蓉产业。肉苁蓉是沙生名贵中药材，被誉为“沙漠人参”。为了加快沙漠生态治理，实现生态和经济双赢的目的。进入20世纪以来，磴口县按照钱学森院士“多用光、少用水、新技术、高效益”的治沙思路，积极转变观念，由工程治沙向产业治沙转变，全面加大了肉苁蓉、甘草等产业的发展进度。现如今梭梭接种肉苁蓉技术已经非常成熟，并在磴口县沙区大面积推广应用，每年每亩沙地生产肉苁蓉鲜品100公斤，亩产值约3000元以上。目前，磴口县有王爷地、游牧一族等公司积极发展肉苁蓉产业，建成肉苁蓉种植基地5万亩。王爷地公司作为磴口县肉苁蓉产业发展的领军企业，经过在乌兰布和

肉苁蓉

肉苁蓉制品

沙漠十余年的发展，形成了从基地种植、生产加工、技术研发、仓储物流、市场营销、电子商务到终端会员一体化整合的全产业链运营平台，已建成3万亩肉苁蓉有机原料基地和1座肉苁蓉深加工工厂。2013年，内蒙古王爷地苁蓉生物有限公司被列为首批国家林下经济示范企业，将为企业加快发展提供强大的项目、资金和技术等多方面支持。王爷地公司力争用5年时间，进一步扩大基地规模，把磴口县打造成为中国西部养生食材交易集散地。

2. 山药产业。山药属薯蓣科薯蓣属的一种药用保健植物，是磴口县近年来引进的一个具有改善生态环境、提升沙漠经济效益、调节产业结构功能的新型产业。经过几年的试验、试种表明，磴口地区广袤的沙地资源、特殊的气候、充足的光热、丰富的水源等自然条件，非常适合山药生长，而且平均亩产在4000斤左右，最高亩产6000斤，每亩收入5万元左右。目前，磴口县山药种植面积已超过1000亩。

山药种植

磴口县农牧业产业化的发展思路

“龙头带动、市场拉动、科技促动、协会推动”，磴口县大手笔改造传统农牧业，彻底摒弃以农论农、唯粮是种的传统经营观念，依托市场构筑特色农牧业产业化经营模式，巩固华莱士等传统品牌，发展有机食品绿色品牌，壮大加工番茄等优势品牌，培育肉苁蓉、沙漠山药等新型品牌，以多种品牌抢占市场，提升磴口县特色农业的综合效益，为城乡协调发展和全面实现小康奠定坚实的基础。今后，在借鉴先进地区的经验同时，从磴口县的实际出发，注重发挥本县所特有的自然资源优势、地理环境优势、社会资源优势以及后发优势，紧随特色农牧业发展方向国际化、技术支撑高新化、经营模式多样化等大趋势，加大以下几个方面的工作。

（一）抓龙头、带基地

龙头企业具有开拓市场、引导生产、服务配套的综合功能。建立龙头是推进特色农牧业产业化的关键。要立足于现有的农副产品加工龙头企业，依托磴口县农畜产品资源丰富、品质较好的优势，突出抓好番茄加工、油料加工、肉苁蓉加工、有机乳业等方面的农畜产品加工龙头企业。积极引导工商企业进入农牧业领域，参与产业化经营。打破所有制界限、地域界限和行业界限，坚持国家、集体、个人一齐上的方针，谁有能力谁牵头，谁当龙头扶持谁。农牧、粮食、林业、水产、商业供销等部门要充分发挥其技术、人才、基础设施优势，建设各具特色的龙头企业，带动起以沙金镇、隆盛合镇为主的粮油生产基地；以巴彦高勒镇、补隆淖镇、隆盛合镇为主的瓜果蔬菜生产基地；以沙金、渡口等苏木镇为主的有机乳业、肉羊、生猪养殖基地；以乌兰布和沙区为主的特色渔业养殖基地。同时，要不断挖掘企业内部潜力，转换经营机制，加快技术改造，提高科技含量，增加竞争能力，发展拳头产品，通过合同或契约等形式，加强企业与农产品基地的紧密结合，搞好利益分配，使生产基地真正成为农畜品加工企业的第一原料车间。从而，通过龙头企业带动千家万户发展商品生产，推动县城经济的快速健康发展。

（二）抓科技、兴产业

培植主导产业，发展优质高效农牧业是推进特色农业产业化的基础。磴口县农牧业发展的重点是粮油、番茄、优质牧草、有机乳业、肉羊、渔业、蜜瓜、沙产业八大主导产业。而振兴这些产业，尽快把产业优势转化为产品优势、经济优势，实现富民强县目标，关键在科技。因此，要继续深入持久地抓好科技兴农战略的实施，大力推广农业新技术，重点抓好科技培训、良种繁育推广、信息服务、物资供应、资金投入五大服务体系建设，强化农牧、林、水利、农机、农资、金融等部门服务功能，集中人、财、物资源，重点培植农、林、牧、渔业高科技示范区，培植高科技示范村、示范社，大力推广立体套种、节能日光温室、暖棚养畜等新技术，在磴口县培植一批高科技、高起点、高标准优质主导产业示范区，形成各具特色的产业开发带，把千家万户分散经营的农牧户联结成产业大军，形成产业优势，为农畜产品加工企业提供充足原料，以适应农畜产品生产加工领域的延伸和经营方式变革的需要。

（三）抓市场、促销售

市场作为联系生产与流通桥梁，对推动磴口县农牧业产业化发展具有十分重要的意义。在进一步抓好补隆淖镇农产品和隆盛合镇新地村蜜瓜批发市场的基础设施和服务功能完善的基础同时，要进一步发挥好三盛公农贸市场的作用，在磴口县初步形成大市场、大流通网络，以销促产，搞活流通，加快农产品向商品化方向转变的步伐。

（四）抓政策、增投入

发展特色农牧业产业化，需要建好基地，兴办龙头企业，培植销售市场，必须要有人、财、物和政策的投入。尤其是要明确职责，相互配合，按照产业政策，区域规划和发展市场经济要求，从立项办证、土地审批、资金信贷、供水供电、基础设施建设、户籍管理、人员聘用等方面给予优惠政策扶持。通过财政杠杆调解作用，逐年增加对农业产业化资金投入，每年安排一部分资金，采取周转使用、按期偿还、滚动发展的办法，重点扶持农牧业产业化龙头企业和农产品基地建设。金融部门要把发展农牧业产业化作为资金信贷重点。对发展前景好、信誉好、效益好的龙头企业要重点扶持。各苏木镇也要多方筹措资金，支持创办农畜副产品加工流通企业。同时，要积极争取区、市扶持产业化发展资金，加快农业产业化进程。

（五）抓领导、求实效

农牧业产业化是项系统工程，涉及到许多行业和部门，必须加强对此项工作的领导，尤其是县、苏木镇党政一把手要把此项工作作为今后农村工作的战略重点，切实抓紧抓好。形成党政一把手亲自抓，分管农牧区工作领导具体抓，部门、苏木镇领导抓具体项目落实的良好局面。一是要全面推行县、苏木镇领导抓产业化目标管理责任制，实行一个产业、一个规划、一套措施、一套班子、一套实施办法，纳入县、苏木镇领导年度考核，真正做到有责任，有考核，有奖罚。二是县、苏木镇主要领导和分管领导每人要抓好1～2个农牧业产业化典型，从龙头企业到基地建设，一抓到底，认真总结经验，指导工作。三是为了加强对磴口县实施农牧业产业化工作的协调、指导，县委政府应成立农牧业产业化办公室，为磴口县农牧业产业化发展制定规划，搞好信息、技术、人才、资金、项目考察论证等服务工作，确保各项任务落到实处。四是各苏木镇党委、政府、县级各部门要按照加快发展农牧业产业化的道路和具体任务要求，切实转变职能，改进工作方法，转变工作作风，深入生产基地和龙头企业，进行调查研究，了解新情况，发现新问题，总结新经验，帮助解决实际困难，真抓实干，狠抓落实，突出实效，为磴口县农牧业和农牧区经济发展做出新的贡献。

全力打造生态旅游大县

“巍巍阴山障北环，滔滔黄河西南来，沙漠平原接壤地，恰是河套源头起。”朋友，当你步入这片厚实而又充满神奇的土地，仿佛置身于梦幻般的境界。她就是镶嵌在黄河岸边那颗璀璨的明珠——美丽富庶的磴口县。这里交通便利，

纳林湖景区大门

四季分明，气候宜人。境内旅游资源富集，南有波涛汹涌的黄河，雄浑巍峨的三盛公水利枢纽，公路、铁路、大桥座落其上；北有横亘绵延的阴山，庙宇、神泉、古迹隐没其间；西有浩瀚无垠的沙漠，湖泊、绿洲镶嵌其中，构成了塞上水乡与大漠风光交织、沙水合一的独特风景，是一座“居沙海而有江南秀气，处边地而具北国风光”的旅游小城。据中科院地理研究所调查显示：“磴口县境内的旅游资源涵盖了全国旅游资源八大类的全部，优良级旅游资源单体占全部单体的26%”，呈现出自然景观奇特、人文景观壮美、历史文化悠久、宗教文化丰富的特点，极具开发潜力。

近年来，磴口县委、县政府高度重视旅游产业的发展，立足县情特点，将其作为“强县产业”重点推进，以创建全域旅游示范县为契机，以“百湖之乡、魅力磴口”为品牌，着力做好“水、绿、沙、文化”四篇文章，在“大旅游、大产业、大景区”理念引导下，充分发挥区位优势、交通优势和资源优势，按照“做精沿河、沿沙、沿山三条旅游线路，实现景区水、陆、空全面通航，打造历史古迹、自然风光、产业园区三类精品景区”的发展思路，以建设内蒙古自治区生态旅游强县为目标，积极构建“产业围绕旅游转、产品围绕旅游造、结构围绕旅游调、功能围绕旅游配、民生围绕旅游兴”的全域旅游发展格局，全力创建内蒙古自治区

静静的纳林湖

全域旅游示范县。经过几年的精心打造，产业发展初见成效。

编制建设规划，引领产业科学持续发展。为规范乡村旅游发展，由北京巅峰智业旅游文化创意股份有限公司和北京城市建设研究院分别编制完成了《纳林小镇》《黄河渔村》和《金马渔村》专项旅游规划，为磴口县乡村旅游建设发展奠定了持续可行的标准基础。同时，与北京规划设计院对接，编制《磴口县全域旅游发展总体规划》，在对磴口县旅游资源进行深入研究的基础上，全面系统地分析旅游开发背景，翔实调查旅游市场前景，有效整合县域内各类资源，对磴口县旅游业发展准确定位，合理布局，实现旅游业与其他行业产业的深度融合。

紧抓项目建设，产业队伍不断壮大。近几年，为了强力推进重点旅游项目的开发建设，磴口县成立了由县委书记任组长的磴口县旅游工作领导小组和由县委、人大、政府、政协四大班子主要领导和常委任组长的旅游项目专项工作推进组。同时，在全市率先将旅游局纳入政府职能科局序列，列入政府组成部门，成立了旅游警察大队，组建了国有独资的旅游投资公司。从机制体制改革上，全力推进产业发展，在政策和经费上予以倾斜扶持，重点景区、重大项目的建设得到了前所未有的支持力度。纳林湖、黄河三盛公水利景区、阿贵庙等重点成形景区开发的体验性项目顺利运营；万泉湖、金马湖、奈伦湖等新型景区和乌兰布和西湖、二十里柳子度假村等为代表的生态观光农庄、乡村旅游接待户建设步伐不断加快；政府投资开发的内蒙古兵团博物馆、冯玉祥西北军粮仓博物馆和三盛公天主教堂等特色资源成效卓显。在加强景区建设的同时，延伸旅游产业链条，将旅游有机融合到生态移民、扶贫攻坚、创业就业等工程中，同规划、同部署、同实施。在万泉湖景区辅之以牧民新村建设；在纳林湖景区辅之纳林小镇建设；在黄河三盛公水利风景区辅之以黄河渔村建设；在金马湖景区辅之以金马渔村建设。以特色饮食、乡土气息、生态环境为基础，着力建设一镇一景、一村一品的乡村旅游休闲区。充分发挥旅游产业对促进农业转型升级、带动农民致富增收的重要作用。

“十二五”时期，磴口县旅游景区内部建设累计投入资金达到5.8亿元，可观可游景点达30余处。目前，有国家AAAA级景区2处，国家AAA级景区2处，国家地质公园6处，国家湿地公园2处，国家沙漠公园1处，国家级自然保护区1处，国家级水利风景区1处，国家级文物保护单位3处，自治区级文物保护单位8处，自治区高星级乡村旅游接待户及乡村旅游示范点9家，产业发展初具规模，接待能力日益提升，旅游产业整体呈现良好的发展态势。

按照产业与旅游结合，旅游带动产业发展的思路，以历史遗存、黄河水道、工业园区、设施农牧业、水产养殖基地等为载体，发展特色旅游，形成多元化、系列化、适应不同层次需求的旅游项目群。工业园区万亩光伏观光台、沙漠植物园、丝绸之路骆驼雕塑、黄河堤防路万亩葵园观光塔已投入使用。在打造新亮点的基础上，以点连线，推出工业观光游、田园生态游、文化体验游等新的旅游线路，不断丰富旅游内容，提高旅游项目的游娱性和参与度。依托圣牧高科奶业公司有机种植、有机养殖及有机加工一条龙产业链的圣牧有机之旅，已连续三年带领几十万名消费者走进草场、牧场、生产车间，零距离感受现代工业文明对生活的改变。将华莱士瓜、番茄汁、有机奶、肉苁蓉、长山药、石磨面等绿色有机农畜产品作为旅游商品包装上市，最大限度的实现农畜产品就地转化增值，初步实现了工旅联动、农旅相融，三次产业协调发展。

整合部门资源，大旅游框架基本形成。政府主导，各相关部门全力配合，形成了磴口县一盘棋合力兴旅的工作机制。交通部门以改善旅游道路建设为重点，先后修建了通往各重点景区道路300余公里；水利部门积极修建由奈伦湖向沈乌干渠生态补水结合漂流的8.4公里引水渠道；农牧业部门将特色湖泊列入水产养殖的重点项目，成功创建全国第七个、内蒙古自治区首家全国渔业健康养殖示范县。文化部门两年累计争取项目资金1700余万元，对国家、自治区文保单位进行修缮保护、合理开发，将文化的元素有效融合到旅游产业中；招商部门通过PPP合作模式，引进了三盛公低空飞行游览项目；林业部门申报的纳林湖、奈伦湖国家湿地公园和沙金套海国家沙漠公园成功获批，给予项目资金注入。各部门支持旅游、发展旅游的意识已经树立，旅游产业链条被赋予了新的内涵。

加强宣传营销，磴口旅游知名度显著提升。围绕“百湖之乡、魅力磴口”宣传主题，全市首家在内蒙古电视台黄金时段播出了磴口县旅游形象宣传片，在充分利用传统媒体宣传的基础上，加大手机APP、微博、微信等新媒体的宣传力度。

借助中国旅游报、中国经济网、乐途旅游网等大平台进行宣传推广，与全国十多个官方媒体、网站建立了旅游合作关系。在走出去宣传的同时，每年至少引进一次全国范围、规模较大的旅游企业、媒体走进磴口进行踩线推介。在办好“华莱士节”、“龙舟赛”等传统节事的基础上，成功举办了黄河三盛公流凌文体活动、“金马湖杯”全国沙漠垂钓大赛、内蒙古兵团文化艺术节、纳林湖沙滩足球赛，以节促旅的发展态势已经形成。同时，充分利用县境的区位优势，加强与鄂尔多斯、阿拉善盟、乌海市等周边地区的合作，在线路设计、资源开发和市场培育上加强区域协作，主动融入到周边比较成熟的旅游圈和旅游带中借势发展。通过不同形式、多种手段的大范围、多层次、立体化的宣传，使磴口旅游的影响力不断扩大，形象不断提升。

完善服务设施，营造大美大绿的旅游环境。县委、县政府按照打造田园城市的思路，利用境内的湿地资源，小修小改、巧引巧围，建成了“南湖、北海、西翠湖”三大城市水系景观，使城区形成了“城中有水，城河湖一体”的塞上水城格局，为广大市民提供了一个亲近自然、娱乐休闲的场所。为全面提升旅游生态环境，在贯通景区的各大道路沿线绿化造林，形成靓丽景观带，并帮助景区绿化、美化内外环境，提升景区观赏性。完善旅游服务设施，在城区改建水厕12座，

纳林湖帐篷节

赛车

景区新建、改建旅游厕所17座。同时，加大标识标牌建设力度，在高速公路建设3个大型擎天柱旅游宣传牌，在沈乌闸至奈伦湖黄河堤防公路沿线设立了80余面道旗。投入100余万元，在110国道、312省道、县道等通往各大旅游景区的道路沿线增设旅游标识牌，更好地服务于广大游客。

注重行业监管，旅游市场安全有序运营。会同相关部门，加大联合执法检查力度，全力做好日常监管和重大节庆安全执法检查，指导企业全面落实旅游安全生产责任制，严厉打击违法违规行为，多年来无一例重大旅游安全事故发生。大力开展旅游法的学习宣传和贯彻执行，多次举办旅游法培训活动，印制宣传资料，组织干部走上街头开展旅游法宣传咨询。在各大旅游企业设立了旅游投诉牌，公示了旅游投诉方式，畅通游客投诉渠道，方便广大游客维权。同时，加大旅行社及导游人员的监管力度，多次举办导游人员培训班及服务技能大赛，加强行业自律，提升服务水平，营造了一个文明、有序、安全、便利的旅游环境。

“十三五”期间，磴口县将积极推进全域旅游，用“第一景区”的理念打造县城，用“乡村驿站”的理念打造农牧区，用“景观长廊”的理念打造景区主干道沿线，按照AAAAA级标准打造纳林湖、三盛公水利枢纽、奈伦湖风景区，成功创建内蒙古自治区全域旅游示范县。按照交通布局及旅游特色，将“三线、三区”细化为黄河人文历史游览区、百湖湿地游览区、观沙漂流游览区、河套休闲农庄游览区、民族风情游览区及阴山历史古迹游览区六大区域。完成奈伦湖至南湖水系联通、穿沙路至巴哈路贯通、简易通勤机场等工程，提升水、陆、空通航能力。鼓励发展自驾车露营地、乡村家庭旅馆，大力提升接待水平。加大旅游资源、旅游文化、旅游品牌的宣传力度，提升旅游知名度和影响力。依托旅游投资开发公司，拓展北京、上海等旅游市场，形成覆盖全国的营销网络。力争到“十三五”末，累计接待游客人数达到500万人（次），旅游综合收入实现20亿元。

招商引资助推经济发展

磴口县始终把招商引资作为促进县域经济的重要战略，牢固树立投资是促进经济增长“第一动力”、重大项目建设是推动区域发展“第一抓手”的理念，坚持不懈抓招商引资和重大项目建设。十二五期间，引进国内（区外）到位资金96.2亿元，区内（县外）到位资金67.9亿元，实施重点招商引资项目60个。

在旅游产业方面

一是围绕现有六大游览景区开发及基础设施建设引进产业资本、商业资本、金融资本，通过合资、合作、独资等方式扩大招商引资规模，加快景区建设，进一步提高旅游接待能力。二是要充分挖掘现有旅游资源的发展潜力，引进一批经验丰富和资本雄厚的企业，着力于旅游资源的创新开发和深层次利用，加快发展全域旅游、四季旅游。加强旅游产业与文化产业整合，打造特色项目，形成旅游精品和拳头产品，创造品牌效应。当前，我们要积极与北京对接纳林湖生态旅游度假景区项目、金马湖国际垂钓中心项目、黄河渔村建设项目，全面打响“百湖之乡，魅力磴口”品牌，打造沿河（黄河）、沿沙（乌兰布和沙漠）、沿山（阴山）三条旅游线路，提升文化内涵，形成与北京、呼和浩特、鄂尔多斯和银川等周边地融合贯通的大旅游圈。

在农畜产品加工业方面

依托磴口县水土光热资源，围绕乌兰布和沙漠保护开发及农副产品加工产业，引进实力雄厚、带动能力强的公司，大力发展沙草种植以及肉驴、肉羊、肉牛养殖基地建设；积极做好粮油、乳肉鱼、肉苁蓉、果蔬、酿酒葡萄、文冠果精深加工项目的招商引资，重点延伸四条产业链，即：以精碾、调质、营养保健为主的粮油加工产业链；以冷冻、分割为主的畜禽加工产业链；以有机奶、果肉原汁为主的果蔬饮料加工产业链；以切片、药膳、保健茶（酒）为主的中药材加工产业链。积极与北京对接荣威养殖公司的生态肉猪与绿色蛋鸡标准化养殖基地项目、兴套川万亩葡萄基地及3000吨酒庄项目、诺民1000亩酿酒葡萄生态产业基地及600吨酒庄项目、华莱士瓜生物保鲜及保鲜贮运项目。

在电力新能源产业方面

在继续引进光伏农业项目的基础上，依托磴口县电力及各方面投资要素的低成本优势，争取引进发展硅产业及太阳能设备，打造工业硅、多晶硅、单晶硅和电池组件等太阳能设备制造、应用、销售为一体的光伏产业链。建成占地6万亩，装机容量3000兆瓦的自治区级光伏农业示范园。

在循环化工产业方面

依托现有化工产业基础和周边地区资源优势，致力于循环化工发展。积极扶持宇乐化工公司，力争电石、PVC、烧碱等项目投入运行，形成以煤、煤矸石发电、电石、烧碱、PVC为主的氯碱化工产业链。积极引进业内优质大型化工企业，争取尽快实现铬盐公司重组改造恢复生产。

重大合作项目

（一）华谊兄弟与太阳公司合作建设奈伦湖文化旅游项目，9月中旬与华谊签订了合作协议，目前正在设计建设方案；

（二）北京全能通信息技术有限公司投资建设“互联网+”智慧农牧业、旅游、政务等电子商务项目，项目于2016年6月与磴口县签订框架协议书，目前已将项目建设规划书上报；

（三）北京碧水源公司建设3万吨污水处理项目，目前第三方评估公司正对滨辉集团磴口县污水处理厂进行资产评估；

（四）中储农贸绿色有机现代生态农业产业园综合建设项目。

磴口县紧紧围绕全市“绿色崛起、赛过江南”奋斗目标，坚持“招大引强”的原则，充分发挥优势资源、优势产业的带动作用，强化产业招商、突出专业招商、狠抓园区招商，在招商引资项目质量、数量和结构上实现更大突破。

（一）实施精准招商，注重质量和效益

围绕重点区域、重点项目开展“一对一”招商，捕捉信息，选准目标，上门对接，锲而不舍的推动。要按照市党代会报告的要求，重点加强与京津冀、长三角、珠三角等地区合作，深度融入呼包鄂经济圈和呼包银榆经济区。同时更加注重招商引资的质量和效益。选择有原料保障、成本优势和有市场前景、符合国家产业政策、切实可行的项目，引导企业认真考察，避免盲目投资。在选择企业上，要考察企业的资金实力，管理和经营水平，防止企业圈大建小、圈而不建。

（二）强化项目投资信息搜集和追踪

主动和产业龙头企业、商会、协会保持联系，多渠道搜集项目投资信息，建好信息档案，及时与客商联络，为小分队对接洽谈项目提供目标。要把引进战略投资者作为招商引资项目工作的重点和主要着力点来抓，努力发展、延伸产业链，逐步形成以大产业、大项目为核心，中小产业、项目为依托的产业招商格局。

（三）加强市场信息服务，拓宽企业融资渠道

一是立足市场调研，广泛收集国家鼓励投资的信息以及项目市场行情，激发恢复投资的信心；深入了解企业建设生产经营中的困难和问题，针对市场前景较好，缺乏资金、技术和人才的企业，有重点地进行指导和帮助；二是要加大企业的二次招商力度，如：宇乐化工循环经济项目、兴套川及帝泰农林葡萄基地酒庄项目等，千方百计帮助他们寻找合作伙伴引进资金；三是把招商引资与争取政策性投资结合起来，积极帮助企业提高知名度和市场占有率；四是政府积极推动企业与金融部门的沟通与合作，为大项目建设提供贷款支持，通过信贷融资、民间融资等多种途径不断拓宽融资渠道。

（四）创造亲商、安商、富商的良好环境

大力改善投资发展环境，加强部门联动，提高行政效率，提高服务水平。坚持问题导向，针对每一个招商引资项目存在的问题，确定专人进行跟踪协调解决，为投资者主动做好项目选址、征地、基建、办证等全程服务，加快项目落地。要重点加强对企业的资金、技术方面的扶持，确保企业“进得来、留得住、干得好”。

提升城乡建设管理水平

磴口县城镇建设按照打造“生态宜居园林”城镇为目标，牢固把握“拓空间、强基础、改面貌、提品质”四路并进和“建设、经营、管理”三位一体的原则。磴口县城镇建设投资逐年加大，实施了一批城镇基础设施配套项目，使市政基础设施和城市功能日趋完善，人居环境得到明显改善。

城市音符 摄影/李春平

街景 摄影/李春平

城镇基础设施日新月异

“十二五”以来，磴口县累计投资1.84亿元，完成了迎宾街、振兴街、钢铁路、北滩街、机场路、三圣路、皮革街等31.9公里道路新修翻修及道路两侧路肩硬化工程，基本打通了丁字路和断头路，使城镇道路形成了以富源广场为中心的十五横九纵的黑色道路网络格局。“十二五”末，磴口县城镇道路总里程达到82公里。人均道路面积达到16平方米。人行道硬化投资1250万元，完成了黄河街、和平路等8条道路两侧人行道及门店前硬化，硬化面积10万平方米。投资0.74亿元，完成了巴音北路、迎宾街等11条道路1714盏路灯及广场亮化工程，城区装灯率达到99%，基本实现了路畅灯明。排污工程累计铺设城区污水管网89公里，排污入网户达到6000多户，排污入网率达75%以上。磴口县集中供热面积达到200多万平方米，

城镇建设 摄影/王月虎

巴彦高勒镇夜景 摄影/邢皓

集中供热率达到67%。

城镇景观绿化特色鲜明

城市景观绿化特色鲜明。磴口县城镇园林绿化，按照“五线十点”的总体安排和部署，依据提标、拓面、延伸、补缺的工作思路，通过“乔、灌、花、草”相结合，平面、立体、复合相协调的方式，全力推进街道、广场公园绿地升级改造和居民小区绿化，累计投入1.2亿元，实施了南湖、北海、西翠湖、铬渣场、小游园、人民公园以及振兴街、绕城线、贺兰街等重要节点、路段的绿化工程，实现了磴口县东西南北中都有公园的布局，为群众休闲、娱乐创造了良好的条件和环境。对32个居民小区进行了统一绿化，极大地改善了居民居住环境。“十二五”期间新增绿地面积47万平方米。城区绿化面积达到392.6公顷，绿化覆盖率达到35.1%，公共绿地面积达到57.8公顷，人均公共绿地面积达到10.5平方米。形成了一街一景，景景不同的绿化格局，进一步提升了城市的整体形象。

人居环境显著提升

实施了以保障性住房为主的房地产开发工程，磴口县累计开工建设保障性住房2211套，其中廉租住房1814套，公共租赁住房397套。农牧区、垦区危房新建和改造4795户。自2010年启动棚户区改造项目

大漠明珠 摄影/王月虎

金马渔村

以来，共实施了23个棚户区改造项目，完成征收2001户、21.3万平方米，新建住宅楼约58万平方米，建成了一批以学府花园、民生家园、名苑小区为代表的环境优美、配套完善、功能齐全、品位较高的住宅小区。

湿地保护与恢复工程全面推进

“十二五”期间，磴口县规划实施了湿地保护与恢复工程（即“南湖、西翠湖、北海”等重要节点及“五渠”景观带配套建设工程）。“三湖”总占地面积约3585亩，形成水面面积约2008亩，完成投资4.65亿元。南湖湖面工程已全部开挖完毕，完成湖内外8000余株乔木种植，配套灌溉系统6公里，绿化面积约15万平方米，具备观光功能。西翠湖2014年完工并投入使用，新修游步道2000平方米，配套

牧人新村 摄影 /王月虎

了码头、硬化、绿化、亮化等设施，成为城区最佳晨练、休闲的理想去处。北海湖面于2013年建成，环湖路、凉亭、情人堤、码头、拱桥等配套设施一应俱全。完成绿化面积约7万平方米。北海建成有效改善了磴口县居民的生活环境，提升了城市宜居水平，使磴口县城市园林绿化建设和管理水平显著提高。

公建项目服务能力明显增强

近年来，累计投资3.86亿元。完成了消防队办公楼、河套大市场、中储农贸城、肉苁蓉特色农产品交易市场等14个项目约30.32万平方米的建设任务。完成了西部天然气综合指挥楼、腾达物流基地、磴口县校园并网式太阳能充电建筑应用示范工程、磴口县农村信用社综合服务楼等项目建设19.48万平方米。完成了公安局办公楼、司法民政综合大楼、环保就业综合办公楼、新建县医院等4个项目约5万平方米新建续建工程。实施了冯玉祥西北军粮仓博物馆、三盛公地质博物馆、治沙纪念园及黄河观光瞭望塔建设工程，城镇辐射带动功能明显增强。

林业和治沙
建功立业薪火相传

“一年一场风，由春刮到冬；沙漠无阻拦，不断向东侵；黄河水患多，生命无保证……”这首解放前流传于磴口县的民谣，是当时磴口县自然生态环境的真实写照。直接向黄河输沙段长20余公里，每年向黄河输沙量达7000万～1亿吨，致

风沙弥漫

栽植梭梭

草方格压沙

使河道淤积，黄河水面高出河套地区2～4米。新中国成立以来，磴口人民面对“沙进人退”的困境，一直持续进行着艰苦卓绝的抗沙治沙斗争，谱写出一部战天斗地的治沙史诗。

磴口县总土地面积625万亩，其中乌兰布和沙漠426.9万亩，占磴口县总土地面积的68.3%。乌兰布和沙漠是我国的八大沙漠之一，是我国北方沙尘暴策源地之一。风沙危害和土地沙化问题一直是制约磴口县经济社会可持续发展、农牧业稳产增收和生态环境改善的重要因素。建国初期磴口县森林覆盖率仅为0.04%，降雨量稀少，蒸发量大，属于典型的干旱半干旱地区。

面对恶劣的自然条件，磴口人民没有屈服，在县委、县政府的正确领导下，磴口人民一直持续进行着艰苦卓绝的抗沙治沙斗争，从20世纪50年代开始，在乌兰布和沙漠东缘建起了闻名全国的308华里防沙林带，有效地遏制了乌兰布和沙

飞播造林

漠东移，保障了包兰铁路、110国道和黄河三盛公水利枢纽工程的正常运行。20世纪70年代，国家启动了“三北”防护林建设工程，磴口县被确定为“三北”防护林建设重点县，从此磴口县进入了以营造乔灌草、带网片结合的防护林体系建设时期。经过近20年的努力，建成了纵横交错的农田林网，磴口县40多万亩农田得到有效保护，人民群众的生产生活有了保障。进入九十年代，磴口县被确定为全国九个防沙治沙试验示范县之一，磴口县上下形成了全党动员、全民动手、全社会参与搞生态建设的良好氛围，出现了城乡联动、男女老少齐上阵的生态建设场面。县委、县政府出台了“谁投资、谁治理、谁开发、谁受益以及允许继承、转让和长期不变”的政策，实行所有权与经营权分离，稳定所有权，放活经营权，无偿划拨土地，积极吸引国内外有识之士投资搞生态建设，不断培育发展非公有制林业，按照“政府规划指导、企业组织实施、全社会参与建设”的模式，先后引进盘古集团、科发集团、圣牧高科等53家民营企业参与生态建设，完成治理面积近40多万亩。特别是西部大开发提出后，县委、县政府及时提出了“生态治县”的战略决策，制定了《磴口县生态建设总体规划》，先后出台了《加快林业发展的决定》《加快林业生态建设环境保护的决定》。2000年以来相继实施了国家重点生态建设工程、天然林保护工

长势旺盛的苗木

程、退耕还林工程、京津风沙源治理工程、自然保护区建设工程、国家湿地及沙漠公园建设工程等国家重点工程等。从此，磴口县进入了一个造封飞并举，生物措施、工程措施并用的大规模生态建设时期。在大工程带动下，加速了308华里防沙林带更新改造工程、通道绿化工程以及沙产业建设进程。磴口县按照“两区三线”（即沙区、套区，沿山一线、沿沙一线、沿河一线）的总体布局，每年以生态建设20万亩的速度向前推进。在沙区按照“围一片沙、打一眼井、造一片林、种一片草、养一群羊、富一户人”的模式，以户均200～300亩的规模，大力发展生态经济户；在农区按照“林随地走、地随林走”的模式积极发展造林大户，将荒滩荒地无偿划拨或承包给个人限期绿化，造林成活后及时核发林权证，明确林权，保护林农的合法权益。套区基本实现了灭荒。在沿山一线建成了面积为185.4万亩的哈腾套海国家级自然保护区一处。沿沙一线，在乌兰布和沙漠边缘完成了308华里防沙林带更新改造工程，在原有林带前建起宽30～50米的前挡乔木林带，在后缘建起了宽500～1000米的后缘固沙灌木林带，完成造林面积20多万亩；在乌兰布和沙漠东缘实施了刘拐沙头综合治理工程，在沙漠腹地修筑了33公里穿沙路，以路为中心建起了大型阻沙林带，与308华里防沙林带形成并肩“姊妹”林带，在县城至纳林湖段建起一条43公里长的乔木防护林带，有效阻挡了沙漠东侵；在沙漠腹地有条件的地方，依托造林企业建起片片绿洲。沿黄河一线建起了宽50～100米的护岸林带；在黄河西岸完成了四期国家重点生态建设工程，建起长52千

米宽500～1000米的大型防护林带，建成拦河闸至泄洪闸段共19公里长的堤防路旅游景观林。磴口县完成了国道、县道、乡道绿化900多公里，京藏高速公路两侧100米宽主林带绿化实现了全线贯通。

在多年的防沙治沙工作中，磴口县委、县政府立足本地实际，经过深入调研，反复论证，明确提出要围绕“五线十点”，按照拓宽、提标、补缺、延伸四个原则，全面推进防沙治沙工作，打造“百湖之乡，魅力磴口”。“五线”是指沿城乡通道、沿高速公路、沿包兰铁路、沿旅游线路、沿穿沙公路等五条线路。结合各项重点工程实施，十二五期间完成各级通道绿化174.4公里。2014年，一次性在乌兰布和沙漠建成43公里的大型绿化美化骨干林带，45公里堤防旅游公路绿化。“十点”是指集镇地、村委会、村民活动场所、新农村示范点、重点

治理后的沙漠

整治村庄、设施农牧业园区、城郊结合部、广场公园、居民小区、企业周边十个重要节点。十二五期间完成集镇、村屯及养殖小区绿化58个，完成了富源广场、迎宾广场及南湖心湖北海湿地绿化，完成了寓盛园等26个居民小区以及工业园区，圣牧高科等45家企业厂区内外及周边绿化。如今乘车奔驰在京藏高速公路上、110国道上以及包兰铁路两侧，在磴口境内到处呈现绿意葱葱、生机盎然的植被。

经过磴口人民的不懈努力，沙漠边缘线向内推进10多公里。“沙进人退”的景象一去不复返，绿色的“生命”阔步向沙漠挺进。为了防止沙漠地下水下降，磴口人民开渠引水，充分利用黄河凌汛水向沙漠补水，在沙漠中形成了100多个湖泊绿洲，近300万亩的沙漠披上了“绿装”。

多年治沙经验积累，磴口人民发现沙漠也是一种资源，逐步探索出绿化与产业化、治沙与致富的结合点，变“沙害”为“资源”。近年来，磴口县把乌兰布和沙漠作为一个新的经济增长点进行培植，大力发展沙产业，把“治沙”与“致富”有机结合，围绕新农村新牧区建设工程及沙区防沙治沙生态治理等重点任务，通过强化组织领导、健全工作机制、发展特色产业等措施，全力推动生态建设和防沙治沙工作有序开展。

目前，磴口县已建成圣牧高科有机牧场22座，种植优质牧草13万亩、梭梭45万亩，人工接种肉苁蓉6万亩，培植特色水产养殖基地4.5万亩，种植酿酒葡萄1.3万亩、山药3000亩、黑枸杞1200亩、文冠果2000亩；规划建设3万亩500兆瓦的西部光伏生态治理示范基地，现已建成生态光伏农业项目7000亩；乌兰布和沙漠旅游全面升温，牧户游、渔家乐、农家乐等旅游项目加快发展，沙产业发展的生态效益、社会效益及经济效益实现了多元共赢。先后与中国科学院新疆生态地理研究所、北京大学、中国农业大学、内蒙古大学等多家国内著名高校和科研院签署合作协议，开展生产、学习、研究合作。2014年，成功组建“内蒙古肉苁蓉产业技术创新战略联盟”，成立了“内蒙古肉苁蓉产业工程研究中心”“内蒙古肉苁蓉产业企业研发中心”，为沙产业发展提供强有力的科技支撑。

防沙治沙工作探索，提出“产业治沙理念”。使林、沙产业得到快速发展，逐步形成了经济林、林下经济、林木种苗、林产品加工、湿地利用、生态旅游等重点突出、门类多样、多业并举的沙产业发展格局。截至目前，磴口县共有从事沙产业生产经营企业近90家，其中从事治沙及肉苁蓉产业30余家、经济林种植生产企业10余家、林草产业企业10余家、生态旅游业10余家、木材加工企业10余家，磴口县面积在8公顷以上的湖泊湿地123处，湿地面积达到58万亩，其中水域面积24.4万亩。建成纳林湖国家级湿地公园一处，面积1646公顷。哈腾套海国家级自然保护区一处，面积123600公顷。沙金套海国家沙漠公园一处，面积353.3公顷。

经过磴口县几代人民坚持不懈地建设，磴口县土地沙化扩展速度持续减缓，呈现了“整体遏制，局部好转”的良好态势。目前，磴口县森林覆盖率达到19.95%，是建国初期的487倍，沙尘暴明显减少，沙漠向黄河输沙量显著降低，人居环境得到明显改善。磴口“不畏艰难，负重前行；团结拼搏，敢于胜利；继往开来，永不止步，变沙害为资源”的治沙精神将继续薪火相传。

卫生医疗事业谱写新篇章

磴口县卫生事业紧紧围绕建设“健康磴口”目标，积极稳妥推动医疗卫生试点改革和自主探索改革，健全城乡公共卫生服务体系，深化医疗卫生体制改革，建立健全分级诊疗体系、医疗联合体和药品

磴口县医院新址

补偿机制，全力推进磴口县医疗卫生改革事业稳步向前发展。

“十二五”期间，磴口县卫生计生各项工程有序推进，紧紧围绕“保基本、强基层、建机制”的改革思路，抓县级龙头、强乡级枢纽、固村级网底，着力健全基层医疗卫生服务体系。新建县医院25000平方米综合医疗大楼，县卫生监督所1066平方米综合办公大楼。积极争取全国县域经济促进办公室——“美丽中国梦、民生县城情，健康中国医疗设备扶贫开发援助项目”的支持，为县医院购置了西门子高端16排螺旋CT、西门子非晶硅平板DR、西门子数字胃肠机、西门子S2000高档彩超等大型设备200多台件，价值5200多万元；通过对城乡医疗机构基础设施的不断加强，极大改善了磴口县医疗机构的服务环境。

多措并举，确保新农合政策的有效落实，基金的平稳安全运行

通过建立磴口县新农合政策微博、微信平台、流动播放新农合政

磴口县医院门诊大厅

策视频资料、张贴新农合减免补偿流程图及减免补偿公示等方式加大对新农合惠民政策的宣传；定期深入医疗机构开展知识培训，让广大医务人员了解、宣传、用好新农合惠民政策。2016年参加新型农村牧区合作医疗的农牧民55331人，参合率达99%。

实现国家基本药物制度在基层医疗卫生机构的全覆盖

磴口县自实施国家基本药物制度以来，所有政府办基层医疗机构，包括纳入一体化管理的村卫生室，全部按要求配备和使用国家基本药物并实行“零差率”销售。在基本药物制度实施过程中，通过加强医院内部管理及培训，规范了医生科学合理使用基本药物。同时基层医疗卫生机构利用宣传栏、条幅、宣传资料向社会大力宣传，乡村两级基本药物全部实行价格公示，提高群众使用基本药物及监督意识。

不断推进基本公共卫生服务均等化

磴口县基本公共卫生服务经费人均政府补助提高到45元/人。一是推进服务项目的精细化管理。依据《磴口县基本公共卫生服务项目实施方案》，明确了年度工作目标，完善了公共卫生专业指导团队，健全了公共卫生专业机构与基层服务机构分工协作机制。二是强化人员培训。妇幼保健院、疾控中心、监督所分别对妇幼保健、防疫、卫生监督协管人员进行了集中培训。三

磴口县医院医疗大楼

是狠抓薄弱环节。不定期对老年人、慢病患者、孕产妇、0~6岁儿童等重点人群的管理情况进行电话抽查和现场督导，及时解决工作中的问题，确保重点人群管理和服务到位。

积极推进县级公立医院改革

制定了《磴口县公立医院综合

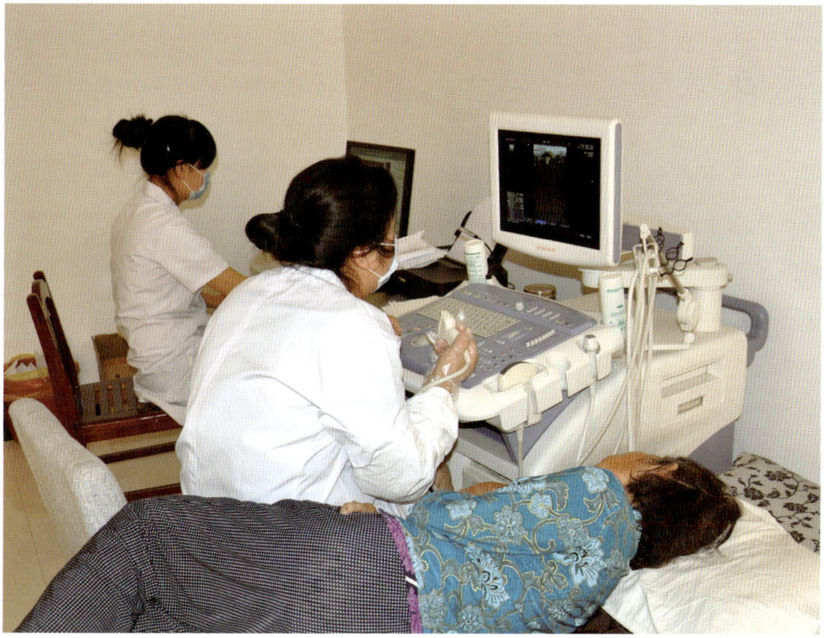

彩超室

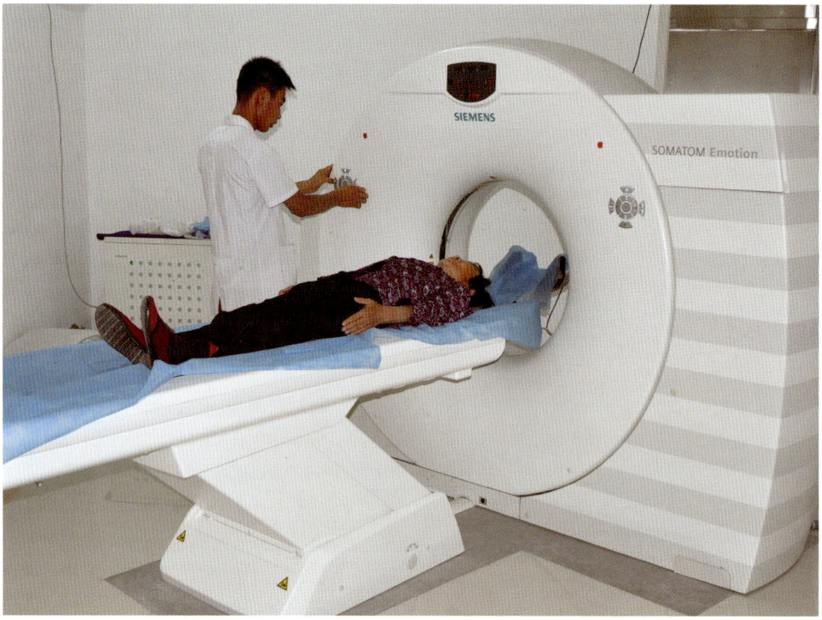

西门子高端16排螺旋CT

改革实施方案》，对县直三家医疗机构重新进行定位，县医院是县域内的医疗卫生服务中心、农村三级医疗卫生服务网络的龙头和城乡医疗卫生服务体系的纽带，承担县域居民的常见病、多发病诊疗，危急重症抢救与疑难病转诊，基层医疗卫生机构人员培训指导，以及部分公共卫生服务、自然灾害和突发公共卫生事件应急处置等工作。蒙中医医院合力打造“三个平台”，即蒙中医药技术服务平台，蒙中医药知识培训教育平台、蒙中医药技术交流传承平台。妇幼保健院以保健+临床+特色服务（月子中心）为发展目标，努力把妇幼保健院建成管理科学规范、服务功能完善、人员结构合理、社区公共卫生服务水平较高、重点临床科室特色鲜明的二级妇幼保健院。基层卫生院主要承担辖区内基本医疗服务、基本公共卫生服务、嘎查村卫生室的一体化管理和辖区医疗市场的监管工作。

注重多途径人才、提高专业队伍整体素质

制定《磴口县卫生专业人员培训计划》，对卫生专业人才形成制度化，将专业技能培训作为一项硬性任务，纳入医院重要管理目标。近几年磴口县实施全科医生临床专业转岗培训20人，中医专业转岗培训4人，护士规范化岗位培训86人，预防接种人员资格培训166人，骨干医生培训25人，参加医学继续教育

270人。尤其县医院，分批次派出100多人次到市医院等上级医院进修学习，为医院新业务的拓展及医疗机构服务能力的提升奠定了坚实的基础。

加强疾病预防控制工作

认真落实“重点地区重点预防，重点疾病重点防治，重点人群重点保护”的防控策略，加强传染病疫情监测、分析、预警，广泛开展健康教育，普及卫生防病知识。加强重大疾病防控工作，完善传染病监测系统，做好布氏病、结核病、艾滋病等重点传染病防控与疫情处置工作。强化计划免疫接种工作，对磴口县0～7岁儿童进行“六苗”接种，接种率达96%，12月龄内儿童“六苗”接种率达98%，各项接种率均达国家要求。按照《内蒙古自治区卫生计生委继续深入开展打击非法行医专项的通知》，在完善日常监管措施的基础上，进一步推进和深化打击非法行医专项行动，加大监督执法力度。

文化教育体育事业强本固基

近年来，磴口县对农牧区、社区文化建设的投入不断增加，城镇农村公共文化体系不断完善，文化阵地和文化设施不断健全，社区乡村文化魅力大放异彩，文化引领作用凸显。

基层公共文化基础设施建设正在实现逐步发展

“十二五”期间，磴口县建成文化信息资源共享工程县级支中心1个，苏木镇基层服务点6个，社区

社区文体活动

隆盛合镇农民文化节 摄影/ 邢皓

服务点1个和嘎查村服务点46个；2015年又新增3个文化信息资源共享工程基层服务站点，并完成了相关设备的安装工作；建成公共电子阅览室20个；县级图书馆、文化馆、博物馆三馆实现了免费开放。建成6个标准（面积300平方米）的苏木镇综合文化站，3个社区文化活动

耍女婿 摄影/ 邢皓

中心和43个嘎查村文化室以及57个农家（草原）书屋（包括46个嘎查村、5个苏木镇、1个社区和5个国营农场场部所在地）。建成文化健身广场68个。

基层文化服务体系正在逐步形成，公共文化服务队伍得到进一步加强

随着基层公共文化设施不断完善，公共文化服务功能的不断增强，特别是自基层综合文化站建设被列入民生工程以来，各级党委政府对基层文化建设的领导也得到进一步强化，形成了区、街道、乡镇社区文化建设网络化运行机制和三级文化辅导员网络化管理机制，具有专业素质的公共文化服务队伍正在得到不断加强，并在农牧区群众文化活动中发挥着生力军和主力军的作用。几年来，磴口县采取以奖代补、以演代训、开展辅导培训等多种形式进行积极的扶持引导，截至目前，磴口县的民间文艺团队达到36支，共1000余人，文体协会达到19个，这些队伍的发展壮大为磴口县公共文化服务提供了有力的人才和队伍保障，文艺创作精品迭出。“十二五”期间，共编创贴近实际、贴近生活、贴近群众的优秀文艺作品累计达125个。其中，歌曲《勤劳朴实的庄稼汉》获2013年度全市“五个一工程”奖。专业文艺团体原创节目获得集体奖项11项，荣获个人奖项49项。群众文化扎实推进，效果显著。“十二五”期间，我们以传统节日为抓手，以重大节庆活动为载体，通过大型文艺汇演、小型文艺演出以及“文化惠

文化下乡活动

民”进社区、下基层等形式，为群众文化搭建平台，组织举办内容丰富、形式新颖的文化活动，让群众文化唱主角，不断推动群众文化的发展。极大地丰富了磴口县群众精神文化生活。

深入推进数字化图书馆建设，开展全民阅读活动，营造社会阅读氛围。组织开展了新书推介、送图书、光碟进敬老院等系列图书服务宣传周活动，利用报纸、电视等地方主流媒体广泛宣传，利用新华书店、图书馆、出版物经营网点和农家书屋等阅读网点深入宣传，邀请专家教授举办专题讲座，为推进“书香磴口”建设营造良好氛围，群众性体育活动丰富多彩。

全民健身运动蓬勃发展

近年来，我们坚持贯彻落实《全民健身条例》，先后利用广播、电视、报纸及宣传专栏、散发宣传单等多种形式，开展全民健身宣传，引领和带动全社会参与体育健身。同时，按照“政府引导、部门组织、协会承办、群众参与”的文化体育工作理念，积极鼓励扶持各类体育协会、俱乐部的发展，并以协会为抓手，调动社会力量，充

赛龙舟

分发挥广场作用，举办各类体育比赛，实现了群众文化体育活动的常态化，达到了天天有活动，月月有比赛的目的。五年来，连续举办了以全民健身为主题的“冬季越野赛”“千人健步行”“健身长跑”等大型体育活动30场次，参加人数近3万人。举办了徒步穿越乌兰布和沙漠和龙舟赛、“万亩葵园第一塔”沿黄公路自行车计时赛、垂钓大赛等特色品牌活动。已经形成的16个体育协会充分利用广场等公共资源，积极开展健身操（舞）、太极拳（剑）以及篮球、排球、足球、毽球、象棋等大众喜闻乐见的体育活动。几年来，在全国、全区

拔河比赛

搏克

低碳环保绿色出行

各类体育类比赛中荣获金牌69枚、银牌46枚，铜牌58枚。

积极开展送文化下乡等文化惠民活动。“十二五”期间，磴口县在节假日、农闲时，充分发挥乌兰牧骑和城镇群众文艺团体的引领带动作用，组织他们走下去，深入基层，开展文艺演出活动，通过多种形式的带动，不仅加强了城乡文化交流，培育发展了农牧区群众文艺组织，壮大了群众文化队伍，也达到了以演代训、以城带乡的目的。几年来组织引导专业团体和群众文艺团体到农牧区、到社区、到敬老

第二十一届华莱士节开幕式 摄影/邢皓

古筝演奏

院、到农民工工地开展文化下基层惠民慰问演出活动累计达500余场（次），开展各类文艺辅导培训共计80余次。

注重文化引导，丰富居民文化生活

随着基层文化阵地软硬环境的不断提升，特别是随着乡镇综合文化站、嘎查村文化活动室实现规范化操作，真正起到了公共文化服务功能逐渐以阵地为中心，就近辐射延伸的重要拓展，“农牧区文化广场”“农村文化大院”“干净人家、精吧媳妇”等各项创建活动得到了村民的积极响应，提高了文化活动的辐射力，增强了居民参与文化活动的凝聚力。各苏木镇充分利用现有文化阵地，组织开展讲座、展览、培训等，隆盛合镇农民文化节、沙金苏木那达慕已经成为当地特色文化活动，深受群众喜爱。同时，不断加大对基层文化队伍建设的扶持力度，培养基层文化骨干和文化能人，目前磴口县共有文化大院7个、文化户4户。这些基层文化骨干为基层文化繁荣发展起到了积极的推动作用。

财政保障能力稳步增强

近年来，依托自然资源优势和历史文化底蕴，磴口县加快推进财源培植，充分用好各级财政资金，坚持做好“水、绿、沙、文化”四篇文章，打造文化旅游、绿色有机、清洁能源三张名片，做强旅游、农畜产品加工、循环化工、电力新能源四大产业，全面建设生态富裕、和谐美丽的新磴口。

财政局正确把握财政经济形势，牢固树立“为人民理财、替政府算账”的理念，坚持“保基本，兜民生底线、保重点，谋绿色发展”的原则，积极推进公共财政建设，打造阳光财政，推进依法理

老有所养

财，做好保障和改善民生工作，真正发挥财政对经济社会发展的保障和支撑作用。

“十二五”期间，磴口县公共财政预算收入实现9.4亿元，是“十一五”的2.4倍，年均增长20%；财政用于民生的投入44.4亿元，占总支出的84%，年均增长21.9%。教育医疗、文体科技、就业创业、社会保障等各项民生社会事业蓬勃发展。

一是优先发展教育事业。投入义务教育保障机制经费732万元，磴口县义务教育阶段5934名中小学生全部纳入义务教育保障范围；投入“两免”资金360万元，有1959名高中和中职学生受益；拨付资金860万元，支持部分中小学校舍维修和学前教育校舍改建；拨付资金396万元，资助83名城乡低保家庭子女升入普通高校入学。

二是加大社会保障和就业支持力度。拨付城乡居民养老保险补贴1289万元，受益人数达10284人；拨付城镇低保资金2713万元，补贴标准提高到每人每月457元，使5099人受益；拨付农村低保资金1747万元，补贴标准提高到每人每月269元,使6101人受益；拨付五保及孤儿补助资金224万元，孤儿补助资金、五保集中供养和分散供养标准分别达到1310元/月、6718元/年和3815元/年；为1799名80周岁以上老年人拨付长寿保健金223万元；拨付就业补助442万元，主要用于社会保险和职业培训，发放小额担保贷款财政贴息资金等。

三是支持医疗卫生事业加快发展。拨付公立医院资金2930万元，主要扶持综合性医院、中医院和妇幼保健院等；拨付医疗保障资金5736万元，支持了行政事业单位职工基本医疗保险、城镇居民基本医疗保险和新型农村合作医疗；拨付基层医疗卫生机构补助资金849万元，保障基层医疗卫生机构的正常运转和工作需要；拨付基本公共卫生资金539万元，用于为城乡居民提供基本公共卫生服务方面的支出。

四是加大保障性住房建设投入。2015年磴口县住房保障支出14394万元，极大地推进了廉租房、公租房、农牧区危房改造、棚户区改造等保障性住房建设。

五是加快实施了重大民生工程。全面推动磴口县各项民生建设工程，加大筹资力度，2015年共计拨付农村牧区工程资金18663万元。

六是落实各项惠农惠牧补贴政策。2015年共拨付粮食直补资金346万元，农资综合直补1550万元，农业良种补贴372万元，促进了粮食增产、农民增收。拨付补贴资金2100万元，为1738户农户、1个合作社购置了2033台农机具。

七是支持农村各项建设顺利推进。2015年拨付扶贫资金1885万元，支持产业化扶贫发展，实施生态脆弱地区移民、金融富民和“三到村三到户”扶贫项目；拨付农业综合开发资金3463万元，用于推进土地治理和农业产业化经营等工作；拨付资金640万元，扶持了16个农民专业合作社健康发展。重点支持“一事一议”财政奖补和现代农业肉羊产业发展项目建设。2015年投入“一事一议”财政奖补资金1600万元，实施项目81个，项目覆盖5个苏木镇37个嘎查村，受益人口5.48万人次。投入现代肉羊产业发展资金3210万元，建成标准化养殖场6个，肉羊饲养量达到 1.2万只。在新农村建设上，现已基本完成了农村牧区的街巷硬化、危房改造、校舍建设和安全改造、卫生室建设、文化室建设、村村通和农网改造、农村牧区人畜安全饮水工程，既改善了农牧民生产生活条件，带动了农牧民增收致富，也带动了以村为单位的广场文化活动，丰富了群众的体育文化生活。

国土资源管理迈上新台阶

十二五期间，磴口县国土资源局认真贯彻落实党中央、国务院关于国土资源管理的大政方针及政策法规，正确处理保护资源与保障发展、依法行政和廉洁从政的关系，全面推进各项管理工作，取得累累硕果。 结合国土资源标识，提炼出“扎实苦干、坚定执着、图强进取、不断创新、勇于担当、清正廉洁、心忧天下、俯首为民”32字的磴口国土“大山”精神，并以“大山”精神统领国土资源各项工作的开展，打造“服务国土”亮丽风景线。

耕地红线保护有新进展

磴口县耕地保护制度完善，责任目标落实，保护面积稳中有升。全面完成了永久性基本农田划定和保护任务。磴口县耕地保有量、基本农田保护面积分别达到64.95万亩和55.35万亩。持续开展农村土地整治，“十二五”期间，磴口县实施土地整理项目总规模32.45万亩，总投资3.34亿元，新增耕地3346.19公顷，复垦工矿废弃地和废弃居民点17.21公顷。

建设用地保障有新突破

充分发挥土地利用总体规划和年度利用计划的引领作用，统筹好各类用地需求。“十二五”期间，磴口县共获批建设用地779.81公顷，有力地保证了磴口县重点项目、民生工程、基础设施工程等建设用地需求。

节约集约利用水平有新提高

大力推进节约集约用地，依法合规保障用地需求。积极采取措施，盘活存量建设用地，依法处置闲置土地。切实加强土地利用动态监测与监管。对少批多用、圈而不用、未经批准擅自改变土地使用条件等情况及时进行处理。2016年被国土资源部评为“全国国土资源节约集约模范县”。

矿业管理有新探索

坚决打击无证探矿、采矿行为。完成磴口县矿山企业开发利用基础统计和矿产资源储量统计数据库汇总工作。完成采矿权年检工作，通过网络报备系统将数据入库并上报年检工作总结和统计报表，完善年检档案。制定《磴口县矿产资源开发专项整治行动工作方案》，定期对磴口县勘查开采企业以及生产施工现场进行拉网式排查，对存在的问题进行分类处理。

地质环境治理有新变化

认真履行职责，一手抓“保护”，一手抓“整治”。全面完成在期矿山企业环境治理工作，督促达到矿山地质环境治理周期的企业完成阶段性治理任务。制定《磴口县汛期地质灾害防灾预案》，组织开展辖区内地灾隐患排查工作。充分发挥群测群防网络作用，在隐患点逐一落实了监测责任人和监测员。发放“防灾工作明白卡”，同矿山企业签订地质灾害防治责任状。

执法监察有新成效

继续保持高压态势，依法严肃查处国土资源违法案件。进一步完善“全面覆盖、全程监管、科技支撑、执法督察、社会监督”的综合监管体系。充分利用卫片执法监督检查，构筑了一条“全范围覆盖，多小组交错”的执法巡查网。实行部门联动机制，强化执法的刚性，联合县纪检、公安、安检、环保等相关部门，多角度多部门开展联合执法工作，建立起党委领导、政府负责、部门联动、公众参与的土地管理新格局。

队伍建设有新提升

努力钻研国土资源管理法律法规等业务知识，不断研究新情况，总结新经验，探索新思路，解决新问题。始终高度重视党风廉政建设，不断加强党性修养，提升思想境界，严守纪律，廉洁从政。认真开展“能力建设年”活动，通过党的群众路线教育实践、“三严三实”“两学一做”学习教育活动，提升干部素质，为国土资源管理工作和国土事业提供持续有力的人力资源保障。

公检法司为经济保驾护航

法院

“十二五”期间，磴口县人民法院深入贯彻落实科学发展观，充分发挥人民法院审判职能，坚持服务大局、司法为民、公正司法的主线，紧紧围绕“努力让人民群众在每一个司法案件中都感受到公平正义”的目标，狠抓执法办案、队伍建设、法院改革和基层基础建设，全面落实“维护社会大局稳定、促进社会公平正义、保障人民安居乐业”三大任务，各项工作扎实稳步推进，取得了显著成效，为磴口县经济发展和社会稳定提供了优质的司法服务和强有力的司法保障，为推进“平安磴口、法治磴口”做出了重大贡献。

（一）狠抓执法办案，优化经济发展环境

五年来，磴口县人民法院共受理各类案件13887件，审执结11464件，结案率82.6%，为磴口县经济社会平稳较快发展提供了有力的司法保障。

1. 加强刑事审判工作，努力维护社会稳定。紧紧把握社会治安形势，坚持从严从快方针，依法严惩各种危害社会治安和严重影响社会稳定的刑事犯罪，重点打击盗窃、抢劫、抢夺、强奸、放火、故意伤害、诈骗等犯罪，严厉打击毒品类犯罪、黑恶势力等犯罪和非法吸收公众存款、集资诈骗等破坏社会主义经济市场秩序的犯罪，依法严惩了一批贪污、贿赂、挪用公款等职

司法为民

公正司法

务犯罪。准确把握宽严相济的刑事政策，深入推进量刑规范化工作。加大刑事附带民事案件调处力度，努力实现法律效果和社会效果的有机统一，最大限度保护受害人的合法权益。五年来，磴口县人民法院共受理各类刑事案件317件，其中自诉案件6件，审结291件，结案率91.8%，判处罪犯403人，其中判处有期徒刑263人、拘役33人、管制57人、单处罚金12人、免于刑事处罚26人、并处罚金118案181人。

2. 妥善调处民商案件，推进社会矛盾化解。按照“调解优先、调判结合”的审判工作原则，针对民商事案件新、类型多、社会影响大、审判难度大等特点，加大调解工作力度，坚持将调解作为民商事案件最佳结案方式。依法审理了农村土地流转、征地补偿、损害赔偿、民间借贷、金融借款、房地产纠纷、物业纠纷、劳动争议、教育、医疗、消费等涉及民生问题的案件，切实维护了人民群众的合法权益，着力保障市场经济平稳运行和农村社会和谐稳定。妥善处理了离婚、抚养、赡养、继承等关系群众切身利益的案件，促进了家庭和睦与社会安定，对涉及农民生产资料、拖欠工程款、农民工工资的案件实行快审快执，全力维护人民群众的合法权益。2012年，磴口县人民法院加强与司法部门的协调合作，大力开展人民调解协议的司法确认工作，实现了人民调解与审判工作的良性互动，打开了诉调对接的工作局面。2013年，推进小额诉讼程序的适用，对法律关系单一、事实清楚、争议目标金额较低的民事案件采用小额速裁，进一步简化了程序，减轻当事人诉累，提高了工作效率。五年来，磴口县人民法院共受理各类民商事案件9807件，审结8262件，结案率84.2%，每年案件调撤率达到64%以上。

3. 加强行政审判工作，积极化解行政争议。认真贯彻实施《行政诉讼法》及相关法律法规，按照“依法公正受理审判行政案件，有效保护人民群众的合法权益，监督促进依法行政，维护社会公平正义”的要求，积极开展各类行政诉讼案件的审判和非诉行政案件的审查工作，在注重诉前协调疏导工作的同时，在审理过程中积极运用和解的方式化解行政争议，妥善解决房屋拆迁、土地纠纷、行政赔偿等关系人民群众切身利益、矛盾易激化的行政案件，实现了行政审判社会效益的最大化，为实现依法治县提供了有力的司法保障。2015年5月1日新行政诉讼法实施以来，磴口县法院加强法制宣传和与行政机关的沟通联系，通过走访行政单位、召开座谈会等方式，介绍分析新法与行政机关有关的修改内容，指导行政部门严格依法行政。五年来，磴口县人民法院共受理行政诉讼案件55件，审结48件，结案率87.3%；审查行政非诉案件53件，结案率100%。

4. 加大执行工作力度，全力化解“执行难”。加强与检察、公安、银行、工商、税务、房管、国土等有关部门沟通，逐步建立和形成了党委领导、人大监督、政府参与、政协支持、各界配合、法院主办的全方位参与执行工作的新机制。穷尽各种执行措施，采取查银行存款、查工商税务、查车辆、查土地、查房产，将查询情况及时告知申请人的“五查一告知”的执行方法，执行手段从过去的简单采取强制措施转变为查找被执行人财产线索，灵活运用查封、扣押、冻结、划拨、拘留、罚款、搜查等强制措施，切实保护债权人的合法权益。加大力度清理执行积案，针对执行案件增多、执行力量薄弱等情况，每年都开展1～2次集中执行清理积案活动，从各业务庭室抽调部分干警参与执行工作，实行“白+黑”“5+2”全天候执行工作机制，采取集中执行、封闭执行、换员执行、交叉执行、悬赏执行、媒体曝光、限制高消费、限期结案、公开听证等执行方法，全面清理未结案件，严厉打击拒不执行、逃避执行、消极履行生效法律文书的行为，对拒不执行判决、裁定的涉嫌犯罪的被执行人，依法移送公安机关立案查处。五年来，全院共受理各类执行案件3686件，执结2853件，结案率77.4%，执结标的41506万余元。

（二）坚持能动司法，服务社会发展大局

1. 创新司法为民举措。完善各项利民举措，努力化解矛盾，满足群众诉求，不断提升司法公信力，建立了诉讼服务中心，完善了诉讼引导、立案审查、案件查询、收费退费、司法救助、判后答疑、信访接待等各项功能，为人民群众诉讼提供了“一站式”“全方位”的服务；主动和公交公司联系，将公交线路进行了延伸，在法院门口设立了法院公交站点，方便群众诉讼；通过与银行协调，开通了诉讼费缴纳“绿色通道”，免去了群众到银行排队缴费的麻烦，在立案大厅设立了诉讼费缴费POS机，指派银行工作人员进驻磴口法院收取当事人诉讼费，节约了群众诉讼时间，减轻了群众诉累，也提高了法院诉讼效率；及时修订完善了诉讼费交纳、退还办法，改变了过去当事人退费需要经过庭长、副院长、财务人员多道审批手续，当事人持预收票只需要经庭长审核签字并交给立案庭开具退费票后，就可以持有效身份证件和退费票于次月直接到立案庭找财务人员办理退费手续。对于居住在外地，不便亲自到法院领取退费的群众，财务人员会在开具退费票的时候留下当事人本人的银行卡号，待退费支付时直接打入当事人账户，免去了路途遥远的当事人多次往返法院办理退费手续的繁琐环节。

2. 强化司法建议工作。依法延伸审判职能，针对审判中发现有关行政机关、企事业单位、金融系统等存在管理隐患和漏洞，积极开展司法建议工作。2011年～2012年期间，磴口县法院在土地征用、房屋拆迁、重大工程等事关全局发展、关乎百姓利益的重大问题上，积极提供法律帮助和咨询意见，印发“棚户区改造及房屋征收搬迁指南”小本8000余册，对一些老百姓关注及不了解的问题进行了指导，总结创新了“宣传动员+教育引导+强制搬迁”的司法拆迁工作模式，大力支持县委政府的城市化建设和棚户区改造工作。以《白皮书》的形式向磴口县政府提交了行政审判司法建议，积极协助党委、政府更准确了解把握目前磴口县行政机关执法中存在的问题，探索寻求多方面解决的渠道，建立党委、政府与法院良性互动机制，积极预防和化解行政矛盾及争议。五年来，磴口县法院共对外发送司法建议83件，其中被建议单位采纳的70件，采纳率为84%，有效地促进了有关单位科学决策、完善管理、消除隐患、改进工作、规范行为，不断提高科学管理水平，预防和减少了社会矛盾纠纷。

3. 加强法治宣传教育。深入推进普法教育，充分利用综治宣传月和“12·4”法制宣传月活动，组织干警走上街头、深入社区采取设立咨询台、悬挂横幅标语、散发宣传资料等形式，广泛宣传各种法律知识，以提高广大群众的法律意识和自我保护意识；与各中学联合开展“青少年模拟法庭”活动，以生动直观的方式开展法制宣传教育，进一步减少青少年违法犯罪行为；组织资深法官走进企事业单位开展法律知识讲座，向干部职工讲解相关法律知识和新修订的法律法规；加大巡回审判力度，精心选取和群众息息相关的典型案例，采取田间地头巡回办案、就地办案、夜间开庭等措施，把法庭搬到农家小院、田间地头、老百姓炕头，进行上门服务，就地调解处理案件，达到了“审理一案，教育一片”的法制宣传效果。

检察院

磴口县人民检察院全面贯彻党的十八大和十八届三中、四中、五中全会精神，深入学习习近平总书记系列重要讲话精神，忠实履行宪法法律赋予的职责，强化法律监督，规范司法行为，深化司法改革，加强队伍建设，努力为磴口县经济社会平稳健康发展和人民安居乐业创造安全稳定的社会环境、公平正义的法治环境、优质高效的服务环境，让人民群众在每一个司法案件中感受到公平正义。

（一）围绕磴口县工作重点，积极参与社会工作，提升干警群众工作水平，检验队伍综合工作能力，树立了磴口检察良好社会形象

在磴口县开展的“精准扶贫”工作中，检察院及时启动白天下乡、晚上办业务的“白加黑”工作模式，除被区、市抽调集中办案的20余人外，在院的40余名干警全部投身此项工作之中，农民真诚向检察机关赠送了锦旗。坚持贯彻社会治安综合治理方针，认真落实检察环节的各项综治措施，积极开展未成年人关爱工作，立足我院控告申诉、侦查监督、犯罪预防、刑罚执行监督及公诉平台，联动开展法律政策宣传、犯罪预防教育、公民维权助力、诉求解决处置、民情接纳

疏通，以“结对互助、统筹共建”活动为载体，积极开展各种共建活动，组织党员认领了社区志愿服务岗位；深入困难居民家中，访贫问苦，帮助解决生产生活实际困难。通过捐助社区建设爱心超市等一系列活动，进一步拉近了干警与社区干部、社区居民的距离，机关服务社区的意识与能力进一步增强，形成了机关带社区、社区促机关的共建发展新格局。

该院各部门、全体干警在各项检察业务工作及各类专项活动中，认真履职尽责，取得了一些成绩——机关党支部被评为先进基层党支部，案管办获全市业务竞赛三等奖，院集体荣获磴口县“法治杯”知识竞赛二等奖和优秀组织奖，十三名干警分别获得磴口县、巴彦淖尔市和内蒙古自治区的表彰。2013年被评为普法依法治理先进集体。2014年经复查被内蒙古自治区党委政府评为“自治区级文明单位标兵”。2013年被市关工委评为“全市先进基层关工委”，被市院评为“先进基层检察院”。2013年荣获全市检察机关预防职务犯罪业务竞赛第一名。

（二）强化诉讼监督，促进司法公平公正

1. 加强对侦查活动的监督。加大对诉讼活动中各种违法问题的监督纠正力度。共向公安机关了解破案情况1230余起，实施定期排查工作3次，办理刑事立案监督案件16件，其中应当立案而不立案案件13起17人，发出纠正违法通知21件次，根据案件实际，制发《逮捕案件继续侦查取证意见书》20份，要求提供法庭审判所需证据意见书70件次。针对办案超期、回避与告知违法、文书、印章不规范、一人讯问签字等问题提出书面及口头纠正违法通知42件次，为案件的快速批捕、顺利起诉、准确判刑奠定了坚实的基础。

2. 加强对民事审判和行政诉讼的监督。充分发挥民行检察解决申诉难的职能作用，对减少社会矛盾，维护社会稳定，维护司法权威发挥积极作用。办理申请监督案件36件，其中执行监督案件17件，向法院发出检察建议5次，向市院提请抗诉6件。

3. 加强对刑罚执行和监管活动的监督。针对监管活动中的违法行为提出口头及书面检察建议49件次，发出纠正违法通知书30份，公安机关均已纠正。在监外执行专项检察活动中对档案中存在的不规范的地方及时向司法所提出口头纠正违法10次并得到了纠正，促进社区矫正工作实现“无脱管、无漏管、无重新犯罪”的“三无”目标。

（三）积极投入平安磴口建设，维护社会和谐稳定

认真履行批捕、起诉职能，依法惩治各类刑事犯罪。所办案件均在法定时限内审结，无错捕、漏捕、错诉、漏诉现象，案件准确率达100%。

注重化解社会矛盾。主动参与矛盾纠纷排查调处工作，五年来接待来访群众800多人次，受理控告举报83件。加强基层检察室建设，积极开展以“宣传到村社，送法进农家”为主题的“创新亮点工作”。采取巡回接访和调查走访等形式，深入辖区内乡镇、苏木、农场下设的村、嘎查、分场，利用春耕前、秋收后的农闲时间，对农牧民开展有针对性的法制宣传20次，发放法制宣传手册1500余册、宣传单10000余份。

公安局

公安机关把握新常态、引领新常态，如立足公安职能，以规范，理性，文明执法为核心，以执法公开，执法公正和执法公信力为本质要求，通过严格文明执法，实现公平正义所要求的执法方式，方法和质量效果的统一，有效护航县域经济社会发展，维护社会稳定。

（一）切实履行维护稳定第一责任，努力为县域经济发展营造和谐稳定的社会环境

经济要发展，社会稳定是关键，只有安全稳定的社会环境，才能保障经济的快速发展。当前，正值经济“下行期”、改革“深水区”，各种社会矛盾日益突出，社会治安面临严峻考验，同时也给经济社会发展带来一定的影响。“不审天下之势，难应天下之务”，因此，主动抓好政治、治安大局稳定，为县委、县政府分忧是公安机关的“第一责任”。一是当好信息员。建立健全情报信息收集、研判工作机制，注重掌握深层次、内幕性、预警性的情报信息，注重对突发性、群体性事件的早预见、早控制、早处置。二是当好评估员。积极参与到党委、政府的相关决策中，对征地拆迁、环境卫生、安全生产、食品医药等涉及群众切实利益、容易引发社会矛盾的领域，在作决策、上项目、定政策时，要提请、协助地方党委、政府开展社会稳定风险评估，防止产生矛盾纠纷。三是当好调解员。对各类矛盾纠纷，要坚持“调解优先”原则，及时做好调处、化解、稳控工作，防止激化升级、拖大拖炸，特别要处理好涉及项目建设及拆迁群众的

出征

案件纠纷。四是当好指战员。充分发挥维稳处突的主力军作用，修订完善各项处置工作预案，加强培训演练，提高处置水平，妥善处理突发性、群体性事件。五是当好宣传员。结合普法宣传，组织民警深入开展法制大宣讲活动，以案说法，引导群众学法守法、依法维权，从源头上预防矛盾纠纷。

（二）切实抓好打防管控第一主业，努力为县域经济发展营造平安有序的治安环境

打击和防范犯罪，确保公共安全，是公安机关的基本职能和主业，也是公安机关服务经济社会发展的重要方面。因此，在服务县域经济发展中，公安机关要立足本职，切实抓好“第一主业”，始终坚持什么违法犯罪突出就重点打击什么违法犯罪、哪里治安问题严重就重点整治哪里的原则，充分发挥职能作用，为县域发展营造良好的社会治安环境。一要坚持严打方针，突出打击效能。严厉打击各类刑事犯罪，切实增强创业者、投资者、经营者和人民群众的安全感。对杀人、强奸、伤害等恶性暴力犯罪，要倾全局之力，施综合之策，克难攻坚，力争发一破一；对“两抢一盗”、电信网络诈骗等多发性侵财犯罪要始终保持高压态势，开展持续不断的打击行动，力争破一案、带一串、打一伙、端一窝。同时，要严厉打击侵害企业利益的经济犯罪活动，依法保护企业、创业者的合法权益。对涉及侵害企业、

创业者利益的非法集资、电信诈骗等“涉众型”经济犯罪，要加大追缴赃款、赃物力度，尽最大可能减少损失。二要强化社会防控，遏制案件发生。深入推进治安防控体系建设，重点加强“天网”工程、治安巡防队伍、保安队伍、基层派出所建设，充分发挥现代科技作用，推动公安警务由传统型向科技型转变，构建起全方位、全天候、立体化、网格化、智能化的社会面动态防控网络，压缩违法犯罪空间，增强人民群众社

会安全感。三是强化安全管理，确保公共安全。从治安、交通、内保、消防等主要管理方面着眼，从公民的安全意识入手，以公共安全管理社会化为目标，以宣传树立安全理念、以管理树立安全习惯、以防范杜绝安全隐患，积极为企业发展“清障铺路、保驾护航、开道引航”。四是强化治安整治，净化投资环境。按照“什么治安问题突出就重点解决什么问题、哪里治安混乱就重点整治哪里”的原则，定期分析重点项目建设面临的治安形势，适时开展综合整治和专项治理，及时有效打击，坚决铲除非法插手工程建设的黑恶势力，切实为企业项目排除干扰，创优发展环境，增强发展后劲。

威武之师

（三）切实履行服务发展第一要务，努力为县域经济发展营造优质便捷的服务环境

“优化经济发展环境，优质服务是根本、群众满意是目标”。公安机关务必要紧紧把握服务发展第一要务，坚持警务跟着发展走，经济发展到哪里、警务工作就延伸到哪里的理念，最大限度创新服务举措，确保为县域经济发展提供强有力的保障和优质高效服务。一是开启服务“直通车”。按照“精简、统一、高效、便民”的原则，通过推行延时服务、错时服务、引导服务、上门服务、“套餐一条龙”和24小时轮班服务等特色服务，为企业和群众提供便利快捷、优质高效、全天候、无空档服务。对重大项目和群众急办事项，开辟“绿色通道”，简化程序，实行特事特

办。在服务窗口安装服务质量评价器，主动接受服务对象的评议，以公正、廉洁、透明的服务赢得群众、企业的信任。二是建立便企“包联点”。建立完善重点项目、重点企业联系制度，实行领导挂点联系、靠前服务，推行“一企(项目)一警”制度，充分利用服务企业QQ群、公安微博、微信等新载体，拓宽沟通渠道，加强联系互动，及时为企业发展和项目建设排忧解难；在企业项目集中、治安问题突出的重点区域、重点企业和重点项目设立警务室，及时掌控治安动态，指导企业搞好治安防范，对企业运输重要特殊物资等，主动提供护卫护送服务。三是推行服务“零差错”。坚持保护合法经营、惩治侵企犯罪、促进健康繁荣的原则，在办理涉企案件时，正确把握政策、法律尺度，坚持“ 三慎三办”，即对企业和企业负责人，慎用人身强制措施，慎用冻结资金措施，慎用扣押财产措施，严办侵害国家利益和企业利益的案件，慎办影响企业生产和社会稳定的案件，不办关系案、金钱案和刑事法律没有明确规定为犯罪的案件，切实营造企业发展宽松环境，充分调动企业积极性，服务县域经济发展、造福一方百姓。

（四）切实把握规范执法第一准则，努力为县域经济发展营造公正高效的法治环境

公正、廉洁、规范执法，是公安工作的生命线，也是发展环境好坏的重要标准，直接关系到投资者的信心。因此，公安机关要切实把握规范执法“第一准则”，努力为经济发展营造公正、廉洁、高效的法治环境。一是规范执法流程。对接警处、窗口服务、案件办理、行政检查等执法环节，制定简便、实用、便于操作的执法标准手册，明确岗位责任、完善执法流程、压缩执法弹性、规范执法语言，解决民警执法“干什么、怎么干、干到什么程度、承担什么责任”等问题。二是加强执法监督。充分运用执法巡查、网上督察、执法考评、案件评查等监督手段，加强对执法办案活动的监督，及时纠正执法不公正等问题；坚持“公开为原则、不公开为例外”的原则，完善警务公开制度，及时对外公布办理流程、法律依据、收费项目、办结时限，以公开促公正、以透明保廉明。三是加大问责力度。明确规定对行政许可事项故意设置障碍，该审批不审批，存在“冷、横、硬、推、吃、拿、卡、要”行为的，一律严肃处理，决不姑息；严格落实“问责

制”，对因打击整治不力，导致辖区治安环境混乱、出现黑恶势力，影响招商项目建设正常施工，造成严重后果或恶劣影响的，坚决追究责任。

司法局

行政机关作为政府工作职能部门，担负着法律服务、法治宣传和法律保障三大职能。十二五以来，在磴口县人大常委会的监督和支持下，积极为磴口县政府发展经济，维护稳定提供法律保障，推动依法治县，提高依法行政水平，做建设磴口的法律先锋，为磴口县经济持续健康发展保驾护航。

（一）紧紧围绕建设和谐磴口，着力加强对工作的组织领导

为强化“六五”普法工作的组织领导，2011年底，磴口县召开了磴口县依法治县工作会议暨“六五”普法启动会，印发了《关于深入开展法制宣传教育推进法治磴口建设第六个五年规划（2011～2015）》，成立了由县委书记任组长的依法治县工作领导小组，并根据领导干部职务变动及时调整充实，使各部门参与普法依法治理工作的广泛性、普遍性、积极性得到充分体现和发挥。同时苏木镇、农场、各部门也相应成立了普法依法治理工作组织机构，相继制定出台了“六五”普法规划和具体的实施意见，健全完善了县、苏木镇（农场）、嘎查村（社区）三级普法网络建设，确保普法工作层层有人管，有人干。到2015年年底，磴口县专兼职普法宣传员骨干已达到123人，普法宣传志愿者235人，普法讲师39人，使磴口县形成上下协调，左右联动，密切配合的工作体系，保证了磴口县普法依法治理工作的健康有序开展。

一是建立了责任目标管理考核机制，把普法工作纳入了《磴口县苏木镇县直单位工作实绩考核目标》，将考核结果与年度奖惩、晋级晋职挂钩，使磴口县的普法依法治理工作跨上了规范化、制度化轨道；二是建立了工作联动机制，出台了《磴口县依法治县领导小组成员单位职责》等文件，形成了以制度促学法，以学法促用法的良好工作局面；三是建立了宣传协作机制，县普法办与宣传部、电台、电视台等部门加强联系，主调高昂、主题鲜明、主线突出的开展法制新闻报道工作，使法制新闻宣传工作向宽领域、深层次、高水平发展；四是完善了考评检查机制，出台了《磴口县“法律六进”工作目标和考评细则》，使普法教育工作从“软”任务变成“硬”指标，使普

法目标任务考核工作更加规范化、标准化；五是健全了经费保障机制，把普法工作经费纳入财政预算，并足额拨付到位，为工作的开展提供了保障。

2014年8月，司法业务用房正式投入使用，新设社区矫正心理咨询室、宣告室和党员活动室等专门机构，政法网电视电话会议系统正常启用；新建法律援助业务大厅200平方米，添置了电子显示屏、残疾人轮椅等专用设施，更新了办公设备；新建和扩建了巴镇、渡口、补隆淖3个司法所的业务用房，增设了司法所调解工作室，添置了调解桌椅、电脑等办公设施，5个司法所全部安装了法律宣传电子显示屏；公证处也迁入面积达160平方米的新址办公，办公条件得到极大改善。同时，还通过将“三支一扶”社区志愿者充实到司法所等形式，解决了基层司法所人员不足的问题，进一步增强了司法工作力量。

（二）紧紧围绕建设法治磴口，着力开展法治宣传教育和推进依法治理

深入开展法治宣传教育。系统宣传中国特色社会主义法律体系，突出宪法宣传教育，引导全民自觉守法、遇事找法、解决问题靠法。完善国家工作人员学法用法制度，继续开展网络学法和无纸化普法考试。推动落实国家机关“谁执法、谁普法”的普法责任制，推动县委、县政府将法治宣传教育纳入党委、政府目标考核体系大力加强法治文化阵地建设，广泛开展群众性法治文化创建活动。

磴口县司法局从机制、载体、品牌等方面狠下功夫，在磴口县范围内形成人人学法、懂法、守法、用法的良好氛围。创新法律六进工作机制，细化“六进”工作标准，挖掘法制宣传教育新载体，深化宣传工作改革，大力拓展和挖掘普法博客、法律咨询网上平台、社区法制论坛等新兴载体的作用，逐步扩大法制宣传的覆盖面和渗透力，创建普法品牌工程，促进普法工作转型升级。

2011年以来，利用法治宣传月、“12·4”国家宪法日暨全国法制宣传日和各种节日、纪念日等有利时机，组织开展了“深化法律六进，建设法治磴口”“学习宪法 尊法守法”“法在身边 法治北疆”等主题宣传活动，重点对宪法、民族区域自治法和与群众生产生活密切相关的法律法规的宣传，切实增强群众法律面前人人平等、权由法定、权依法使等基本法治观念。围绕新农村建设工程的实施，在农村牧区对义务教育、农田水利

等方面的法律法规进行了全面宣传；围绕和谐稳定大局，引导公民依法维权，依法理性表达利益诉求，宣传信访、仲裁、调解等方面的法律法规，增强了普法教育的针对性和实效性。按照“谁执法、谁普法”的原则，有效地开展系统内法制宣传教育工作，加大对专业法的普及宣传力度。每年抓住“6·26禁毒日”“三下乡”“农民艺术节”“祭祀敖包”“草原旅游文化艺术节”等有利时机、采取面对面授课、面对面咨询、悬挂宣传横幅，散发宣传资料，进行文艺表演等形式，集中对群众开展法制教育工作，真正让法律与人民群众零距离接触、零距离感受、零距离受益，得到了广大人民群众的欢迎。

嘎查村是最基层的群众组织，也是依法治理的重点。为此，磴口县把依法治理的突破口放在基层，大力推进民主法治示范建设。通过开展此项活动，嘎查村（社区）事务管理基本做到有章可循，嘎查村干部按照“一事一议”“村务公开”等制度依法管理村级事务，村民、社区居民依法参与自治的意识和能力进一步提高，基层民主法治建设得到加强。2014年，补隆淖镇坝楞村被内蒙古自治区授予“区级民主法治示范嘎查村”。

（三）紧紧围绕建设平安磴口，着力发挥法律保障职能作用

化解突出社会矛盾，抓好人民调解工作。将专项排查化解与常规性矛盾纠纷排查化解相结合，在敏感时期有针对性的排查化解，同时加强了日常普遍矛盾纠纷排查化解工作。各司法所每月组织开展2次矛盾纠纷排查活动，每季度对重点领域、重点人群开展1次专项排查化解活动。2015年5月，磴口县组建了专业性综合人民调解委员会，在巩固提高道路交通事故纠纷、医疗纠纷人民调解工作的基础上，进一步加强了对物业纠纷、劳务纠纷和环保纠纷调解力度。同时，以创建“人民满意基层站所”为契机，不断增强服务意识，提高工作效率，积极为广大群众提供法律服务，在化解矛盾纠纷，维护社会稳定中发挥了重要作用。

在安置帮教和社区矫正工作开展中，磴口县司法局坚持教育为主、预防为主、管控为主的原则，防患于未然。工作中，组织社区服刑人员参加集中学习和公益性劳动，加强对社区服刑人员法律法规讲解辅导、思想道德教育和人生观、价值观剖析，引导管控对象顺利回归社会，不再重新违法犯罪。并严格执行相关制度，严肃工作纪

律，确保社区服刑人员从入矫到解矫的各项程序运行规范，全部实现“一人一档”，切实提高了社区矫正监管质量。与此同时，还利用入户回访、调查走访、进村巡访、专项行动等不同形式，对刑满释放人员和社区服刑人员进行不定期走访摸底排查，及时发现可能出现的不稳定因素，有重点、有针对性地制定帮教管控方案，真正做到从源头上预防，从苗头上控制。五年来，共受理调处各类社会矛盾纠纷4392件，调处成功3959件，调处成功率达90.1%，预防矛盾纠纷246起，防止群体性上访事件22起，涉及2056余人次，涉及金额1470.88万元。

党建引领作用激发正能量

在这富饶的百湖之乡，宜人的魅力磴口，你始终能看到那为民谋福祉的忙碌身影；能看到那指引方向的鲜红党旗；能看到那热情好客的风土人情；能看到那安居乐业的百姓笑容，这些满溢出来的“正能量”，正是磴口县持之以恒抓党建的最大收获。五年来，在县委的正确领导下，磴口始终把加强基层党建工作作为最大政治责任，坚持全面从严治党、服务群众至上，不断深化创新，基层党建工作稳步推进，基层组织更加夯实，党建引领精准脱贫取得显著成效。

明责任重保障，基础筑牢，激发组织“正能量”

“以前基层党建怎么抓、抓什么不清楚，现在有承诺、有责任、有考核，抓什么清清楚楚、怎么抓明明白白。”这是磴口县基层党组织书记们现在的真实感受。

磴口县实行县、苏木镇（农场）、嘎查村三级全面实施定点、定人、定目标、定时限，班子成员对联系点包经济社会发展、包重大项目、包民生项目落实、包信访维稳、包扶贫救助的“三级四定五包”制度，严格落实内蒙古自治区“1+3”制度体系，明确了各级党组织书记抓党建工作责任，形成了“书记抓书记，一级抓一级，一直抓到村”的党建工作格局。通过党组书记年终述职评议，量化考核，基层党建“不愿抓、不真抓”责任不实的问题、“抓不好，抓不实”方法路径的问题、“抓好抓差一个样”权重不重问题等得到有效解决。截止到2016年，磴口县12个“较差”党组织晋位升级率达100%，“一般”党组织晋位升级率达50%以上。

“公章随身带，办公靠膝盖，有事请到我家地里来”。过去，由于没有固定的村级组织活动场所，或者办公条件简陋、只盖章不服务、嘎查村干部待遇较低，积极性

主题党日

不高，工作难以开展，群众办事很不方便。为彻底解决基层"无场所办事""无平台服务""无专职干部服务"等问题，磴口县克服财政薄弱困难，下大力气，按照"村务服务、政务服务、公共服务、社会服务""四位一体"标准，加大投入力度，全面提质升级基层服务阵地建设力度。在社区建设方面，将原有的8个社区整合优化为6个，并全部新建了综合服务中心。嘎查村正职、副职年均报酬分别从6000元和5000元，提高到1.5万元和1.2万元，农村基层干部"甩开膀子"安心干事成为常态。一半以上的嘎查村党组织书记被选为市、县、苏木镇各级人大代表、政协委员和党代表，大大增强了基层干部投身精准脱贫一线干事创业的决心和信心。

为切实敲碎村集体经济"空壳"，磴口县引导嘎查村探索使用权租赁、入股办法，结合本地产业优势、产品优势、地理环境优势，多元发展村级集体经济。引导村级依托各类企业、项目辐射带动，兴办与之配套的小型加工企业或服务企业，延长产业链条，增加集体经济收入。根据大多数嘎查村无资源、无项目，只依靠土地承包增加收入这一特点，引导各嘎查村规范土地流转，整合闲置土地资源，提高土地利用率和综合效益。2016年隆盛合镇率先在六个试点村开展集体土地建大棚模式，增加集体经济收入，由村干部负责耕种和管理，在繁忙季节发动党员开展义务劳动，收入和支出全部按照民主管理要求公开，支出资金大多数将用于举办村级公益事业。

重教育提素质，队伍建强，激发干事“正能量”

基层党建工作做得好不好，党员素质十分重要。为从源头上保证党员队伍整体质量，磴口县大力实施“源头工程”和“基层工程”，严把党员素质关，党员队伍更强、更有力。严格按照“坚持标准、保证质量、改善结构、慎重发展”的方针，坚持入党自愿、质量第一和个别吸收的原则，成熟一个，发展一个，重视从青年工人、农民、知识分子中发展党员，发展党员质量不断提升，公信度和群众满意度不断提高。2012～2016年，磴口县党员队伍注入了533名“新鲜血液”，一批年富力强、能力出众、党员认同、群众认可的先锋模范进入了党员队伍，党员队伍能力素质、战斗能力得到显著提升，党员队伍结构得到优化。

磴口县健全完善党委统一领导、组织部门牵头抓总、基层党组织具体实施、有关部门各负其责的体制机制，构建与自治区经济社会发展相适应，与基层服务型党组织建设相符合，与“北疆基层党组织固本工程”相衔接的党员教育培训工作体系。开设“基层党组织书记培训、农村牧区党员远程教育培训、非公有制经济组织和社会组织党员教育培训、新党员教育培训、流动党员教育培训、民族地区党员教育培训、党员创业就业技能培训”7个重点类型培训。确保党员每年集中学习培训一般不少于32学时，基层党组织书记和班子成员每年集中学习培训时间不少于56学时，至少参加1次集中培训。

充分利用新媒体，率先开通“磴口党建”微信、易信公众号，不断扩大覆盖面，创新设置“两学一做”、换届选举、“学党章党规书法展示评比”、“向优秀党员看齐”、党建典型经验推广等专栏，发布图文消息209期1046余条，关注人数达6289人次，与党员群众交流互动2000余条，平台运作良好，教育效果明显。2016年，磴口县新建、维修62个党员教育互联网站点，全部接通网络，配齐电脑、投影仪、移动硬盘等学习设备，健全区、市、县、机关、苏木镇、嘎查村、六级党建网站联盟，将自治区党员教育中心下发的视频教材、学习光盘、发送至磴口县356个党支部（含47个嘎查村、15个农场分场），让党员群众能随时随地进行“点菜式”学习，享受“专业化”服务，开展“快捷式”教育。

为加强基层组织这个“火车

头”，磴口县把选派“第一书记”工作作为建强基层组织的有力抓手，坚持因村、因问题设岗选人，主要从县直农牧、林业、水务、科技、司法部门，苏木镇党委班子成员、环节干部，县内老干部，副科级后备干部中选派。针对性的增强基层党组织力量。93名“第一书记”下到嘎查村和农场分场后，“实打实”抓实党建、“手把手”发展产业、“心贴心”服务群众，实现对扶贫村和软弱涣散党组织村全覆盖，提升了基层队伍干事创业活力，47个嘎查村和46个农场分场全部制定了扶贫规划，一大批扶贫项目落地，得到广大党员群众的一致好评。

重干部强能力，朝气蓬勃，激发创业“正能量”

近年来，县委严格执行《磴口县干部选拔任用考察工作责任制试行办法》《科级领导干部选拔任用初始提名暂行办法》《科级干部选拔任用差额考察制度》《科级领导干部任职试用期管理制度》和《科级领导干部选拔任用工作流程纪实办法（试行）》等7项制度，注重选拔那些不跑不送、不找不要、不事张扬、埋头苦干、做出实绩、群众拥护的干部，在磴口县上下形成了良好用人环境。为加快培养选拔年轻干部，县委有计划地从县直机关选派优秀年轻干部到乡镇等基层单位任职锻炼，逐步实现年轻干部培养锻炼常态化、制度化，用干部队伍的持续发展保证了经济社会的可持续发展。

县委注重在发展实践中培养、锻炼、提拔干部，修订了年度考核暂行办法，根据市对县指标和磴口县经济和社会发展的重点，科学设置了评价内容和指标体系。认真落实内蒙古自治区《贫困旗县经济社会发展考核评价办法》，各苏木镇、农场已结合脱贫攻坚工作制定各自考核办法，并做成作战挂图，倒排期限推进工作。目前，磴口县的脱贫攻坚已经完成1724人，完成总任务数的60%。同时将脱贫攻坚工作进行定期通报，接受各层面的广泛监督，真正做到请群众参与、群众监督、群众评判，用考核带动干部干事创业的士气。

县委还不断深化干部人事制度改革，加大竞争性选拔干部力度，普遍推行差额考察、竞争上岗，创新公选方式方法，实现“让干得好的考得好”；提出并试行了公开竞职基础上的民主推荐，变暗地拉票为公开、合理、有序竞争；提出了“平时了解干部，用时提出人选”，推进了干部考察经常化。

严作风抓落实，工作有力、激发服务“正能量”

在党的群众路线教育实践活动、“三严三实”专题教育、“两学一做”学习教育中，磴口县395个基层党组织，8092名党员经历了一场场深刻的思想“大洗礼”、一次次作风“大体检”，补足了精神之“钙”，剔除了不正之“风”，“官味”少了，“地气”足了。

通过“群众提、自己找、上级点、互相帮”，各级各部门紧密结合实际，深入查找“四风”“不严不实”“五个着力解决的突出问题”等，找准“靶位”、画出“真像”。磴口县共列出问题清单635份，征求意见建议2700余条，查摆突出问题155个，征求意见评议满意率达99.6%。

立行立改才是党内教育成果的最好体现。县委常委带头走企业、进嘎查、入农户、找问题、谋发展，“面对面”听民意，“心贴心”解民难，率先转“四风”，脚底沾染了“泥土味”。各级机关党员干部以县委常委为榜样，结合“一进二访三联”“万名干部下基层”等活动，纷纷走出机关，深入建筑工地、街头巷尾、田间地头、农家庭院等基层一线，问计于民，制定问题整改“时间表”和“任务图”，除“四风”“不严不实”之“垢”。

磴口县所有苏木镇全面建立便民服务中心，职能部门权力能放则放，下放基层，实现群众办事“不上二楼”。全面推行嘎查村干部坐班轮岗制和代办制，充分发挥村级便民服务室和代办点的服务职能，极大方便了群众办事，做到“小事不出村、大事不出乡镇”。据统计，近五年来磴口县嘎查村便民服务室共代办涉及计划生育、新生儿入户、民政救助等各类事项12000多件。不少群众反映，在平时生活接触和办事过程中明显感受到党员干部身上的“四风”“不严不实”之风不见了，“为民务实清廉”之风浓了，门好进了、话好听了、事好办了。基层党组织和党员作用发挥看得见，摸得着，群众感受更直观，党群之间的距离拉近了，“鱼水情”更深了。

五年来，磴口县8000余党员把党内教育的实践课堂放在脱贫攻坚战场，自觉把带领群众脱贫致富的责任扛在肩上、抓在手中，敢于冲锋陷阵、攻坚拔寨、主动作为，磴口县共投入扶贫资金2450万元，新建村级组织活动场所48个，改建27个，实现了基层服务阵地高规格全覆盖。

名人华章赞磴口

HUASHUONEIMENGGUdengkouxian

名人华章赞磴口

MINGRENHUAZHANGZANDENGKOU

巍巍阴山，滔滔黄河，大漠孤烟，长河落日，人杰地灵，留下多少诗篇。跨越千百年，磴口将再现荣光。

金色的沙漠

刘云山

“乌兰布和”，蒙古语的大意是“红色的公牛”。这大概是因为它变化无常，像凶猛的公牛一样而得名的吧？汉代，这一带曾是十分繁荣的农耕地区，当时有3个县的建制，人口几十万。后来，终因世势变迁，大片农田被沙漠吞没了。如今的乌兰布和，海海漫漫一片黄沙，除了沙漠再无其他了。历史是无情的，历史的变迁是无情的，谁能拉的住呢？从这个意义上讲，历史也是一头没有缰绳，没有羁绊的红色公牛。沙漠中的景色是单调的，除了黄乎乎的地和灰蒙蒙的天，再看不到其他颜色了。唯一能调节人视觉的是连绵起伏的沙丘勾勒出的曲线。如果你愿意思考的话，倒是可以随着那起伏的曲线去神思，像是欣赏一幅现代派的绘画，任你自由地想象，细细地品味。时而，那沙海像是波涛奔涌的大海，像是俄罗斯画家笔下的名画《九级浪》；时而，那无边的沙漠像是一个泛着涟漪的平湖，我们乘坐的吉普车便像是轻驶在湖面上的小舟；时而，车窗前方那平缓的地平线上，或起或伏的沙丘曲线，俨然成为一位横卧天际的少女轮廓；时而，沙漠中的四野倒极像河套、土默川麦熟时节的景观，热风吹皱的沙纹，与摇动着的麦垄无异。优美的曲线，在你的主观情绪中，可以幻化成千千万万的画图，可每一幅画面又都是个人情感的产物，每一幅画面的色彩都是情感的色彩。

过去我们常讲培养感情，当然是讲人与人的感情。今天在乌兰布和沙漠里走了一段后，我倒觉得，人对客观世界的感情，也有个培养的问题。没有对沙漠的直观了解，没有亲身走进沙漠，这感情无论如何是不会有的。看来，培养就是一种熟悉。人与人之间没有见过面，感情从何而来，陌生的事物你怎么会对它有感情？

望着那无边的黄沙，我的脑海里闪出一个奇怪想法，好像黄金是从沙漠里挖出来的，或者说，那沙漠的黄色和黄金的黄色是一样的诱人。沙漠不再是贫瘠荒凉的象征了，沙漠与富裕和兴旺联系起来了。可也是，沙特阿拉伯不就是一个沙漠国家吗？过去它贫穷、荒凉，可现在呢？现在成了世界的富翁！它贫瘠和荒凉的背后是财富，一毛不拔的下边是液体乌金——滚滚流淌的石油。过去，嫌弃沙漠，讨厌沙漠原本是有缘由的。因为，在我的思想中，沙漠带给人们的是灾难和苦难。可今天，当我对沙漠有所了解和接触以后，对沙漠的认识有了根本的变化。对沙漠不应惧怕，倒应喜爱。在我们的国土中，沙漠有9亿亩。如果我们的国民都厌恶它，那不就等于丢掉9亿亩的国土吗？我们不是以“地大物博”而自豪吗？丢掉这9亿亩，当然要损害“地大”的名誉了。没有地也谈不上物了，物博是由地大而派生出来的。这大片的沙漠下边，保不住也会像沙特阿拉伯一样，是一座地下油海。也说不定哪一天，我们会发沙漠财，沾沙漠光，会在一夜间靠沙漠优势使我们的经济腾飞。

更何况，沙漠也是可以改造的。今天我们路过的白音胡少苏木，就是在毛乌素沙漠里靠人的力量创造出来的一片绿洲。生机勃发的钻天杨，碧波汹涌的麦田——几年前的不毛沙滩，在人们汗水的浇灌下变了。对于浩瀚的沙海来说，这几百亩的绿洲虽然微不足道，但它开启了人们思想上的闭锁！这黄沙不是可以变绿么！既然有1百亩，怎么不可以有1千亩，1万亩呢！从这个意义上讲，我国9亿亩沙漠，也可以是9亿亩绿洲！

世界是可以破坏，又是可以建设和改造的。大自然由一片绿色变成满眼浑黄，当然也可以由满眼浑黄变成满眼碧绿。人类应该热爱自己生存的这块土地，人类也有责任保护和建设养育自己的这块土地，人类更应该对养育自己的这块土地的前景充满信心。

〔刘云山：中央政治局原常委，中央政治局书记处书记。此文选自刘云山著《沉思录》（内蒙古人民出版社1991年5月第1版），该书中的本文系刘云山20世纪70年代末在新华社内蒙古分社工作时的记者采访手记〕

游历乌兰布和沙漠

陈志国

“敕勒川，阴山下。天似穹庐，笼盖四野。天苍苍，野茫茫。风吹草低见牛羊。”

这是距今1500年左右的5、6世纪间，北齐大将斛律金驻守今天磴口县北部黄河河套灌区时，对自然美景的真实描述，脍炙人口，传唱千年。

“沙深三尺，马不能行。”

这是宋太宗年间，皇帝派大臣王延德回访高昌回鹘时，由鄂尔多斯渡过黄河，途经今天磴口县沙金套海苏木，借道阴山与贺兰山大缺口，跨越祁连山，到达今天新疆的。王延德在《西域使程记》中记载了这段历史。

“沙金套海牧业公社附近……有高达50米左右的沙山分布，不能直接通行。”

这又是53年前，中国科学院地理研究所乌兰布和沙漠科考工作队，对乌兰布和沙漠的勾勒和描述。

历史逝去不远，记忆非常深刻。

“乌兰布和”，蒙古语意为“红色的公牛。”这是草原游牧民族给中国八大沙漠中的“小弟”起的名字。“乌兰布和沙漠”最早在何年载入官方文书，今人已不得考。

仅仅把沙漠比作“公牛”，就使人有无穷的联想；翻开北齐至今1500年来的磴口历史长卷，黄、绿两色在和谐中撕扯、绝杀，精彩而无奈！

乌兰布和沙漠从哪里而起？又从哪里而来？“50米高的沙山”，今天怎么大部分成为小沙包？

沙海神奇，沧桑巨变！

它在老作家心中纠结了半个多世纪。

笔者今年65岁，8～20岁时，在阿左旗巴音木仁苏木、在磴口县巴镇粮台村的黄河与乌兰布和沙漠二者之间互为依存，又拼命决斗的地方生活了13年。

“三年困难时期”，甚至于20世纪60年代的长达10年光景，沙漠中的野生食品——俗名“黄克朗”的锁阳，状如黄瓜的肉苁蓉都曾是我辈的果腹干粮。生活窘迫中的男女社员们，踏遍乌兰布和沙漠，掘地三尺，掏挖甘草，蹂躏沙蒿，取其籽粒。

回忆那段时光，人到暮年，心潮澎湃，笔尖泉涌。

艰难与兴奋，痛苦与痛快，纠结在流血的心中，徜徉在展开的白纸之下。

2016年1月，为了创作长篇报告文学《穿越乌兰布和》一书，笔者赴巴彦浩特采访了曾在巴彦淖尔工作了11年，现任中共阿拉善盟委副书记、阿拉善盟委乌兰布和沙漠生态治理示范园区总指挥杜隽世，他对乌兰布和沙漠的今天是这样描述的：

“乌兰布和是一头蛮牛，狂傲不羁，一路向东扩张。它不仅踏平了巍巍贺兰山西麓，而且跨过了奔腾不息的黄河，在甘德尔山站稳脚跟后，继续东侵，一路呼啸着穿越八百里河套，直奔内蒙古自治区首府呼和浩特。如果再不给它披上绿色，就有可能飞越长城，闯进首都了。

“巴丹吉林、腾格里、乌兰布和三大沙漠在我盟占三分之一面积，以我盟财力治理沙漠，实在是无奈之举。没办法，沙漠害人到了这种程度了，危及生命，侵蚀黄河，不下大资本不行了。”

在采访杜书记之前的半个月内，我在磴口县沙窝里，东到县城，西抵阿左旗敖伦布拉格镇，南去二十里柳子，北至金堂庙，东西南北，驱车穿越，考察沙漠。在本书定稿前夕，我再次驱车经过二十里柳子，来到刘拐沙头，站在最高的沙尖上，心中又挽一结：怎么兀奇高的大沙漠不见了？在刘拐沙头上游，一个曾经听起来怕人，叫“阎王鼻子”的地方怎么也不存在了呢？

怎样有效地治理乌兰布和沙漠，调教难以驯服的“公牛”，成了阿拉善盟、巴彦淖尔市5旗1县，80多万民众，特别是13万磴口干部群众坚持不懈、奋斗不止的梦想。

书写“红色公牛”60多年的狂奔与安卧，吃草和挤奶，全面反映磴口人民“治沙精神”的人，是谁？非笔者莫属！

于是乎，生产《走进磴口》，就落在了吃黄克朗（锁阳）长大的“老黄牛”身上了。

像一头不知疲倦的老黄牛，2016年酷夏，在磴口县政府主要领导和分管领导的全力支持下，笔者再次在磴口县乌兰布和全境狂奔起来。

巍巍阴山、涛涛黄河，明沙与湖泊，处处美景，绿色摇曳，足令老作家时时失眠。神魂颠倒，昼夜难安，在磴口宾馆那不眠的60个夜晚，20多万字的键盘敲打，就像盛夏的黄河一泻千里。

巴彦淖尔市境内的沙漠，不同于南边的阿拉善左旗那样高大、荒蛮、连绵起伏。磴口县，因为靠近黄河，有两条干渠直接从黄河铁路大桥南段开口引水，总干、分干、支、斗、农、毛六级渠道，像蜘蛛网一样密织，布满农牧区，流淌、浸润着这块先人们屡屡开发，屡屡失败的沙漠和平原，适度开拓着这块两千多年来几度移民，几度败退的沙漠垦区。

沙漠紧靠大河，在地球上，除了非洲的撒哈拉大沙漠和尼日利亚河外，就只有乌兰布和沙漠和黄河了。此番壮丽图画，在中国八大沙漠、四大沙地中，都是绝无仅有的。

得黄河之便，叹为观之。

利经济发展，国富民强。

66年，在历史的长河中，只是短暂的瞬间。

66年，在人的一生中，却是马拉松长跑。

66年间的治理沙漠，我们有过失败，更有过教训，例如，2万名知识青年从祖国大江南北涌入乌兰布和垦区，不过7年，收兵回营，天女散花。

7年，甚或于10年，它在66年的“长河中”，亦是一个“短暂”的瞬间。

成功大于失败！

共产党治理乌兰布和沙漠的丰功伟绩，虽然只过去了66年，但她在接下来又一个“两千多年”的未来历史长河中，都会永驻史册的。照这样干下去，再过一个66年，乌兰布和沙漠还存在吗？

踏平青沙人未老，万年黄河乐涛涛。

磴口人的“治沙精神”人间普照。

中共磴口县委书记，从杨力生到李建军，已经是第15任了。人民能够记住他们名字的，都是“治沙英雄”。

例如，永远长眠在巴彦高勒镇旧地村西沙窝的杨力生，20世纪50年代，他曾领导磴口县人民，拼力营造308华里防沙林带。2006年，磴口县委、县政府在孤坟一座的墓地为老书记树碑立传，2015年重新修葺。2013年春和2015年冬，在旧地村党支部书记田金富老兄的导引下，我曾两度来到墓前瞻仰。站在墓后的大沙漠顶子上，远眺东方，映入眼帘的是黄河上的三座大桥。低头凝视墓碑，潸然泪下。老书记足迹踏遍内蒙古四大沙漠，领导过32万平方公里上的蒙汉各族人民，为何选择在这里长眠？是想以万年之躯阻挡乌兰布和沙漠吗？是想永远看护母亲河吗？是想恢复50年代旧地村村办幼儿园和敬老院吗？是永远眷恋磴口县老百姓吗？

例如，病故在巴彦淖尔盟政协主席位子上的巴图，20世纪70年代，他带头跳进冬天恶臭的东风渠，干部群众踊跃参战，疏通、拓宽百年干渠，让县城东北部沙区粮丰畜旺，绿树成荫。一度时间，人称“巴图渠”。

乌兰布和沙漠东缘紧邻黄河，京兰铁路、京藏高速公路、110国道等国家重要交通设施途经这里，沙害问题不仅直接威胁到河套平原、黄河水资源安全及国家重要基础设施安全，而且对沙区人民生产生活产生严重影响，成为制约和阻碍沙区经济社会发展的主要因素。

乌兰布和防沙治沙工作始于20世纪50年代。

1979年，国家三北防护林工程启动，乌兰布和沙漠治理速度加快。时年，中国林科院唯一的研究沙漠的专业机构——“磴口沙漠林业实验局”(今中国林科院沙漠林业实验中心)在巴彦高勒挂牌成立。研究、实验、施种、推广沙生植被，防沙治沙树种上升为国家课题。

从2000年开始，乌兰布和沙区先后实施了国家重点生态县、天然林保护、退耕还林、“三北”防护林及日本海外协力贷款造林等一系列重点生态建设工程。修建了乌兰布和沙区穿沙公路，启动了三盛公防凌防汛应急分洪生态补水工程（奈伦湖）。在重点工程的带动下，对乌兰布和沙漠东缘原有林带进行了更新改造，进一步加宽加密，形成了纵深推进、前挡后拉、全面保护的立体防沙体系，阻止了沙漠的东侵，保障了黄河、包兰铁路、京藏高速公路、110国道、三盛公水利枢纽工程的安全运行和河套灌区农田的稳产增收。

钱学森产业治沙理论，成为“十二五”，特别是2014年以来，磴口县委、县政府的“亮剑”。

过去，在国家生态工程的全面推动下，乌兰布和沙区造林成果和森林资源存量不断增加，生态环境有了很大的改善。但是，由于受到资金、道路、造林难度等因素的限制，沙区的生态建设偏重于治理，造林成果的后续管护和开发利用效果不明显。产业治沙的理念就是要转变这一局面，以国家基础建设投入为引力，充分引进企业及民间资本共同参与乌兰布和沙区的治理与利用，凝聚各方面的力量推进沙区的建设步伐，提高沙区资源的利用率。据调查，乌兰布和沙区沙产业企业通过承包、租赁、合作等方式流转沙区土地173万亩。企业作为土地的所有者，在生产经营过程中实行精细化管理，梭梭、葡萄、枣树、中草药等造林形式多样，滴灌、微喷、管道灌溉及日光温室等节水技术普遍应用于沙产业生产中。肉苁蓉接种与产品开发、葡萄酒生产、沙区小杂果深加工等沙产业项目也稳步推进，既提高了造林的成活率和保存率，实现了治沙主体的多元化、治沙投入的多渠道，也为大规模治沙造林创造了条件。

沙区营林由国家向民营为主体的改变，使沙区农牧民闲置土地得到有效利用，农牧民除了有土地租金的收入，在企业治沙中务工，还可以有另一份收入；造林模式的转变使乌兰布和沙区生态建设实现了多样化，使沙区其他资源得到了更加充分有效的利用，不仅加快了生态建设的进程，而且形成了以产业带动治沙、以治沙促进产业的良性互动发展机制，达到了沙漠增绿、企业增效、农牧民增收的目的。据统计，目前沙区企业的技术工人、长期工人、临时工人，三项用工总量每年达到32万人次，这些沙产业企业对带动磴口县沙区农牧民就业，调整沙区经济结构，推动地方经济发展起到了巨大的作用，逐步形成了农、林、草、药资源转换增值和产业联动机制，为改善沙区生态、推动企业发展、增加农牧民收入找到了结合点。

沙区造林由过去的国家投入转变为与企业合作造林，既解决了造林资金投入不足的问题，还解决了造林后的抚育管护问题，保证了造林成活率和保存率。经统计，从2000年至2014年，乌兰布和沙区生态治理资金国家投入近2亿元，而企业从2004年至2014年的10年间，累计投入近16亿元，其中用于生态建设的资金达到4亿多元。广泛的合作使沙区生态环境得到了改善，生态资金得到了有效利用，治沙企业得到了资金扶持，形成了沙区生态恢复与资源利用的良性循环。

近年来，磴口县政府寓沙产业开发于防沙治沙中，坚持生态建设产业化、产业发展生态化的方针，不断加大沙漠生态保护和沙区资源开发利用力度。在政府重视和政策保障下，乌兰布和沙区生态保护建设成效显著，沙产业发展迅速，涌现出一批以民营企业为代表、以技术创新为特点的沙产业龙头企业。

截止到2015年底，乌兰布和沙区境内沙产业企业达到132家，其中,内蒙古王爷地苁蓉生物有限公司、内蒙古游牧一族生物科技有限公司等从事肉苁蓉产业的企业就有50多家，拥有18.8万亩梭梭林资源，已发展成为集生态治理、苁蓉原料生产、技术研发和产品加工销售为一体的产业链条。研发的苁蓉系列饮品、苁蓉茶、苁蓉酒等作为地方特色产品远销区内外，出口到日本、德国等国家，年产值过亿元。新兴的酿酒葡萄产业从2011年起飞速发展，现有酿酒葡萄种植企业19家，专业合作社2家，葡萄种植面积达到1.5万亩，产值过亿元。

依托本县沙漠丰富的风能、太阳能资源，依托政府基础设施的“三通一平”，从2012年开始，先后有中电投磴口光伏发电有限公司、国电光伏有限公司、国华能源投资有限公司、内蒙古蒙华能源有限公司、神华集团有限责任公司、内蒙古山路能源集团有限责任公司、青岛昌盛日电有限公司，以及韩国三进集团等中外大型企业，入驻光伏园区，为乌兰布和未来发展带来勃勃生机。

笔者曾两度登上光伏园区那几十米高的人工平台，在一列昂扬向前的雕塑骆驼脚下，极目四眺，黄沙似乎变了黄金，在万亩光伏园区夺目闪光。

产业治沙的最终效果就是生态效益、社会效益、经济效益同时显现。以梭梭接种肉苁蓉为例，从生态建设方面，据统计，乌兰布和沙区共有天然梭梭林64万亩，人工种植梭梭林已达到35万多亩，沙区企业历年梭梭种植面积年平均不低于3万亩，成活率和保存率在90%以上，是沙区生态建设重要的组成部分；从社会效益方面，沙区人工接种肉苁蓉面积累计达到9万余亩，接种成功率在80%左右，每年参与的务工人员近5万人次，再加上机械、仓储等配套工作，极大地提高了周边农牧民的收入；从企业经济收入方面，人工接种的肉苁蓉盛产期亩产鲜货可达到150公斤，按照目前市场价格20元/公斤计算，每亩产值可达3000元，再加上肉苁蓉产品的深加工，都可带来可观的经济收益。

作为快速发展的酿酒葡萄产业也向规模化、品牌化发展，仅沿穿沙公路两侧分布的从事葡萄产业的企业就拥有土地近20万亩，其中内蒙古帝泰农林开发有限公司、尧舜农林科技有限公司、内蒙古诺民农林开发有限公司已初步建成了自己的葡萄种植基地，另外，内蒙古西部翰漠葡萄酒业有限公司、内蒙古朔方郡葡萄酒庄有限公司、佳欣酒业有限公司等公司也完成了前期的准备工作，帝泰、尧舜两家公司的酒庄在2014年开工建设，沙区葡萄产业链条的逐步形成将和肉苁蓉一起成为沙区重要的支柱产业。

实践证明，实施产业治沙，加快发展沙产业，对于防治沙漠化，有效地利用沙区自然资源，缓解人地矛盾，培育沙区经济新增长点，推动西部大开发具有重要战略意义。

乌兰布和沙区土地资源丰富，光、热、水等资源优势明显，是中国八大沙漠中最具治理与利用条件的地区。按照主体功能区划，巴彦淖尔市政府、磴口县政府对乌兰布和沙区土地，划分为优化开发区、限制开发区和禁止开发区3种模式。在禁止开发区，绝对不允许开发利用，重点实施生态保护，恢复生态功能。沙产业发展的重点地区在限制开发区和优化开发区内，按照《巴彦淖尔市乌兰布和沙漠综合治理规划》的内容，在限制开发区和优化开发区内，利用未来5年的时间，使肉苁蓉接种面积达到30万亩，建成苁蓉特色农产品交易市场和养生食材电子商务交易平台，成为西部最大的苁蓉集散地，最终达到肉苁蓉基地50万亩，年总产量5000万公斤，新增产值5亿元的目标。同时对肉苁蓉的药用、保健和食用产品进行深度开发，年加工肉苁蓉能力达到4000万公斤，实现加工产值25亿元，累计新增产值30亿元。在优化开发区内，依靠光、热、水、土等优势资源，到2018年，完成“一区三路” 10万亩酿酒葡萄种植，“一区”，即优化开发区；“三路”，即京藏高速、巴哈公路、穿沙公路，建成10个精品葡萄酒庄，葡萄及葡萄酒产业实现总量扩大、质量提高、效益翻番、品牌聚集，成为巴彦淖尔市以及磴口县支柱产业之一的目标。

建国60多年来，沙区人民面对“沙进人退”困境，一直持续进行着艰苦卓绝的抗沙治沙斗争，谱写出一部战天斗地的治沙史诗。

60多年来，磴口沙区人民“不畏艰辛、不屈不挠，迎难而上，以人为本，科学发展，追求和谐”的“治沙精神”，铸造了河套人极其坚韧的个性，也铸就了治沙人智慧的灵魂。治沙精神与“总干”精神有着同样的内涵，凝聚着广大劳动人民的智慧和汗水。

毛主席向着黄河笑

（1952年10月，毛主席视察黄河）

臧克家

毛主席视察黄河，一张留影告诉了我们这个消息。

毛主席向着黄河笑了。这是望到了壮丽的远景，从一个伟大心胸里流露出来的欢笑。这笑里带着完成一个伟大任务必胜的信心。这笑是有力的，动人的，富有强烈的感染力量。

追随在毛主席身后，紧跟着他的脚步前进的六个人，不，应该是六万万人，也都笑了。

毛主席在笑着向黄河打招呼，好似说："这是人民当家作主的年代，黄河啊，不能再任情纵横了，我们要你为祖国社会主义的建设服务。"

远在童年时代，读了地理和历史教科书上的描写，就使我对于孕育古代中国文明的这祖国第二大河，发生了一种豪迈的景仰感情。

古代诗人们的诗句更把它美化了。长河落日的雄浑景象，奔流到海不复回的伟大气势，是会令人为之心怀壮阔、志气昂扬的。

黄河，这流经七个省份、流长五千公里的来自天上的水，是任性的、娇纵的、粗野的，简直像一头横冲直撞的饥饿的猛兽。

不必向前代的典籍上去清查它那残酷灾害的记录，听一听千百年来挂在人民口头上的这血泪凝成的一句谚语吧：

"黄河百害，惟富一套。"

富庶的河套，是黄河所给的一点甜头，这一点点它口里所吐出的，和被它所吞没的比较起来，真是微乎其微了。

黄河，不简直就是黄祸吗？

过去黑暗社会的统治者，对于自然的灾害，不是设法去控制它，为了个人的野心，反而放纵了它，就像解开饿虎颈上的铁链，把它驱向善良的人民。

一九三八年蒋介石炸决花园口黄河大堤的情况，就是这样。

对于这次以八九十万人民的生命和无法估计的财产供作牺牲的人造黄泛，我也是它的一个见证人。我在豫东虽然只见到了它的一点余波，那景象已经够动魄惊心的了。举目茫茫，一片黄汤。树木的梢头，挣扎出水面，遥遥地向人招手。日用家具，像小船随波飘荡，时而看到人的尸首和死了的家畜互相追逐着，好似恋恋地舍不得分开。平地上行船，高的屋脊鱼群似的掠船而过。在退了水的土堤上，走动着一些无衣无食无家可归的受难者，他们有的睡在露天里，有的在树上打一个吊铺，时间仿佛倒退了一万年，20世纪的人民，在过着原始时代的生活。

任何一个人看到这悲惨的景象，都会对受灾的同胞，发生无限同情，对蒋介石反动政权的这种毫无人性的暴行，十分愤慨；对于黄河呢，认识到它为害的惨烈，从心里兴起一种制服它的愿望。

这种制服黄河，使它滔滔的洪流安澜的愿望，不是自今日始的。远古时代传说中的英雄人物大禹，不就是人民智慧、人民希望的一个化身吗？他那凿龙门、疏九河的气魄和毅力，他那三过家门而不入的惶惶不宁居处的忘我精神，是叫人肃然起敬而且为之深深感动的。历代以来，凡是在治黄方面尽过一些力量、作出一些贡献的人，人民铭记着他们的名字，用感激与尊敬的心情怀念着他们，甚至替他们立了庙堂，把他们当成神来供奉。

可是，由于历史性的限制，由于旧式的社会制度的阻碍，对于为害剧烈的黄河，只能凭一次又一次惨痛的经验，作出一些消极性的防御工作，如何从根本上控制它，使它对祖国和人民作出有益的巨大贡献，我们的祖先在这方面，是做梦也想不到的。他们把“等到黄河水清”和“日头从西边出来”看作同样是不可能的。

是的，滔滔的黄河，流过荒古的北京人时代，流过奴隶社会和封建社会时代，流过蒋介石反动统治时代，它那贪婪的大口，吞进了千万顷良田沃土，在大地上留下了漠漠荒沙，它把几千年前的水纹留在峭壁上，它把惊险留在一代又一代三门峡船公的心头，它把报警的锣鼓声、大堤溃决时绝望的呼号，永远留在人民深深的记忆里。

黄河，终于流到了毛泽东时代。

千万年蛮横任性的黄河，今天，我们要叫你服服帖帖地顺着社会主义建设的指标前进。

千万年来滔滔的浑黄浊流，我们要叫你一清见底。

黄河，一个领导全中国人民大翻身的巨人，走近了你的身旁。他笑着向你打招呼，他也要你彻底翻一个身。在他的笑容里，我们看到了一个美丽动人的黄河远景：

规模相当于第聂伯河水电站的一个水电站，巍然屹立在三门峡上，这里的电门一开，无数工厂的机器立刻轰响了起来，数以亿计的电灯，一齐放出了亮光。

拦河坝，拦腰把黄河拦住，成为一个又一个人造湖。它的绿波，映在旭日和晚照里，会使人想起“澄江静如练”这美丽的诗句所表现的境界来。黄河两岸，树木成林，绿草如茵，秋天来到的时候，一望无边的黄土地上，火似的沉甸甸的高粱的红穗在风里摇晃。

成队的汽车在柳荫大道上疾驰而过；汽笛叫了，满载客人和货物的轮船正行走在河面上……

毛主席站在黄河身旁，望着它的壮丽远景，笑了。

二老财

冰心

民国廿三年八月九日夜，我在绥远的一个宴会席上，听到了一个奇女子的事迹。她是河套民族英雄王同春氏的独女，“后套的穆桂英”，她的名字是二老财。

不，她没有名字，二老财是她的部下和后套的人民，封赠给她的。

那天夜里，听完故事，回去已是很晚。有了点酒，路上西北的高风，吹拂着烘热的面颊，心中觉得很兴奋，又很怅惘。在黑暗中，风吹树叶萧萧地响，凉星在青空闪烁着，我一夜没有睡；翻来覆去的，眼前总浮现着一个蓝衣皮帽，佩枪跃马，顾盼如神，指挥风生的女人。

因着幼年环境的关系，我的性质很“野”，对于同性的人，也总是偏爱“精爽英豪”一路。小时看《红楼梦》，觉得一切人物，都使我腻烦，其中差强人意的，只有一个尤三姐，所谓之“冰雪净聪明，雷霆走精锐”者，兼而有之。又读野史，有云“郭汾阳爱女晨妆，执栉捧巾，尽是偏稗牙将。”使我觉得以她的家世，她的时代，可记者必不止“晨妆”而已。可惜以后翻了些史书，这郭公爱女，竟无可稽考，不禁惘然！

二十年来，野性消磨都尽，连幻想中同性的人物，也都变样了。“女人”，这抽象的名词，到我心上来时，总被一丛乱扑的火星围绕着，这一星星是：衣，饰，脂，粉，娇，弱；充其量是：美丽，聪明，有才藻，善言辞；再充其量是……无论我的幻拟引到多远，像二老财这样的人格，竟不曾在我的想象中出现过。

话说那“有百害”的黄河，挟着滚滚的泥沙，浩浩荡荡地向着东南奔注。中间，这浑水卷过了狼山以南一片蒙古的牧场，决成万顷膏腴的土地。那身高九尺，心雄万夫的王同春，在同治初年，带着数千直鲁豫的同胞，在这河套里开辟屯垦，经过多少次的占租械斗，他据有了干渠五个，牛犋七十，这方圆万顷的良田，都入了瞎进财——王氏外号——之手。河套一带，提起了瞎进财，哪个不起着一种杂糅的情感，又惊慑，又爱戴？

俗言说“虎父无犬子”，而瞎进财的四个儿子，都只传了他父亲的悫直质朴，这杀伐决断，精悍英锐之气，却都萃于他女儿之一身。所以在童年时候，她的兄弟们杂在工人队里辛苦挖渠，而二老财却骑马佩枪，在河渠上巡视指挥着。

王同春自己都不大认得字，他的独女当然也不曾读书。正因她不曾读书，又生长在这河山带绕，与外面文化隔绝之地，她天真，她坦白，她任性，她没有沾染上半点矫揉忸怩之气。她像“野地里的百合花”，……不，她不是一朵花，就是本地风光，她像一根长在河套腴田里的麦穗。一阵河水涌来，淹没了这一片土地，河水又渐渐地退去，这细沙烂泥之中，西北万里无云的晴空之下，有一粒天然的种子，不藉着人力，欣欣的在这处女地上，萌芽怒茁，她结着丰盛的谷实。

就这样的骑着无鞍马，打着快枪，追随着父亲，约束着工人，过了她的童年。到了二十多岁，二老财便出嫁了。丈夫早死，姓名不传，有人说是她的表兄，但也不知其详。丈夫死后，二老财又住娘家，当然她父亲也离不了她。

到了光绪三十三年，因着历年和人家争夺械斗的结果，五原县衙门里，控告王同春的状子，堆积如山，王氏终于下狱了。这时，王家的一切：打手，工人，田庐，牲畜，都归二老财一人分配管理。她的身边，常有三四十个携枪带刀的侍从，部下有不受命的，立被处决。她号令严明，恩光威力，布满了河套一带，人民对她，和对她父亲一样，又惊慑，又爱戴。就在这时二老财得了她的尊号：她父亲王同春是大财主，大老财；她是二财主，二老财。

民国六年，王同春死了。他的次子王英，收集父亲的手下，以及各处的流亡，聚众至数千人，受抚成军，驻扎张北一带。民国二十年又与“国军”对抗，兵败势危，士卒哗变，王英仓皇出走，求教于二老财。二老财打了王英一顿嘴巴，骂他没用，自己立刻飞身上马，到了军中，只几句训话，便万众无声，结果是全军拥着王英，突围走到察哈尔，在那里被刘翼飞将军所获。

王英的残党，四散劫掠，变成流寇，著名匪首杨猴小，便是其中的一个。去年春天，一队杨猴小的部下，截住了一辆骡车，正在一哄而上，声势汹汹的时候，车帘开处，二老财从车上慢慢地跳了下来，说：“你们不忙，先看清我是谁！”这几十条好汉定睛一看，吓得立刻举枪立正，鸦雀无声的，让这骡车过去。

这时五原附近的抢案更多了，有人说是二老财手下所作。五原县长就把二老财拘来，想将她枪毙，以除后患。二老财上堂慷慨陈辞，说，“王英是我的亲兄弟，他作恶坏了事，我并没有逃走，足见我心无他。至于说我家窝藏着坏人，这也不是事实，我家里原有些父亲手下的旧人，素来受过父亲的周济，如今我也照旧给他们些粮米，这是惜老怜贫，并不是作奸犯法。请问捉贼捉赃，我家里有盗赃么？有人供攀我是窝主么？”县长听了这一篇理直气壮的话，觉得很难发落，又因为她是河套功人王同春的女儿，众望所归；而且严刑之下，也不能使匪徒供出二老财窝藏的事实来，就把她释放了，只同她立下条件，不许再招集流亡。——一说是她并未被释，到如今仍然软禁在五原城里。

以上是我在绥远听到的，自此在西北旅途上，逢人便问，希望多知道些二老财的事迹。八月十七日到包头，在生活改进社里、公宴席上，又谈到王同春、我就追问二老财，有七十师参谋吴君，看看我惊讶地笑着说，“您倒爱听她的事？这个妇道人家，没有什么才情，但这人可就利害着了！”于是他就滔滔不绝地讲下去，“说起她，我还见过一面。那年吴子玉将军从兰州到北平去，路过此地，我也上车去接。车上尽是男子，却有一个女人，五十上下年纪，穿着大蓝布袄，戴着皮帽，和大家高谈阔论的，我就心烦了，我说，‘这是什么娘儿们，也坐在这里！’旁边有人拉了我衣裳一把，我就没言语。走到背静处一问，敢情就是名满河套的二老财，她也接吴将军来了，是请吴将军替她兄弟王英说情。我后来也同她谈过话，这人真能说，又豪爽，又明白。她又约我到她家里去，在五原城里，平平常常的土房子，家里仍是有许多人。她极其好客，你们如去了，她一定欢迎，若要打听王同春的事情，去问她是再好没有的了。”

包头一直下着大雨，到五原去的道路都冲没了。这次是见不着的了！归途中我拜托了绥远的朋友，多多替我打听二老财的事，写下寄给我。如能找到她的相片，也千万赏我一张。

火车风驰电掣的走向居庸关，默倚车窗，我想：在她父亲捐资筑立的五原城里，二老财郁郁的居住着；父亲死了，兄弟逃了，河套荒了，农民散了！春秋二节，率众到城中河神王同春的庙里，上祭祝告的时候，该是怎样的泪随声坠！王同春的声威，都集在她一人身上了，民十七赵二半吊子围攻五原城之役，不是她单骑退的贼兵么？西北的危难，还在刚刚开始，二老财，你是民族英雄的女儿。你还没有老，你的快枪在哪里？你的死士在哪里？

万里长城远远的横飞而来，要压到我的头上，我从此入关去了。回望着西北的浮云，呵，别了，女英雄，青山不老，绿水长存，得机缘我总要见你一面，——谁知道我能否见你一面？今日域中，如此关山！

一九三五年十一月五日夜追记。

（本篇最初发表于１９３６年1月《青年界》第９卷第１号。）

出塞二首（其一）

唐·王昌龄

秦时明月汉时关，万里长征人未还。

但使龙城飞将在，不教胡马度阴山。

塞下曲

唐·卢纶

林暗草惊风，将军夜引弓。

平明寻白羽，没在石棱中。

横吹曲辞·出塞

唐·耿津

汉家边事重，窦宪出临戎。

绝漠秋山在，阳关旧路通。

列营依茂草，吹角向高风。

更就燕然石，看铭破虏功。

使至塞上

唐·王维

单车欲问边，属国过居延。

征蓬出汉塞，归雁入胡天。

大漠孤烟直，长河落日圆。

萧关逢候骑，都护在燕然。

磴口春帆（一）

清·蒋廷禄

叶叶春帆寒上行，黄河渡口认归程。
分明春水江南思，天际咿哑一橹声。

磴口春帆（二）

清·张梯

华夷两地共长川，来往遥通贾客船。
河水悠悠流不尽，未知辛苦到何年。
塞门波浪涌苍烟，远送征帆近灌田。
流到豫州休泛滥，万家今已叹滔天。

磴口春帆（三）

清·郭鸿熙

春生磴口绿波多，为挂轻帆一叶过。
回忆赭湖风景好，水云乡里听渔歌。

咏磴口春帆

清·王以晋

曾闻青冢在津头，过客扬帆触旧愁。
魂逐桃花三月浪，朝东犹望汉宫流。

磴口记事

清·徐学采

捧檄来塞外，时当七月暮。
秋色别有色，苍茫难尽诉。
黄沙穷马力，欲驰辄窘步。
行行忽迷途，四望空烟雾。
遥见驼背儿，呼之去不顾。
幸逢贤令尹，译使导先路。
推挽出碛沙，踯躅生恐怖。

倏闻鸡犬声，喜见灯火路。
村落名何许，乌拉木都处。
装裹聚族同，牝牧难骤悟。
偶然交一语，掉头如相怒。
桑麻业全无，刍牧是所务。
幼女能剥羊，稚儿解搏兔。
毡幔逐水草，谁能定去住。
大哉天地德，生生何藩庶。
覆载总无遗，饥寒仅圣虑。
遣官稽蹉政，即此寓补助。
黄河滚滚流，扁舟一叶渡。
我来宣德意，相逢莫猜妒。
剔遏商吏侵，代筹盈绌数。

杂咏

清·俞明震

冲沙两岸风，舟疾欲浮空。
草色不成绿，柳条才吐红。
意中有春日，身外即鸿濛。
磴口鸡鱼贱，传闻西道通。
西风不成雨，吹入小单于。
弃地常千里，神功有后图。
水低斜岸出，天远片云无。
碧眼谁家子，新开百道渠。

游洪羊洞

节选自《临河县志》

古崖高且岑，古洞窈而深。
悠然远尘嚣，天风撼不禁。
岩泉倒流冷，醍醐正灌顶。
我佛空色相，悟澈秋水影。

石磴接天梯，一步一膜拜。
同登欢喜地，静观大自在。

李陵碑

节选自《临河县志》

谁教孤军陷，将军百战空。
汉家恩意薄，录罪不录功。
谁与纪边功，三军悲路穷。
残碑沉沙漠，夕照野花红。
虏廷望阴山，丰碑矗天起。
纵镌百战功，难洗千秋耻。
英雄一失足，北廷拜夷虏。
何年树华碑，遍占汉家土。
胡骑将三万，倒戈效血战。
碑畔夕阳红，反照将军面。
巍然山中碑，愧对海上节。
汉廷伸明罚，罪案定如铁。

咏昭君

董必武

昭君自有千秋在，胡汉和亲识见高。
词客各摅胸臆懑，舞文弄墨总徒劳。

为昭君出塞送行

董必武

谁言绝色女，柔弱不胜风。
力能挽狂澜，汉匈止兵戎。

题昭君墓

翦伯赞

汉武雄图载史篇，长城万里遍烽烟，
何如一曲琵琶好，鸣镝无声五十年。

河套赋

周正祥

夫天赐河套，枕阴山之雄嶂，揽九曲长河之浩荡。上古蛮夷之隅，寄居龙脉脊梁，诸族杂居，膏腴共享，得天之利，独我盛穰。

溯太古洪荒，女娲炼石补天惶。河套智人，横空出世，名冠周仰。恐龙遗骨，阴山岩画，四海名扬。夏荤粥，商戎狄，赵武灵王，胡服骑射，改制兴邦。蒙恬屯垦，国运得煌。

高阙塞、鸡鹿塞、光禄塞，汉武三捷溃匈攘。苏武牧羊，文姬归汉，昭君出塞，万世流芳。吟道元水经，咏太白绝句，遥想唐宗饮马时，康熙摆渡，敕勒歌引无数骚客叩望。越民初，浚川掘渠，铸就河套地王。玉祥北伐，傅公抗倭，檄奸御侮，功倾朝纲。

恰逢重阳，携同道登二狼山远眺，玛瑙湖、乌兰布和、天柱峰、梦幻峡谷，云蒸霞蔚，层峦叠嶂。大桦背、纳林湖、乌梁素海、阿贵庙，林莽葳蕤，轻舟荡漾，苇丛如画，鸢飞鱼翔，人神共仰。

嗟夫！河套，巍乎壮哉！仓廪实兮，百业俱兴映佛光，旭日喷薄出东方。高脊飞檐，喜迎甘露，转型韬略，才赋新曲，北开南联，再续华章。

噫！开山鼙鼓兮，惊天撼地，百万旌旗追云海，直逼万籁天际，彰显万千气象。盛世河套，鸿运大昌。赋长歌以颂，福德无量。

撰于庚寅年中秋塞上

河套赋

刘先普

巍巍阴山，滔滔黄河，茫茫草原，猎猎大漠。曾经恐龙奔突，几多大泽扬波。长生天播恩布惠，狼图腾惊魂慑魄，古铜都冶炼聪慧，河套人猎虎牧驼。千里画廊石可言，万牲明灭日蹉跎。女娲补天，炼石玛瑙湖；鲲鹏逍遥，自在屠申泽。

古长城边，鹰击长空；高阙塞外，罡风萧瑟。有昭君出塞鸡鹿，聆胡笳奏响亲和；苏武牧羊，洞箫声咽；蒙恬挥师，铁马金戈。农牧交融膏腴地，弓弯箭响金雕落。惊世骇俗戈壁石，千古绝唱敕勒歌。

走西口，憧憬多；五原大捷，军民御倭。天人合一，古今脉络；和谐共生，山水婀娜。大河套，北方人类之源；乾坤转，几度兴衰变革。

河套文化，声名远播。熠熠生辉，昭示你我。

观黄河

阿舍

君不见骇浪翻腾过岭川，云边滚滚摧远天。黄河万古犹不绝，物雄淘尽草生灭，还是那轮月圆缺。登高遥眺抚古今，苍云渺渺寒气侵，夜梦岂堪来者吟。残旗悲马成轶史，千里沃野危楼起，大小城池多如蚁。我欲持酒问麻姑，天上宫阙可同殊，太白挥毫意恐枯。纵有高才如神授，龙飞凤舞纸面走，难赋风流气冲斗。

沁园春·磴口

柴权星

大河北顾，阴山环护，一方沃土。有巨闸分流，肥水滋养；阡陌连绵，物产丰富。百业俱兴，民族和睦，甘甜蜜瓜可倾诉。好家园，更雄关瀚漠，湖海星布。

自古争战无休，任金戈铁马狼烟怒。叹蒙恬戍边，强秦贻误；卫青驱虏，尸骨掩路。千古昭君，大义和亲，吉祥春风暖鸡鹿。新时代，赞中华腾飞，边疆永固。

沁园春·百湖之乡

王维清

百湖之乡，十里新村，百里画廊。望阴山南麓，天地苍茫。黄河北岸，林草丰穰。田园含香，沙海吐绿，定将朔方换新装。待秋日，览青山碧水，神清气爽。

磴口美名远扬，招四方宾朋齐赞赏。登拦河大闸，劲涛拍岸，雄塔之下，金葵向阳。大漠明珠，纳林金马，挥竿撒网百舸翔。心醉矣，吾家乡胜景，焉能尽详。

沁园春·纳林湖

韦星柳

玉带明珠。南换黄河，北枕汉关。见蓝天碧水，赏心一色，绿洲金岸，悦目千般。鹭鸣波上，此处钟灵非谬传。惊回首，有荷风微动，仙子临凡。

阴山环抱平川，恰渠纵莺啼伴柳烟。叹前汉秦赵，唯余断迹；故国辽宋，仅有残垣。岁月更迭，沧桑变换，巴市新荣扫塞寒。来河套，看纳林风景，决胜江南。

后 记

历时数月，《话说内蒙古·磴口县》一书终于要与各位读者见面了。

《话说内蒙古·磴口县》作为一部集历史、文化及知识性等于一体的书稿，力争将磴口县的历史、文化、经济、社会发展、旅游资源及多彩的民俗风情融合到一起，帮助读者对磴口县有全面和深入的了解，使之走进磴口、认识磴口、热爱磴口。

《话说内蒙古·磴口县》一书是在磴口县委、县政府领导的高度重视、关心和支持下编撰完成的。县委宣传部负责主抓大局，组织编写人员、落实编写任务。内蒙古人民出版社《话说内蒙古》项目部的领导和编辑同志深入磴口县，从筹备到纲目拟定，从全书内容到篇章结构审定，乃至文章修改润色均予以中肯的指导。同时，本书在编撰工作上得到巴彦淖尔市作家陈志国老师、县人大武世强副主任的全力指导和帮助，图片提供方面得到宣传部、旅游局的全力配合，还有李春平、王月虎等老师的热情支持，正是在各方人士的全力支持下，本书的编写工作得以圆满完成。

在编写过程中，编者几易其稿，认真修改，谨慎推敲，力求文图相映、图文并茂。但限于篇幅，本书还不能较为全面系统地反映磴口县的方方面面，不能完美地展现磴口的魅力。同时，由于编写水平有限，文稿还有不少遗漏和不足之处，恳请各位领导、专家和读者赐教并批评指正。

编者

2019 年 6 月